KB155971

애국계몽기의 신문 연재소설

김형중

한국문화사

책머리에

이 책은 그 동안 애국계몽기(1905~1910) 신문 연재소설에 관해 발표한 글들을 묶은 것이다.

주지하는 바와 같이, 모든 문학연구는 결국 문학사의 체계로 수렴될 수밖에 없다. 연구자들이 한국문학의 연속성, 그리고 그 과정에서 관철되고 있는 근대적 성격에 대한 규명 작업에 매달려 온 것도 바로 그런 이유에서일 것이다. 조선 후기의 문학과 근대문학과의 연속성을 강조하는 선행 연구는 한국 근대문학이 일본문학이나 서양문학의 이식에 의해서가 아니라 우리 문학사의 맥락에서 생성되고 발전해 왔음을 밝혀주었다. 물론, 이런 시각이 자기만의 전통을 고수하는 것은 아니다. 오히려 외래적인 것의 일방적인 수용이 아닌, 전통적인 것과 외래적인 것과의 교섭 속에서 자기를 세워나가는 과정에 주목하고 있는 것이다.

그러나 그렇다고 하더라도, 기실 근대적인 것의 충격이란 서구적인 근대의 충격이었다는 점을 염두에 둘 때 형식상의 유사성만으로 한국문학의 연속성을 따지는 것은 한계가 있을 수밖에 없다. 중요한 것은, 정상적인 상황에서라면 자생적으로 발전할 수 있었던 근대적인 것의 체험이란 것이 어떻게 왜곡된 형태로나마 전개되고 있으며, 또 이러한 문제의식이 오늘날 어느 정도 의미있는 생산 단위인가를 검토하는 일이라 할 것이다. 바꿔 말하자면, 한국문학의 연속성 문제가 단순히 형식상의 문제가 아닌 만큼 그것의 정신적·시대적 의

미가 엄밀히 규정되어야 하는 것이다. 나아가 근대문학 형성기의 문제 의식이 오늘의 문학이 안고 있는 문제 의식과 크게 다르지 않으며, 오히려 더 치열한 문제 의식을 지니고 있었다는 사실을 인식하는 일이 더욱 중요하다.

특히, 애국계몽기는 1905년 이른바 을사조약 이후 일본 제국주의 침략이 본격화되면서 정치적으로 매우 혼란스러운 시대였다. 그런 만큼, 이 시기는 그 어느 시대보다 민족문화의 주체적인 대응 자세가 요구되면서 다양한 문학 양식을 산출하게 된다. 신소설과 역사·전기체 소설을 양대 축으로 하여, 한문소설·토론체 소설 등 이질적인 서사 양식도 변화된 시대 현실을 반영하며 변화를 겪게 되는 것이다.

따라서, 애국계몽기 소설은 근대소설을 연구하는 방법과 잣대, 그리고 근대소설과의 차이점을 드러내는 방식으로는 그 전모를 제대로 파악할 수가 없다고 할 수 있다. 환언하면, 망국 직전의 위기 현실에 처해 있던 당대 사회의 지식인들의 상황을 고려하는 것은 물론, 그 같은 시대 상황에 대응하는 이 시기 소설의 주제 의식, 특히 그 사회적 의미를 밝히는 것이 중요한 것이다. 나아가, 이 시기 소설들이 고소설과는 어떤 관계에 놓여 있으며, 후대의 소설과는 어떤 연관을 맺고 있는가를 밝히는 작업이 이루어질 때 비로소 애국계몽기 소설에 대한 온당한 평가가 가능한 것이다. 이 책 앞부분에서 이 시기 토론체 소설의 전사(前史)에 해당하는 조선 중기 몽유록계 소설의 주제 의식을 살펴보고, 그리고 연암(燕巖) 박지원(朴趾源)의 사유 체계에 관한 글을 부록으로 싣는 것도 이런 이유에서이다.

말할 필요도 없지만, 이 책이 이런 과제들을 어느 정도 성실히 수행하고 있는지는 오직 필자에게 책임이 있다. 그러하기에, 부족한 부분은 앞으로 필자의 공부가 깊어갈수록 보완해 나갈 것이며, 또한 그런 과정에서 어느 정도의 성과를 거둘 수 있기를 희망하고 기대한다. 여러분들의 진심 어린 충고와 조언을 바랄 따름이다.

부족하지만, 이 정도의 결실이 나온 것도 필자를 학문의 세계로 이끌어주었고 지금까지 지도를 아끼지 않으신 스승과 동료들이 있었기 때문에 가능하였다. 이 연구의 시작에서부터 끝까지, 그리고 이처럼 책으로 묶어내기까지 도움을 주신 한림대 정덕준 교수님께 다시 한번 감사의 말씀을 전한다. 아울러 여러 가지 뒷일에 자신의 시간을 할애해 준 안낙일 선생, 선뜻 출판을 맡아준 한국문화사 김진수 사장님께도 감사를 드린다.

2001년 5월
익산에서 저자

차 례

I. 서 론

1. 문제 제기

우리 문학사에서 근대문학의 기점을 어느 시기로 볼 것인가에 대해서는 여러 가지 견해들이 있다. 갑오경장(甲午更張)을 그 출발점으로 보는 것이 타당하다는 주장[1]을 비롯하여, 18세기설,[2] 3·1운동설,[3] 북한의 1866년설,[4] 애국계몽기설 등이 그것이다. 그런데, 기존의 우리 문학사는 대체로 1894년 갑오경장에서 1910년 한일합방(韓

---

[1] 그 대표적인 예로는 임화의 『신문학사』(학예사, 1940)를 비롯하여, 백철의 『신문학사조사』(백양당, 1947), 조연현의 『현대문학사』(성문각, 1972) 등을 들 수 있는데, 이러한 주장은 임화의 이른바 '이식문화론'을 기반으로 하고 있다.

[2] 김윤식·김현 공저 『한국문학사』에서, 조선후기 영·정조시대를 근대문학의 기점으로 삼고, 우리 현대문학사를 ① 근대의식의 성장(1780~1880), ② 계몽주의와 민족주의 시대(1880~1919), ③ 개인과 민족의 발견(1919~1945), ④ 민족의 재편성과 국가의 발견(1945~1960)으로 시대 구분하고 있다(한국문학사, 민음사, 1973. p.21).

[3] 정한숙, 『현대한국문학사』, 고려대 출판부, 1982.

[4] 사회과학원, 『조선문학사』, 1992.

日合邦)에 이르는 시기에 생산된 문학을 '개화기(開化期) 문학'으로 분류해 왔다. 물론, 신소설(新小說)의 연기(年紀)를 1917년까지로 보아야 한다는 주장5)도 있다. 그러나, 이것은 1910년을 기준으로 그 이전과 이후의 경향이 상당히 달라지는 점을 고려할 때 정당한 주장으로 여겨지지 않는다. 1910년을 기점으로, 이전의 문학이 지향하던 국권(國權) 회복과 '문명 개화'에 대한 의지는 친일화(親日化)·통속화(通俗化) 경향으로 변질되기 때문이다.6)

한말(韓末)에 있었던 개화운동의 성격은 김옥균(金玉均) 등이 주도한 갑신정변(甲申政變, 1884)에서 잘 드러난다. 주지하는 바와 같이, 우리의 개화운동은 일본의 명치유신(明治維新, 1867)과 중국의 양무(洋務)운동(1862)의 영향을 받아 전개되었는데, 이들 두 운동 모두 '개화사상'으로 포괄할 수 있다. 다만, 일본은 '문명'의 경향이 강했고, 중국은 '자강(自强)'이 우세했다. 중국은 대외적인 영향의 정도나 이에 대응하는 방식에서 일본과 차이를 보이고 있었던 것이다. 그러나 우리의 경우, 갑신정변 이후 갑오경장을 거쳐 독립협회(獨立協會) 및 만민공동회(萬民共同會) 같은 정치운동의 성격까지 지니게 되지만, 독립협회 해산 이후 개화운동은 약화될 수밖에 없었다. 1900

---

5) 전광용, 「이인직 연구」, 『서울대학교 논문집』 제6집, 1957, p.159.
   유양선은 '개화기 문학'의 좀더 정확한 시기적 범위를 『독립신문』의 창간(1896)에서부터, 시가문학의 경우는 『태서문예신보』의 창간(1918) 이전까지, 서사문학의 경우는 이광수의 단편소설 「무정」(1917) 이전까지로 본다. 이에 대해서는 유양선, 「개화기 서사문학 연구-유형별 작품 분석을 중심으로」, 서울대 석사학위 논문, 1979. 참조.
6) 최원식은 1910년대 이후 문학은 앞 시기 문학의 발랄한 정치성이 공포의 무단통치 아래서 급속히 사라져 버리기 때문에, 1910년대 문학을 개화기 문학에서 구분하자고 제안한 바 있다. 이에 대해서는 최원식, 「장한몽과 위안으로서의 문학」, 『민족문학의 논리』, 창작과비평사, 1982 참조.

년대 초에 이르면 개화운동을 전개한 상당수의 사람들이 친일 경향을 보이지만, 반(半)식민지 상태로 전락한 1905년 이후의 개화운동은 국권 회복과 애국계몽(愛國啓蒙)운동이라는 새로운 변화를 맞게 된다. 청일(淸日) 전쟁(1894~5)이 끝나고 조선에 대한 청의 영향력이 급격히 퇴조하여 '개화'가 '근대화 일반'을 의미하게 된 뒤에도 '자강'이라는 용어는 꾸준히 지속되었다.7) 특히, 전국적으로 전개된 국권회복운동은 일본 제국주의에 대한 인식이 심화된 당연한 결과였다. 그러나, 국권회복운동을 대표하는 의병(義兵) 전쟁과 또 다른 축에서 전개된 애국계몽운동은 상호 배타적이고 모순되는 것이어서 민족의 역량을 집결하는 데는 실패했다. 이 시기 지식인들의 고민은 바로 여기에 있었다. 그러나, 반제(反帝)·반외세(反外勢)의 기치를 내세운 위정척사(衛正斥邪) 사상과 반봉건의 이념을 갖는 애국계몽운동은 논리의 기반에서부터 차별된 것이었다. 위정척사운동을 주도한 인물들은 여전히 유교 이념에 토대를 두고 보수적 경향을 보인반면, 애국계몽운동은 외세에 대해 개방적이었다. 한편, 의병 전쟁에 참여했던 농민들의 경우, 사대부(士大夫) 계층과 마찬가지로 반(反)외세를 주장했지만 반(反)봉건의 신념 또한 포기하지 않았다. 이런 관점에서 동학(東學) 농민운동(1894)의 의의는 자못 돋보인다.8) 1894

---

7) 천관우,『한국사의 재발견』, 일조각, 1975, p.370.
8) 조연현의 글「개화기문학 형성과정 고」(『한국 신문학고』, 문화당, 1966) 이후 '개화기 문학'이라는 용어가 아무런 반성 없이 사용되어 왔다. 그러나, 정한모가「개화기 시가의 제 문제」(『한국학보』 제6집, 1977, 봄, p.230)에서 제기한 '저항기'라는 용어에 힘입어, 1905에서 1910년 사이에 생산된 문학을 '개화기 문학'이라는 용어보다 '애국계몽기 문학'으로 보는 견해가 이제는 인정되고 있는 듯하다. '구한말', '과도기'(임화가 사용한 용어), '근대 전환기'(김교봉·설성경,『근대전환기 소설 연구』, 국학자료원, 1991)라는 용어는 물론이고, 민족 모순의 문제보다 소박한 근대주의를 지향하는 '개화기'라는 용어보다, 반외세와 반봉건의

년에서 1905년까지보다 1905에서 1910년 동안 국권 회복의 일환으로 한문과 국한문 혼용으로 창작된 역사·전기체 소설과 국문으로 창작된 신소설이 집중적으로 생산되고 있는데, 이것은 특히 주목해야 할 부분으로 보인다.

애국계몽기(愛國啓蒙期, 1905~1910)[9]는, 주지하는 바와 같이, 을사보호조약에 따른 국권의 실추(失墜)와 서구 열강의 논리에 입각한 일본 제국주의의 침략이 노골화·전면화된 시기였다. 또한 이 시기는, 이 같은 시대 상황에 대처하는 입장에 따라, 기존의 전통을 지키고 보존하려는 '수구(守舊)' 세력과 근대적 사회로의 개혁을 도모하는 '개화(開化)' 세력이 첨예하게 맞서 있었다. 따라서, 이 시기는 보

이념을 내세운 '애국계몽기'로 보는 것이 타당한 것 같다. 이런 견해는 최원식의 「제국주의와 토착 자본」(『전환기의 동아시아 문학』, 창작과비평사, 1985, pp.143~152)에서 처음으로 제기되었다. 최근의 논의로는, 「민족문학사 강좌(하)』(민족문학사연구소 엮음, 창작과 비평사, 1995)에 실린 최원식의 「민족문학의 근대적 전환」, 양문규의 「애국계몽기의 서사문학」과 권영민의 「개화기 애국계몽운동과 민족문학의 인식」(『개화기문학의 재인식』, 지학사, 1987, pp.7~43)을 참고할 수 있다. 최근에는 '애국계몽기' 대신에 이인직의 친일 문학까지 포괄할 수 있는 '계몽기'라는 용어가 제기되기도 했다(김영민, 『한국 근대소설사』, 솔, 1997, p.154).

9) 애국계몽기는 소위 을사보호 조약이 체결된 직후인 1905년부터 한일합방이 된 1910년까지의 시기를 지칭한다. 이 시기는 국권 회복을 위한 구국운동이 치열하게 전개되었던 시기이다. 그런데, 흔히들 1880년대에서부터 1919년 이전까지를 아우르고 있는 것으로 보는 '개화기'라는 용어 속에 이 시기를 포함시키고 있다. 이러한 시각이 역사적 현상을 설명하는 데는 어느 정도 부합할지 모르지만, 문학적 현상을 설명하는 데는 적합하지 않다. 개화기 문학이라고 하여 논의한 대상들을 보면 주로 애국계몽기에 생산된 작품들이 대부분이기 때문이다. 이에, 학계에서는 '개화기 문학'이라는 용어 대신 '애국계몽기 문학'이라는 용어를 사용하기를 주장했을 뿐만 아니라 후자에 귀속시켜 논의가 진행되고 있다(최원식의 앞의 글, 권영민의 앞의 글 참조). 이러한 경향은 시기의 왜소화를 야기시키기는 했지만, 당대 문학사의 실상과 부합한다는 점에서 타당성을 지니고 있는 것으로 보인다. 따라서, 이 책에서도 '애국계몽기'라는 용어를 사용하기로 한다.

수적 반동 또는 반(反)외세 국권 수호를 지향하는 '위정 척사파'와 반(反)봉건 자주 개화 또는 친일적(親日的) 개화를 지향하는 '개화파'의 대립 갈등이 복잡하게 얽혀 있던 시기라고 말할 수 있다.

애국계몽기의 신문들은 이러한 당대적인 특수한 여건들을 보다 핍진(逼眞)하게 반영하고 있다. 잘 알고 있는 것처럼, 당대 사회는 신문이 유일한 근대적 언론 매체였다. 따라서 이 시기 신문들은, 물론 이것은 신문의 사명이며 특수기능이지만, 한 시대의 사회구조가 빚어내는 파행(跛行) 내지 질곡(桎梏)을 총체적으로 드러내는 한편, 대중의식의 소통기제(疏通器材)로서 중요한 기능을 담당한 것이다. 이 시기의 신문 연재소설 또한 그러하다. 애국계몽기의 신문 연재소설은, 개항 이후 서양의 근대적 문물의 유입, 그에 따른 전통적 가치 의식의 동요, '충격'을 비롯한 '새로운 삶의 방식과 가치' 등에 대한 관심이 고조된 시대 상황에 기반하고 있었다. 바꿔 말하여, 이 시기의 신문들은 마땅히 담당해야 할 대중의식의 소통 기재로서의 역할 뿐 아니라, 독자를 확보하는 하나의 방법으로 당대적 사회 문제와 생활 양상을 다룬 소설을 게재하기 시작한 것이다. 따라서, 이 시기 신문 연재소설은 소설 미학적 측면보다는 공리적인 기능을 중시하는 성향을 띠게 된다. 신문의 문학 담당자들 대부분이 선각적 지식인 또는 실천적 애국계몽운동을 전개한 애국계몽론자들이었다는 사실은 이 시기 신문 연재소설이 공리적 측면을 강조할 수밖에 없었던 저간(這間)의 사정을 짐작하게 한다. 특히, 토론체 소설과 역사·전기체 소설의 작가 대부분은 신문사의 논객(論客)이었던 바, 이들은 서양의 영웅 호걸에 관한 전기를 다룬 번안 또는 번역체의 역사·전기체 소설을 다수 소개하는 한편, '을지문덕(乙支文德)'이나 '이순신(李舜臣)' 같은 민족적 영웅을 주인공으로 삼은 작품들도 많이 창작 발표한다. 이것은 물론 시대의 난국(難局)을 영웅주의적 사고로 극복하고자 한 작가의 시대 의식에서 비롯하는 것이라 할 수 있다.

이처럼, 신문 연재소설들은 당대 사회의 공간적 지평(地平)을 중시하고, 동시에 그 공간에서 일어난 다양한 문제를 직접적으로 다루는 문제 중심적 구성을 취하고 있다. 이와 같은 당대적 사회 문제와 경험에 대한 적극적 관심 등은 신문 연재소설의 새로운 양상으로 파악할 수 있을 것이다. 그럼에도 불구하고, 애국계몽기의 신문 연재소설은 대체로 기존 연구자들에 의해 효용성(效用性)을 강조한 문학 정도로 평가되었을 뿐, 이들 작품에 표출되어 있는 정치 의식 또는 애국계몽이라는 경직된 주제의 사회적 의미는 간과되거나 홀대(忽待)되었다. 민족 의식이나 시대 정신의 생경한 나열에 그쳐, 결과적으로 문학성(文學性)이 심각하게 훼손되었다고 본 것이다. 이처럼 애국계몽기의 신문 연재소설을 생경한 주제 의식만이 표출된 것으로 폄하(貶下)한 데에는 서구 문학론의 관점에서 재단(裁斷)하고 평가하려는 태도와 밀접한 관련이 있다. 물론, 서구 문학론의 관점에서 보면, 신문 연재소설이 주제를 담아내는 형상적 측면에서는 미숙성이 지적될 수밖에 없고, 소설 미학적 측면에서 그 완성도가 뒤떨어지는 것 또한 누구도 쉽게 부인할 수는 없겠다. 그러나 한편, 애국계몽기 신문 연재소설의 경우, 소설 미학적 측면뿐 아니라, 망국의 위기 상황에 처한 당대 사회의 혼란상에 대응하여 민족의 주체적 저항 의지를 표출하고 있는 점을 감안, 작품이 변화된 현실에 어떻게 대응해 나가는가를 밝혀냄으로써 그것이 지닌 역사적 의의를 적극적으로 평가하려는 시각 또한 매우 중요하다고 말할 수 있다. 왜냐하면, 신문 연재소설은 당대의 긴박하고도 절박한 역사적 현실 속에서, 그러한 현실을 '어떻게' 담아낼 것인가 하는 형식적 측면보다는

'무엇을' 드러낼 것인가 하는 내용적 측면에 더 많은 비중을 두지 않을 수 없었기 때문이다. 이런 점에서, 이 시기의 신문 연재소설은 당대 사회의 다단(多端)한 현실 속에서 시대적 과제를 수행해내기 위한 하나의 방편으로서 문학의 사회적 효용성에 주안점을 둔 서사 양식으로 볼 수 있다.

애국계몽기의 문학 형식을 구체적으로 살펴보면, 신소설과 역사·전기체 소설이 양대 축을 이루면서[10] 한문·몽유록계(夢遊錄系) 소설 등 서로 다른 서사(敍事) 양식이 여전히 공존하고 있었다. 그런데, 역사·전기체 소설 중에서도, 우리나라의 영웅의 일대기를 창작한 작품들은 전대(前代)의 '전(傳)' 양식에 입각한 과도기적 문학 형식이라 하겠는데, 투철한 민족 의식을 주제로 하고 있다는 점에서 이전의 것과는 판이하게 다르다.[11] 박은식(朴殷植)이 『서사건국지(瑞士建國誌)』 서문에서 밝힌 것처럼, 역사·전기체 소설을 창작한 작가들은 "애국사상과 구민혈심(救民血心)의 분발"을 강조하며 독립 쟁취의 의지를 강하게 드러내고 있다. 그 결과, 앞서 지적했듯 미학적 측면보다는 공리적인 기능을 강조할 수밖에 없었다. 작가 또한 전업 작가가 아니라 자기의 사상이나 이념을 펼치며 애국계몽운동을 전개한 사람들이 대부분이었다. 그들은 반제·반봉건 의식을 강하게 지녔던 사림(士林) 출신 중에서도 비교적 진보 지향적인 문인

---

10) 이재선은 개화기 서사 문학을 경험적(역사적) 서사체와 허구적 서사체로 나누고, 전자에 번역문학과 역사 전기문학, 후자에 신소설을 들고 있다. 전자가 자보적 민족주의를 기초로 한 '구제의 문학'이라고 한다면, 후자는 시장 지향적, 친외세적인 '순응의 문학'이라고 규정하고 있다.(이재선, 「개화기 서사문학의 두 유형」, 『국어국문학』 68.69호, 1975.9, p.308.)

11) 강영주, 「애국계몽기의 전기 문학」, 『전환기의 동아시아 문학』, 창작과비평사, 1985.

들로 판단된다.[12] 한편, 신채호(申采浩)는『을지문덕전(乙支文德傳)』
을 비롯하여,『이순신전(李舜臣傳)』,『최도통전(崔都統傳)』같은 토
론체 소설,「낭객(浪客)의 신년 만필(新年漫筆)」과「근금국문소설저
자(近今國文小說著者)의 주의(注意)」같은 평론, 그리고 몽유록계 소
설도 발표했는데, 그는 자신의 몽유록계 소설「꿈하늘」에서 문학의
궁극적인 목적은 예술주의보다는 인도주의에 있다고 했다. 환언(換
言)하자면, 이 시기의 몽유록계 소설은 역사·전기체 소설의 문학관
과 동궤(同軌)에 있었던 것으로 여겨진다. 반면에, 신소설은 상업주
의적 성격을 강하게 띠고 있었다. 그러나, 이해조(李海朝)가 "풍속을
교정하고 사회를 경성(警醒)하는 것"을 소설의 첫째 목적으로 보고
있는데, 이는 그 또한 소설을 통해 계몽의 기능과 사회 비판 기능을
감당하고자 했던 데서 연유한다고 할 것이다.

　애국계몽기 토론체 소설은 이 시기 신문 연재소설의 주요한 서사
양식 가운데 하나로, 갑남을녀(甲男乙女)를 등장 인물로 내세워 당
대 사회의 중요한 화두(話頭)로 대두된 문제들을 중심으로 대화나
토론 방식을 통해 이야기를 전개하고 있다. 또한, 토론체 소설은 잘
알려져 있는 것처럼, '경험적인 진실에 대한 탐구나 해명'에 관련된
양식이라 할 수 있겠다. 이러한 속성은 비슷한 시기에 등장하여 폭
넓은 독자층을 확보한 역사·전기체 소설에서도 역시 마찬가지로
추구된 것이었다. 이미 밝혀진 대로, 역사소설은 '역사적 진실에 대
한 탐구'였고, 전기 소설은 '개인의 전기적 진실에 대한 탐구'였던 것
이다.[13] 이렇게 볼 때, '토론체 소설'이라는 유형을 살펴고자 할 때에

---

12) 김용직,「개화기 문인의 의식 유형」,『한국 문학 연구 입문』, 지식산업사, 1982,
　　pp.475~484.
13) 문성숙,『개화기 소설론 연구』, 새문사, 1994, pp.19~21.

는 애국계몽기의 신문 연재소설이 표출한 주제 의식을 염두에 두고, 작품이 지니고 있는 특수성을 인정하는 범위에서 그 나름의 평가 기준을 설정할 필요가 있다. 앞에서도 언급한 대로, 작품에 표면적으로 나타나 있는 소재적 측면만을 단순히 지적하는 데 그치지 않고 심부(深部)의 이면적 주제 의식을 규명하는 한편, 각 작품에 구현된 주제 의식의 변모 추이(推移)를 역사적 맥락과 연결 지어 검토해야 할 것이며, 따라서 이들 작품의 흐름을 일관되게 추적하는 것이 무엇보다도 중요하다고 하겠다.

토론체 소설은 흔히 우리 주변에서 만날 수 있는 일반인 또는 하층민들을 등장시켜, 당대 현실에서 실제적으로 일어나고 있는 문제들을 대화나 토론 방식을 통해 전개하고 있다. 특히, 대화나 토론은 당대의 모순된 현실에 대한 풍자나 비판을 드러내는 데 있어 독자들에게 친숙감을 줄 수 있는 서사체이다. 토론체 소설이 현실의 모순을 드러내는 것에 집중한 것은 내용을 중시하는 중세의 문학관을 그대로 계승했기 때문이다. 그러나, 중세의 전통적 문학관이 '추상적인 실체, 이른바 도(道)의 구현'에 주목한 것인 데 반해, 이 시기의 토론체 소설은 당대의 역사적 공간에서 일어나고 있는 '실제의 사실'에 관심이 집중되고 있다는 점에서 전혀 차원이 다르다. 또한, 토론체 소설이 관심을 갖는 부분은 쓰러져 가는 봉건 체제의 수호에 있는 것이 아니라, 당대 사회의 모순에 대한 각성과 계몽에 있는 점에서도 다르다. 따라서, 토론체 소설이 당대의 '현재적 문제'를 다루는 이러한 양상은 고소설을 비롯하여 1895년부터 등장한 역사·전기체 소설 등이 '과거의 사적'을 취급하고 있는 점을 고려해 볼 때 상당한 문학사적 의의를 갖는다고 하겠다.

앞에서 지적했듯이, 토론체 소설이 범상한 등장 인물의 대화나 토론을 통한 풍자(諷刺)나 비판에 의해 당대의 모순된 현실을 제재로 취급한 것은, 한편으로는 문학의 내용적 측면에 주목하고자 하는 '전통적인 방식'에 근거하면서도 다른 한편으로는 추상적이거나 과거적인 것을 다루지 않고 당대의 문제를 다루고자 하는 '새로운 방식'을 차용(借用)했기 때문이다. 말하자면, 토론체 소설에서 '전통적인 것'과 '새로운 것' 사이의 긴장 관계가 형성되고 있는 셈이다. 이러한 긴장 관계 속에서, 소설은 당대의 현실적 모순을 어떻게 예술적으로 드러낼 것인가 하는 '문학의 허구적 형상성(形象性)'에 주목하지 않을 수 없었을 것이며, 이 점이 바로 신소설의 등장을 예고하는 토대가 되었을 것으로 생각된다. 그러므로, 애국계몽기의 토론체 소설에 구현된 주제 의식의 경향성과 그 변이(變異) 양상을 살피고자 하는 것은, '전통적인 것'과 '새로운 것' 사이의 길항(拮抗) 관계를 밝히면서 1920년대의 소설의 문학사적 성과로 평가되는 예술적 형상성의 근인(根因)을 해명하는 한 단서가 될 것이다. 그러나, 1906년 이인직의 『혈의 누』가 발표된 이후에서부터 1917년 이광수(李光洙)의 『무정』이 등장하기 이전까지 창작된 신소설에 이르면 '경험적 진실을 표명'하기보다는 '허구적 진실, 곧 이야기성(性)에 대한 탐구'에 더 주목하는 소설 의식의 일대 전환이 이루어진다. 이 시기에는 소설의 내용적 측면만을 문제삼던 태도에서 벗어나 그것을 담아내는 형상적 측면에 관심을 가지기 시작했던 것이다.

애국계몽기의 신문 연재소설은 '도문일치(道文一致)'의 중세적 보편주의 문학관의 영향을 그대로 이어받은 것으로서 복잡 다단한 당대 현실에 대한 교훈적 측면을 강조하고 있다. 그러나, 이 작품들이 중세적 문학관으로부터 영향을 받았다고 해서 쓰러져 가는 봉건 체제의 수호에 일익을 담당했던 것은 아니다. 계몽과 각성을 부르짖는 시대의 새로운 흐름에 대응하여 민족 의식의 함양에 적극적으로 참여함으로써 조선시대의 그것과는 전혀 다른 성격을 띠고 있는 것이다. 그런데, 여기에서 우리가 간과해서 안 될 것은, 복잡하게 얽혀 있는 당대의 모순된 현실에 대응하는 애국 계몽의 이념 안에도 수많은 편차가 있었기 때문에 이 미세한 변화를 외면하고 표면적으로 드러난 것만을 하나로 뭉뚱그려 접근해서는 안 된다는 사실이다. 또한, 같은 신문에 연재된 작품이라 하더라도 모두 동질적 층위(層位)를 형성하고 있지 않다는 점에도 특히 유의해야 한다.

그러나, 기존의 연구 대부분은 이러한 점을 소홀히 취급한 감이 없지 않다. 기존 연구에서는 작품에 표면적으로 드러난 것만을 단편적으로 지적함으로써 화석화된 주제 의식만을 검출해 내는 데 비중을 둔 결과, 변화하고 있는 현실 상황에 대한 작가들의 다양한 현실 대응 방법을 외면하고 있는 것이다. 이것은 기존의 연구들이 신문 연재소설의 담당자들이 전문적인 작가가 아니라, 시시각각 변화하고 있는 당대 사회의 문제들에 맞서 애국계몽운동을 실천하고자 한 선각적 지식인의 일부였다는 점을 간과한 데서 비롯된 것이라 할 수 있다. 따라서, 신문 연재소설이 일관되게 추구한 애국계몽운동의 한 발로(發露)로서의 주제 의식의 구체적 실상을 짚어내고, 이를 온당하게 자리매김하려는 노력이 요청된다고 하겠다. 특히, 이 시기에 전통적인 양식이 잔존하고 한 작가의 작품 내에서도 '전근대와 근대의 다양한 의식 편차'를 보이고 있는데, 이것은 영·정조 때부터 싹트기 시작한 자생적인 근대화의 움직임을 우리 스스로 심화 발전시키지 못한 상황에서 일본 및 서구 열강이 간섭해 들어왔기 때문이다. 따라서, 애국계몽기 신문 연재소설을 정확히 연구하기 위해서는 고소설과의 시원적(始原的) 연관성을 살펴보는 작업은 필수적이라 하겠다.

주지하는 바와 같이, 신문 연재소설은 고소설과의 시원적(始原的) 관련성을 내보이고 있다. 전통적인 선악 이분법의 인간관이 외형만을 바꾸어 '문명 개화＝선, 수구(守舊)＝악'이라는 도식으로 잔존한다든가, 사건 전개에 있어 우연성이 남용(濫用)되고 있으며, '행(幸)－불행(不幸)－행(幸)'의 영웅소설적 유형 구조가 상당수 작품들에 내재하고 있다는 점이 그것이다.14) 이것은, 이 시기 신문 연재소설은 새로운 시대의 요구를 바탕으로 삼고 외래 문학의 영향을 흡수하면서 등장했지만, 긍정적 의미로든 부정적 의미로든 고소설의 태반(胎盤)으로부터 완전히 벗어날 수 없었던 것임을 보여주는 것이라 할 것이다. 다시 말하자면, 이 시기 신문 연재소설은 이전 시기의 전통 없이 갑자기 생성된 것이 아니기 때문에, 고소설의 서사 구조를 비롯하여 주제·서술 기법, 그리고 전대(前代) 몽유록계 소설의 특징인 대화나 토론의 기법을 차용할 수밖에 없었던 것이다. 그러므로, 이전 소설의 미적 양식의 전통 가운데 어떤 것이 계승되었고 어떤 것이 폐기되었는가를 주목할 필요가 있다. 신소설만 하더라도, 당시 가장 진취적인 의식을 보여주었던 동학(東學) 농민군이 장식적 요소로 취급되거나 심지어 부정적으로 묘사된 사실은 수구세력의 저항이 그만큼 완강했음을 반증하는 것이며, 이런 상황을 일본이 의도적으로 이용했음을 보여준다. 따라서, 한문 소설의 경우에도, 이전의 한문 소설과의 차이를 비롯하여, 애국계몽기에 생산된 한문 소설이 갖는 내용과 형식에 있어서의 특수성을 심도 있게 분석하는 작업이 필요하다. 뿐만 아니라, 몽유록계 소설이나 역사·전기체 소설 또는

---

14) 조동일, 『신소설의 문학사적 성격』, 한국문화연구소, 1973.

신소설 등과의 상호 작용 관계를 규명하는 작업이 필요한 것으로 보인다.

그러므로, 애국계몽기 신문 연재소설에 대한 논의에서 무엇보다도 중요한 것은 형식적인 면 못지 않게 내용적인 면 또한 결코 간과해서는 안 된다는 점이라 하겠다. 특히, 내용적인 면에 나타나 있는 미세한 변화들에 대해 세밀한 관심을 기울여 검토하고, 이를 온당하게 해석해야 할 것이다. 복잡하게 얽혀 있는 당대의 모순된 사회 현실, 그리고 이에 대응하여 형성된 애국계몽의 이념과 운동의 이면(裏面)에는 하나로 요약할 수 없는 입장과 좁혀질 수 없는 거리들이 존재했고, 이 때문에 같은 신문에 연재된 작품이라 하더라도 모두 동질적 층위(層位)를 형성하고 있지 않다는 점들을 소홀히 할 수 없는 것이다.

앞에서도 지적한 바와 같이, 이 시기 신문 연재소설의 작가들은 당대의 시대적 질곡(桎梏)을 극복하기 위한 하나의 방법으로 애국계몽운동을 전개했던 선각적 지식인들이었고, 그들이 체험한 시대적 절박성이란 고정 불변적인 것이 아니라 가변적인 성격을 띠고 있다고 할 수 있다. 따라서, 표면적으로 드러나 있는 것만을 단선적으로 해석하거나, 급변하는 현실 상황과 이에 대처하는 작가의 현실 대응력에 있어서의 운동성을 외면할 경우, 화석화된 주제 의식을 추출해 내는 데 그칠 수밖에 없다. 전대(前代) 문학과의 차별성을 지나치게 강조하거나, 후대 문학에 비해 문학성이 떨어진다는 단순 대비는 애국계몽기 신문 연재소설의 실체를 밝히는 데 오히려 장애가 되는 까닭이 여기에 있다. 그러하기에, 애국계몽기 신문 연재소설의 경우, 비록 소설다움이 다소 미흡하다고 하더라도, 그 긍정적 가치를 포착하려는 자세가 필요하다. 이러한 태도는 이들 소설의 본질적 특성과

그 의의를 밝히고, 궁극적으로 문학사적 위상을 정립하는 데 도움이
될 수 있기 때문이다.

2. 연구사 및 논의 방향

애국계몽기 신문 연재소설에 대한 기존의 논의는 크게 두 가지 경
향으로 나눌 수 있다. 그 하나는, 정치 의식과 애국 계몽이라는 주제
의식을 직설적으로 표출, 지나치게 효용성을 강조함으로써 소설 미
학적 미숙성을 드러낸 문학으로 평가하는 입장이다. 그러나, 이것은
애국계몽운동과의 연관성을 고려하지 않고, 이 시기 신문 연재소설
의 역사적 의의를 홀시(忽視)한 시각이라 할 수 있다. 말할 필요도
없이, 이러한 시각은 전대 문학의 붕괴와 신문학의 성립이라는 중요
한 문학사적 단계에서, 문학의 제 양식은 다기(多岐)한 지향을 그 세
계상 속에 함축하면서 양식으로서의 소멸과 생장을 겪게 된다는 점
을 간과했을 뿐만 아니라, 새로이 등장한 서구적인 문학 형태에 준
거하여 평가하려는 태도에서 연유하는 것이라 하겠다. 다른 하나는,
이와 같은 태도에 대한 반성과 아울러 이 시기 신문 연재소설이 갖
고 있는 사상적 측면을 평가하면서 새로이 주목하는 입장이다. 이는
어떠한 문학 양식도, 또한 그 담당층도 그것들이 속해 있는 당대의
특수한 여건에 자유로울 수 없다는 시각이다. 물론, 여기에는 한 시
기에 엄연하게 존재했던 서사 양식을 현재적인 시각으로 홀시하는
것은 또 다른 문제를 불러일으킬 수 있다는 반성도 포함되어 있다.
또한, 무엇보다도 이들 소설의 주제 의식, 일본 제국주의의 침략에
대한 민족적 저항, 당대 사회의 구조적 모순에 대한 비판에 대해 특

히 주목한 것이라 하겠다.

그러므로, 이 시기 신문 연재소설에 대한 연구는 기존의 논의에서 흔히 볼 수 있는, 외래적인 문학 형태의 등장 과정을 신문학의 성립으로 이해함으로써 야기(惹起)되었던 전통단절론을 주체적인 입장에서 극복할 필요가 있겠다. 뿐만 아니라, 이 시기 신문 연재소설의 치열한 주제 의식, 봉건적인 속박의 철폐와 제국주의적 침략에 대항하기 위한 애국계몽 의식에 특히 유의하면서 이를 적극적으로 해석해야 할 것으로 보인다.

그러나, 지금까지의 애국계몽기 서사문학에 대한 연구는 대부분이 문학사적 연구에 해당된다. 이처럼, 기존의 연구가 문학사적 연구에 편중된 것은 이 시기 소설이 심미적 가치보다 사회적 기능을 강조한 점에서 연유된 것으로 보인다. 그러나, 개화사상과의 연관성에 관한 검토를 비롯하여,15) 다른 문학 장르와 구별되는 서사문학 장르 자체의 본질과 특성에 따라 개화기 서사문학을 유형화하는 연구(즉 서술 방식의 다양성에서 파생되는 시점(視點)의 문제나 작가와 작중 인물과의 특징적 관계에 관한 연구),16) 언어와 문체에 대한 연구,17) 그리고 일본과 중국을 통한 외국 문학의 영향 관계를 살펴

---

15) 이에 대한 주요 논의를 보이면 다음과 같다.

　권영민, 「개화기의 소설관과 신소설의 변모 양상」, 『관악어문연구』 1집, 서울대, 1976.

　홍일식, 『한국 개화기 문학사상 연구』, 열하당, 1980.

　정덕준, 「자의적 순응과 패배 의식- 개화기 소설에 나타난 작가 의식」, 『한국언어문학』 19집, 1980.

　강재언(정창열 역), 『한국의 개화사상』, 비봉출판사, 1981.

　김춘섭, 「개화기의 소설 인식 태도」, 『용봉논총』 12집, 전남대, 1982.

16) 유양선, 앞 논문.

　정덕준, 「개화기 소설의 시간 - '과거 - 미래'의 구조」, 『우석어문』 2집, 우석대, 1985.

보인 비교문학적 연구18) 또한 활발하게 이루어져 왔다.

비교문학적 입장에서 이루어진 연구는 일본 문학과의 상관 관계를 밝힌 것들이 대부분이다. 신소설 형성에 미친 일본 문장의 영향을 살펴 보인 조연현(趙演鉉)의「개화기 문학 형성 과정 고(考)」19)를 비롯하여, 명치(明治)시대 정치소설과의 연관성을 규명한 것20)들이 그것이다. 특히, 김윤식(金允植)은 그의「정치소설의 결여 형태로서의 신소설」에서, 이 시기 정치소설이 일률적으로 "애국계몽운동과 항일 투쟁으로 국권 회복과 민족주의적 항일 사상을 불어넣었다"고 평가받는 것을 비판하였다. 그에 의하면, 일본 제국주의자의 입장에서는 명백히 정치소설인 것이 우리에게는 작가의 친일적 세계관이 매개되어 궁극적으로는 한국인의 비정치화(非政治化)를 돕는 결과를 초래했다는 것이다. 그는, 이 글에서, 한일합방 이후 신소설이 역사·전기체 소설보다 더 많이 발표되고 널리 읽히게 되며, 내용적으로는 '사이비 정치소설' 내지 '준(準)정치소설'로 전락하게 되었다고 주장한다. 한편, 서구 근대소설과의 영향 관계,21) 양계초(梁啓超) 사상이 역사·전기체 소설에 미친 영향 등을 규명되기도 했다.22)

---

17) 권영민,「개화기 소설의 문체 연구」, 서울대 석사학위 논문, 1975.
  박종철,「개화기 소설의 언어와 문체」,『개화기 문학론』, 형설출판사, 1978.
18) 이재선,「신소설의 비교 문학적 연구」,『한국 개화기소설 연구』, 일조각, 1975.
19) 조연현, 앞의 책.
20) 김윤식·김현,『한국문학사』, 민음사, 1973.
  芹川哲世,「한일 개화기 정치소설의 비교 연구」, 서울대 석사학위 논문, 1975.
  김윤식,「정치소설의 결여 형태로서의 신소설」,『한국학보』31, 1983.
21) 전광용,「한국 소설발달사(하)」,『한국문화사 대계 5』, 고려대 민족문화연구소, 1967.
22) 이재선,『한국 개화기소설 연구』, 일조각, 1975.
  엽건곤,『양계초와 구한말 문학』, 법전출판사, 1980.
  성현자,「양계초와 안국선의 관련 양상」,『인문과학』48, 연세대, 1982.

유양선(柳陽善)[23]은 신소설에 대한 연구 경향을 크게 세 가지로 정리한 바 있다. 반봉건(反封建)의 입장에서 신소설에서의 신문화 수용이 올바른 것이었는가 아니면 피상적인 것이었는가의 문제, 반제(反帝)의 입장에서 신소설이 지니는 친일적 성격을 민족 주체성의 문제와 관련하여 어떻게 처리해야 하는가의 문제, 마지막으로 신소설이 외래 문학의 영향으로 나타난 문학 양식인가 아니면 우리 문학의 전통 계승으로 형성된 문학 양식인가 하는 문제들이 그것이다. 그러나, 이 문제들은 서로 얽혀 있다는 점에서, 그리고 궁극적으로는 문학사의 과제라는 점에서 보다 면밀한 분석이 요구된다고 하겠다.

신소설에 대한 논의는 이인직(李仁稙)에 대한 연구로 시작되는데, 안확(安廓)을 비롯하여 김동인(金東仁)[24]과 최서해(崔曙海)[25]의 연구가 그것이다. 안확(安廓)[26]은 중국 또는 일본의 정치소설의 번안·번역 작품과 신채호의 역사·전기체 소설의 의의까지 언급하면서, 애국계몽기 서사문학을 개화사상의 발전적 전개 과정에서 형성된 서사 양식으로 보고, 문학사의 체계화를 시도했다. 그는 이인직 문학을 신문학의 진정한 출발로 보았다는 점에서 이후 연구에 하나의 방향을 제시해 주고 있지만, 개화사상을 계급적 이해 측면에서 개량적 개화파와 동궤(同軌)의 것으로 보고, 농민의 토지 소유를 부르짖은 갑오(甲午)농민전쟁의 주체에 대해서는 '사술파(邪術派) 동학

표언복, 「단재의 문학관 형성에 미친 양계초의 영향」, 『목원 어문학』, 목원대, 1989.
23) 유양선, 「신소설」, 『한국 근현대문학 연구 입문』, 한길사, 1990.
24) 김동인, 「조선 근대소설고」, 『조선일보』 1929.7.28~8.16.
25) 최서해, 「조선문학 개척자 : 국초 이인직씨와 그 작품」, 『중외일보』 1927. 11.15.
26) 안 확, 『조선문학사』, 한일서점, 1922.

당'이라고 규정하는 한계27)를 보인다. 그에 의하면, 단재(丹齋)의 역
사·전기체 소설이 너무 국수주의적인 방향으로 치닫는 것은 전대
소설의 '권징주의(勸懲主義)'와 연결되었기 때문이다. 이에 반해, 신
소설은 정치 및 민족 사상에 집중되던 시대 상황 속에서 고소설의
권징주의로부터 완전히 벗어났다고 본다. 그러나, 그의 연구는 신소
설에 나타나 있는 전대 문학적 요소를 정확히 파악하지 못한 결과,
전통 단절론적인 시각을 드러내고 있다.28)

애국계몽기의 신소설에 대한 최초의 본격적인 연구는 임화(林和)
에 의해서 이루어진다.29) 임화는 이인직의「혈의 누」를 비롯,「치악
산(稚岳山)」,「귀(鬼)의 성(聲)」,「은세계(銀世界)」,「자유종(自由鐘)」,
「빈상설(鬢上雪)」,「구마검(驅魔劍)」 등을 분석하고, 신소설을 '과도
기의 문학'으로 규정하는데, 이는 안확의 연장선에서 이해될 수 있
다. 임화는 비평적 안목을 중시하는 반실증주의적 태도를 견지하면
서 깊이 있는 작품 분석을 통한 신문학의 사적(史的) 체계를 마련하
고자 했다. 그의 분류에 의하면, 과도기 문학 제1단계는 정치소설류,
역사·전기체 소설, 몽유록계 소설, 창작 신소설 중에서「금수회의
록(禽獸會議錄)」과「자유종」, 그리고 유길준(兪吉濬)의「서유견문(西
遊見聞)」 등이 해당된다. 제2단계는 신소설 작품들이 포함되는데, 신

---

27) 윤명구,「신소설의 전통계승 여부」,『한국문학사의 쟁점』(장덕순 외), 집문당,
   1986, pp.621~634.
28) 김태준도 신소설을 시민 문학으로 규정하고 우리 문학사를 시민 문학의 단계
   적 발전 과정으로 파악했지만, 신소설이 전대 소설과는 형식과 내용이 전혀 다
   르며, 일본 문학의 수입 모방에 불과하다고 보았다.(김태준,『증보 조선소설
   사』, 학예사, 1939.)
29) 임 화,「조선 신문학사론 서설」,『조선중앙일보』, 1935.10.19~11.13.
   _____,「소설 문학의 20년」,『동아일보』, 1940.4.12~20.
   _____,「신문학사의 방법」,『문학의 논리』, 학예사, 1940.

소설은 인물과 사건의 사실성, 소재의 현대성, 언문 일치의 문장 등 부분적으로는 리얼리즘의 성과를 거두었다고 지적한다. 그러나, 대부분의 신소설 작품들은 전기(傳奇) 소설·군담(軍談) 소설·염정(艶情) 소설·계모형(繼母型) 가정소설의 양식을 답습할 뿐만 아니라, 오히려 이런 양식이 강화 복구됨으로써 역사적인 자기 발전은 중지하고 일본의 신파극과 탐정소설의 수법을 차용하는 등 통속성 쪽으로 후퇴하게 된다고 파악한다. 그는 전통적인 요소가 창조적으로 계승되지 못한 근본적인 이유를 개화파의 운동 노선이 '하부의 실력에 의한 개혁이 아니고 상부로부터의 개혁'이며, '자주적으로 되어진 개혁이 아니고 일본의 힘을 많이 빈 개혁'이라는데 있다고 이해한다. 그가 이른바 '이식문화론(移植文化論)'을 내세운 근거가 여기에 있다. 그러나, 임화 또한 안확과 마찬가지로, 반봉건의 과제에 비중을 둔 결과 반제(反帝)에 대한 인식이 소홀해졌으며, 개화파를 친일파로 단순 처리한 결과 신소설의 긍정적인 역할을 무시하는 한계를 드러내게 된다. 그럼에도 불구하고, 그의 이식문화론은 이후 연구에 많은 영향을 끼치게 된다.

해방 후, 전광용(全光鏞)을 비롯하여, 이재선(李在銑)·송민호(宋敏鎬) 등은 애국계몽기 문학에 대한 연구에 상당한 성과를 거둔다. 전광용은 이 시기 작가의 전기(傳記) 연구를 비롯하여, 주요 신소설 작품들에 대한 서지적(書誌的) 연구, 그리고 본격적인 작품론을 발표, 이 시기 문학 연구의 기틀을 다진다.30) 또한, 이재선은 신소설의

---

30) 전광용은 「신소설 연구」(『사상계』, 1955.10~1956.11)와 「이인직 연구」(『서울대학교 논문집』 제6집, 1957)를 거쳐 『한국 소설발달사(하)』(한국문화사대계 5, 고려대 민족문화연구소, 1967)에서 일차적인 정리를 마친다. 이후 그 간의 작품 연구를 총정리한 『신소설 연구』(새문사, 1986)를 출간한다.

명칭과 형성 과정을 밝혀 보이는 한편, 우리의 신소설과 일본 신소설과의 영향 관계를 치밀하게 규명함으로써 이 시기 소설 연구의 지평을 확대 제시한다.[31] 송민호는 신소설의 사적 전개 양상을 살피고, 이 시기 소설에 내포되어 있는 고소설적 요소와 근대소설적 요소를 밝혀내고, 이를 통해 신소설의 성격을 규정한다.[32] 하지만, 이들 연구의 기본 틀은 임화의 시각, 이식문화론에 기반하고 있다고 말할 수 있다.

신동욱[33]은 신소설의 구조를 고찰한 후, 개화의 추상성, 친일적 순응주의(順應主義), 흥미 본위의 통속성 등을 신소설의 한계로 지적, 부정적으로 평가하고 있다. 그러나, 그는 이전의 연구에서 상대적으로 소홀히 다루어졌던 역사·전기체 소설과 단형(短型) 서사에 대한 연구를 촉발시키는 계기를 마련하였다. 그는 신소설이 고소설에 빚진 측면과 오히려 그것을 퇴보시킨 측면을 분석적으로 검토하였는데, 관리의 약탈 행위에 대한 비판, 노비 제도의 부당성 고발, 외국 유학의 필요성을 강조하는 대목 등이 신소설 작품에서 장식적 세부로 떨어지고 있으며, 인물들은 운명론적 인생관과 체제 순응적이고 패배주의적 세계관을 조장시키고 있다는 것을 밝혀냈다.

이와는 달리, 조동일의 연구[34]는 단순 도식의 한계에도 불구하고 신소설을 고소설과의 관계 속에서 치밀하고 구체적으로 검토한 점이 돋보인다. 신소설은 '표면적 주제'와는 달리, '이면적 주제'에 있어

---

31) 이재선, 앞의 책 참조.
32) 송민호,『한국 개화기소설의 사적 연구』, 일지사, 1975.
33) 신동욱,「신소설에 반영된 신문화 수용의 태도」,『동서문화』 4집, 계명대 동서문화연구소, 1970.
34) 조동일,『신소설의 문학사적 성격』, 한국문화연구소, 1973.
    송민호,『한국 개화기 소설의 사적 연구』, 일지사, 1975.

서는 고소설, 특히 귀족적 영웅소설의 전통을 충실히 계승하고 있다고 밝혀 보인 것이 그러하다. 주지하는 바와 같이, 판소리계 소설의 표면적 주제는 보수적이지만, 이면적 주제는 진보적이라 할 수 있다. 이에 반해, 신소설은 표면적 주제 면에서는 진보적이지만, 이면적 주제에서는 보수적이다. 따라서, 주제사(主題史)의 측면에서 보면 신소설은 조선 후기 판소리계 소설과 비교해서도 후퇴한 것이 된다. 조동일이 신소설의 범위를 전대 소설의 맥락에서 심지어 이광수의 「무정」까지로 확대하고 있는 것도 이런 논리 과정에서 나온 것인데, 조동일은 전광용의 1917년 설을 간접적으로 확인한 셈이다.

최원식35)은 실증적인 고증을 거쳐 신소설이 내포한 고소설적 기반의 문학사적 의미를 해명하고, 그것이 부분적으로 성취한 리얼리즘적인 측면을 중시한다. 「은세계」의 전반부가 판소리계 소설의 발전적 계승이라는 그의 지적은, '개화파＝친일파'라는 단순 도식을 극복케 함으로써 신소설을 포함한 애국계몽기 소설 전반에 대한 연구 시각을 가다듬을 필요성을 제기하고 있다. 최근의 연구도 여기에서 크게 벗어나지 못하고 있는데, 이를 위해서는 정치한 해석 방법을 모색할 필요가 있다. 김교봉·설성경의 『근대전환기 소설 연구』도 이 연장선에 서 있다. 이들 또한 신소설을 「무정」으로까지 확대해서 보고 있지만, 주제 면에서는 신소설이 판소리계 소설보다 앞선 것으로 파악하고 있다. 이들은, 이 시기 소설이 판소리계 소설의 특징적 요소들을 계승하면서도 일정 정도 극복하고 있는 것으로 보고 있는

---

35) 최원식, 「은세계 연구」, 『창작과비평』 48호, 1978.
　　이상경, 「'은세계' 재론」, 『민족문학사연구』 5, 창작과비평사, 1994.
　　김종철, 「판소리의 근대 문학 지향과 '은세계'」, 『민족문학과 근대성』(민족문학사연구소 엮음), 문학과지성사, 1995, pp.101~141.

데,36) 그러나, 신소설에 대한 긍정적 가치 평가는 정치(精緻)하지 못한 한계를 지니고 있다.

이런 점에서 김영민(金榮敏)37)은 '서사적(敍事的) 논설'과 '논설적 서사'라는 개념을 통해 이 시기 문학의 실체에 보다 가까이 접근하고 있다. '서사적 논설'이라는 문학 양식은 지금까지 학계에서 전혀 연구된 바가 없을 뿐만 아니라, 자료들의 실체에 대해서조차 거론된 바도 없었다. 그에 의하면, '서사적 논설'은 우리의 전통적 이야기 문학 양식인 야담(野談)이나 한문 단편 등이 근대적 문화 매체인 신문의 논설과 결합하여 생긴 새로운 서사 문학 양식을 말한다. 그리고, '논설적 서사'는 문답체나 토론체의 비실명(非實名) 소설로 신소설의 전 단계에 해당한다. 다시 말하자면, 김영민은 신소설과 전대의 전통적인 문학 양식과의 계기적인 관계를 실증적으로 고찰한 것이다.

이상의 연구 성과를 검토해 볼 때, 애국계몽기에 생산된 한문 소설이나 국한문 혼용체 소설38)에 대한 기존의 연구가 충분히 이루어지지 않았다고 할 수 있으며, 결과적으로 이 시기 소설의 총체적인 모습을 확인하는데 도움을 주지 못한 것으로 판단된다. 애국계몽기 한문 소설은 발표 지면의 확대로 신문이나 잡지에 장기간 게재된 한문 또는 현토(懸吐) 한문으로 서술된 회장체(回章體) 소설이다. 이들 작품은 현토식(懸吐式) 한문체 문장을 비롯하여, 작가의 서술적 서

---

36) 김교봉 · 설성경, 앞의 책, p.267.
37) 김영민, 『한국 근대소설사』, 솔, 1997.
　　한기형, 「한문 단편의 서사 전통과 신소설」, 『민족문학사연구』 4, 창작과비평사, 1993.
　　정선태, 『개화기 신문 논설의 서사 수용 양상』, 소명출판, 1999.
38) 「신단공안(神斷公案)」(『황성신문』 1906)을 비롯하여, 「용함옥(龍含玉)」(金華山人 작, 『대한일보』 1906), 이해조의 「잠상태(岑上苔)」(『소년한반도』 1906), 일학산인의 「일념홍(一捻紅)」(『대한일보』 1906) 등은 그 대표적인 작품이다.

언, 서사 구조와 서술 방법 면에서 고소설적 요소를 뚜렷이 드러내
보인다. 그러나, 내용은 부패한 관리에 대한 폭로와 고발, 외국 유학,
근대적 신교육, 실업 진흥, 남녀 평등 같은 개화계몽을 주장하고 있
다. 하지만, 어떤 작품은 형식적으로 한문체 문장의 전통성을 강조
하면서 오히려 내용 면에서는 고소설보다 후퇴하는 경우도 있다. 또
한, 이 시기 한문 소설은 유학(儒學)이나 한학(漢學)에 대한 소양을
지닌 독자층을 염두에 두고, 조선시대 한문 소설의 전통을 이어받으
면서도 고소설에서 신소설로 연결되는 교량 역할을 하고 있다. 특히,
「일념홍(一捻紅)」은 지금까지 발견된 자료 중에서 가장 오래된 것으
로, 자료적 가치가 크다. 이 소설은 「혈의 누」(『만세보』, 1906)보다 6
개월 전에 현토 한문으로 신문에 연재되었으며, 「혈의 누」를 비롯한
신소설에 표출되어 있는 친일 문학적 성격의 전범(典範)을 보여 주
고 있다. 따라서, 이 책에서는 이 시기 한문 또는 국한문 혼용체 소
설의 변하지 않는 측면과 변화하는 측면의 실상과 그 의미를 구체적
으로 분석함으로써 전대 소설과의 계기적인 관계를 고찰하고자 한
다.

　이런 관점에서, 애국계몽기 신문에 연재된 토론체 소설39)도 재검
토될 것이다. 이 시기 토론체 소설은 당대의 정치·사회적인 질곡
(桎梏)에 대한 현실 대응 의식이 어떠한 양상으로 구현되어 있는지,
그리고 그 변모 추이도 아울러 살펴볼 것이다. 이러한 작업은 이 시
기 문학이 과도한 이념적 성격과 정치적 현실 인식을 표출했다는 기
존의 평가를 극복하게 해줄 것이다. 이를 위한 통시적인 검토를 위

---

39) 김중하, 「개화기 토론체 소설 연구」, 『관악어문연구』 3, 1978.
　　은찬기, 「개화기 토론체 소설의 구조」, 『한양어문연구』 5, 한양어문연구회,
　　1987.

해 애국계몽기의 토론체 소설이 나타나기 이전 시기인 조선 중기의 몽유록계 소설의 주제 의식을 간단히 살펴볼 것이다. 조선 중기 몽유록을 통해 '토론적 삽화' 형식뿐만 아니라, 애국계몽기 지식인과 마찬가지로 격심한 혼란기를 겪어야 했던 조선 중기 지식인의 현실 대응 태도를 확인해 볼 수 있기 때문이다. 또한, 토론체 소설이 쇠퇴하는 시기에 나타났던 우화체(寓話體) 소설도 아울러 검토될 것이다.

애국계몽기 문학에 대한 연구는 이 시기 문학의 체계화를 위해서라도 자료 발굴 및 검토 등과 같은 보다 엄밀하고 실증적인 연구가 선행되어야 하고, 더욱 심화될 필요가 있다. 뿐만 아니라, 애국계몽기 신문 연재소설 연구는 근대소설의 주된 비판 기준인 개인주의의 잣대로 근대소설과의 차이점을 일방적으로 드러내던 방식은 지양(止揚)되어야 한다. 왜냐하면, 이 시기 소설은 '개성의 자각'보다는 등장 인물을 통해 작가의 시대 이념을 전달하고자 하는 의지가 앞서고 있기 때문이다. 특히, 이 책에서 논의의 대상으로 삼으려 하는 작품들이 모두 신문 연재소설이라는 점에서, 당시 '계몽'을 내세운 신문의 역할에 대한 온당한 평가가 전제되어야 한다. 이 책에서는 이 점을 특히 유념하면서 애국계몽기 소설의 핵심이 되는 주제와 그 내용의 사회적 의미를 밝히고, 그것이 고소설과 어떠한 관계에 놓여 있으며, 그 실상이 어떠한지 검토하고자 한다.

애국계몽기 신문 연재소설은 격동의 시대, 이른바 '변동 사회'를 적극적으로 극복하고자 노력하던 당시 지식인들의 시대 의지를 반영한 서사 양식이다. 그래서, 이들 작품의 주제 표출 양상과 그 경향성, 어떠한 주제 의식을 표출(表出)하고 있으며, 그 추이는 어떠한 특성을 드러내고 있는가를 살피는 것은 그 미적 구조의 분석 못지 않게 중요하다고 할 것이다. 이 책에서 이들 작품에 나타나 있는 주제 의식을 보다 적극적으로 해명해 보이려는 까닭이 여기에 있다. 따라서, 이 책에서는 애국계몽기 신문 연재소설의 미적 구조에 대한 소설 미학적 접근보다는 그 주제적 경향성(傾向性)을 밝히는 데 집중하되, 이들 작품에 부분적으로 나타나 있는 소재적(素材的)인 주제를 드러내는데 그치지 않고 본질적인 주제 의식을 구명하는데 더 많은 관심을 기울일 것이다. 또한, 이 책에서는 작품에 구현된 주제 의식을 당대의 역사·사회적 컨텍스트와 연결시켜 살펴보고, 이를 바탕으로 애국계몽기 신문 연재소설의 주제적 특성과 그 문학사적 의의를 밝혀 보일 것이다.

II. 愛國啓蒙期 漢文小說의 構造와 主題意識

1. 고소설의 전통과 變容

한말(韓末) 애국계몽기의 한문 소설은 『대한일보(大韓日報)』, 『황성신문(皇城新聞)』 등의 신문이나 『소년한반도(少年韓半島)』, 『태극학보(太極學報)』 등의 잡지에 게재된, 한문 또는 현토(懸吐) 한문으로 서술된 회장체 소설을 말한다. 『대한일보』에 회장 형식으로 연재된 「관정제호록(灌頂醍瑚錄)」(1904)을 비롯하여, 「일념홍(一捻紅)」(1906), 「신단공안(神斷公案)」(1906), 「용함옥(龍含玉)」(1906), 「잠상태(岑上苔)」(1906) 등이 그것으로, 이들 작품은 당대 사회에서 한글로 표기된 신소설 못지 않게 널리 읽혔다. 이 시기 한문 소설은 현토식 한문체 문장을 비롯하여, 작가의 해설적 서언, 서사 구조와 서술 방법 등에 있어 고소설적 요소가 뚜렷이 드러나 있다. 그러나, 이들 소설은 당대 사회의 부패한 관리에 대한 고발과 비판을 내보일 뿐

아니라, 외국 유학·신교육·실업 진흥 같은 개화계몽을 역설하고,
남녀 평등을 주창하고 있다는 점에서 고소설과는 판이하게 다른 모
습을 보이고 있다. 바꿔 말하여, 이 시기 한문 소설은 형식에 있어서
는 조선시대 한문 소설의 양식을 그대로 따르는 데 비해, 내용에 있
어서는 당대 사회의 요구에 부응하여 개화를 담아 보이고 있는 것이
다. 따라서, 이 시기 한문 소설은 고소설의 단순한 답습이 아닌, 고소
설에서 신소설로 발전해 나가는 전환 과정에서 교량적 역할을 한 것
으로 평가되고 있다. 또한, 미미하지만 소설사의 맥락을 이어온 조
선시대 한문 소설이 새로운 경향을 띠고 다시 등장한 것으로 지적되
기도 한다. 이런 맥락에서, 이 시기의 한문 소설은 조선 말기 한문
소설의 성격과 형태를 밝혀주면서 이 시기 문학 현상을 규명하는 데
중요한 단서를 제공한다고 할 수 있다. 문학사적 의의 또한 여기에
있다.[1]

우리 나라 최초의 한문 소설인 「금오신화(金鰲神話)」[2]는 초기의
한문 소설 가운데 문학적 성과가 가장 두드러진 작품으로 평가되고
있다. 또한, 「금오신화」는 전대의 전기소설(傳奇小說)과 깊은 관계를
맺고 있을 뿐만 아니라, 후대 여러 소설에도 적지 않은 영향을 끼친
것으로 지적되고 있다. 애국계몽기 한문 소설, 특히 「신단공안」, 「용
함옥」, 「잠상태」 등의 작품에 나타나는 남녀 주인공의 인연 관계가
그 한 예이다. 따라서, 애국계몽기 한문 소설의 문학적 특질과 성과
를 규명하기 위해서는 초기 한문 소설의 전개 양상과 그 문학적 특
성을 먼저 살펴볼 필요가 있다.

한문 소설의 연원은 전기(傳奇) 소설에서 찾을 수 있다. 전기 소설

---

1) 송민호, 『한국 개화기소설의 사적 연구』, 일지사, 1975, pp.61~65.
2) 설중환, 『금오신화 연구』, 고려대 출판부, 1983, pp.227~233.

은, 이미 밝혀진 것처럼,3) 사대부들이 의도적으로 창작한 단편 형식의 서사체 문학 작품이다. 이들 작품은 봉건사회의 사대부나 귀족 계층의 인물을 주인공으로 하고 그를 둘러싼 사회 현실을 반영하되, 사건 전개에 있어 비현실적·환상적 요소와 낭만적 성격을 지닌다는 점, 전아미려(典雅美麗)한 문언문(文言文)으로 기술되어 있다는 점에서 설화와 구분된다. 전기소설은 작가의 창작성과 문식(文飾)이 가미되어 있고, 사회 현실을 보다 풍부하게 반영하고 있으며,4) 인물과 환경이 구체적으로 묘사 서술되고, 작품에 나타나는 시간의 본질이 성장과 변화 형성으로 표상(表象)된다는 점을 그 특징으로 지적할 수 있다.5) 이런 점에서 전기소설은 설화와 그 장르를 달리한다. 중국의 경우, 위진(魏晉) 남북조(南北朝)의 지괴소설(志怪小說) 이후에 등장하여 당대(唐代) 소설을 대표하는 것으로 알려져 있다.6) 그러나 우리의 경우, 초기의 한문 소설 작품을 수록했을 것으로 짐작되는 많은 작품집들이 전해지지 않고 있기 때문에 확언할 수는 없지만, 현재 일부분만이 전해지는 「수이전(殊異傳)」이나 「태평통재(太平通載)」7) 같은 한문 소설 작품집으로 미루어 볼 때, 초기의 한문 소설은 설화에서 전기소설로 이행하는 과정에서 형성된 것으로 보고 있다. 「수이전」에는 현재 12편의 일문(逸文)이 남아 있는데, 그 내용과 성격에 있어 중국 지괴소설의 대표작이라고 할 만한 「수신기(搜

---

3) 정학성, 「전기소설의 문제」, 『한국문학연구 입문』, 지식산업사, 1982, p.254.
4) 임형택, 『한국 문학사의 시각』, 창작과비평사, 1984, p.22.
5) 박희병, 「한국 고전소설의 발생 및 발전 단계를 둘러싼 몇 가지 문제에 대하여」, 『관악어문연구』 17집, 1992, pp.32~36.
6) 중국에서는 지괴 소설을 소설의 출발로 보고 있지만, 우리는 이를 설화로 간주하고 있다. 중국에서는 「수신기」를 소설로 보는 데 비해, 우리는 「수이전」을 설화집으로 분류하는 것이 그 한 예이다.
7) 이내종, 「태평통재 일고」, 『대동한문학』 제6집, 1994.

神記)」와 매우 유사한 면을 지니고 있다.8) 한문 소설사에 있어 초기 전기소설에 속하는 이들 작품은 후대의 소설 문학에 적지 않은 영향을 끼친다. 예를 들면, 작품의 구성이 '액자(額子)-몽유(夢遊)'의 형식으로 이루어져 있으며, 남녀 주인공이 만남에 대한 간절한 욕구를 지니고 있고, 서로 다른 세계의 기이한 인연을 다루고 있다는 것들을 들 수 있겠다.9) 또한, 전기소설은 매우 아름답고 다양한 문체로 되어 있고, 삽입시와 대화체 문장이 많이 사용되며, 대체로 비극적인 세계관을 나타내 보인다. 특히, 우리 나라 전기소설은 불교적인 색채를 띠고 있다는 점에서 중국의 전기소설과 다른 특징을 드러낸다. 따라서, 한문 소설은 고려시대의 다양한 소설 양식, 패관문학(稗官文學)으로 불리는 여러 시화집(詩話集)과 가전(假傳) 작품들은 전기소설의 양식을 계승 변형시킨 것이라 할 수 있다. 이들 작품들에 나타나 있는 특징들이 전기소설의 그것과 매우 흡사하다는 것은 이를 뒷받침해 준다.

중국에서의 전기소설은 송(宋)·원(元) 양대를 거치면서 쇠미하다가, 명대(明代) 초에 접어들어 새로운 전기를 맞게 된다. 구우(瞿佑)의 「전등신화(剪燈神話)」와 이정의 「전등여화(剪燈餘話)」의 등장이 그것인데, 특히 「전등신화」는 한·중·일 등 한자 문화권의 각국이 서로 깊은 영향을 주고 받으면서 소설을 발전시키는 데 많은 영향을 미치고 있다.10) 조선시대의 「금오신화」는 이러한 동아시아 소설사

---

8) 이에 대해서는 김대현의 「수이전 일문과 수신기의 비교 연구」(『중한인문과학연구』 1집, 국학자료원, 1996) 참조.

9) 김대현, 『조선시대 소설사 연구』, 국학자료원, 1996, pp.28~42 참조.

10) 「전등신화」가 14세기 후반에, 한국의 「금오신화」는 15세기 중반에, 베트남의 「전기만록(傳奇漫錄)」은 16세기 전반에, 일본의 「가비자(伽婢子)」는 17세기 초반에 이루어졌다는 것은 그 영향 관계를 짐작하게 하는 예라 하겠다(김대현,

적인 관련에서 살펴볼 때 그 위치와 성격이 뚜렷하게 드러난다.[11)
특히, 초기 전기소설과의 동기적 관련성, 그리고 전기소설의 구조적
특성을 지니고 있는 점들이 이러한 사실을 입증해 준다. 「금오신화」
에 이어 등장한 신광한의 「기재기이(企齋記異)」를 비롯하여, 「주생
전(周生傳)」, 「위경천전(韋敬天傳)」, 「최척전(崔陟傳)」, 「운영전(雲英
傳)」 등의 작품들도 전기소설의 변형에 다름 아니다. 17세기 후반에
나타난 김만중(金萬重)의 「구운몽(九雲夢)」과 「사씨남정기(謝氏南征
記)」, 조선후기 박지원(朴趾源)의 한문 소설을 비롯하여 단편집 형태
의 문집에 실린 한문 단편들, 「삼한습유(三韓拾遺)」, 「옥루몽(玉樓
曘)」, 「육미당기(六美堂記)」 등의 한문 장편소설들 또한 초기 전기소
설의 잔영이 곳곳에 남아 있는 작품들이다. 초기 한문 소설의 전기
소설적 요소는 애국계몽기 한문 소설에서도 그 모습을 찾을 수 있
다. 「신단공안」의 내용적 특성으로 지적되는 전기성(傳奇性)은 그
한 예가 될 수 있겠다. 이 시기 한문 소설을 전기소설과 시종(始終)
의 관계를 이룬다고 말할 수 있는 근거는 여기에 있다.

애국계몽기 사회는 근대화, 바꿔 말하여 개화를 '지선지미(至善至
美)'한 것으로 받아들이는 이른바 개화사조가 풍미해 있었는데, 이런
사회적 분위기 속에서 한문 소설이 재흥하게 된 것은 매우 특이한
문화 현상이 아닐 수 없다. 그러나, 이 시기 한문 소설의 재흥을 수
구파 세력이 여전히 강력한 영향력을 발휘하고 있고, 독자 분포 또
한 아무래도 유학·한학의 소양을 갖춘 부류가 우세했다는 측면에

앞의 책, p.27 참조).
11) 「금오신화」와 「전등신화」와의 영향 관계에 관한 연구로는, 박성의의 「비교 문
   학적 견지에서 본 금오신화와 전등신화」(『문리논집』 3집, 고려대, 1958), 이재
   수의 「금오신화고」(『한국소설 연구』, 형설출판사, 1966) 등이 있다.

서 본다면 지극히 자연스런 사회 현상으로 볼 수 있다. 국문 표기의
이른바 신소설이 독자들을 완전히 포섭할 만큼 충실하지 못했다거
나, 전통적인 한문 문장에 비해 심중한 맛이 적기 때문에 재래 독자
의 기호를 만족시킬 수 없었다는 점 또한 이 시기 한문 소설의 재등
장 요인으로 지적할 수가 있다.[12] 그러나, 무엇보다 중요한 요인은
신문 잡지의 발간에 따른 발표 지면의 확대라 하겠다.

이 시대의 지식인 계층 대부분은 한문에 대한 소양이 풍부했고,
신문 잡지의 주요 독자층을 이루고 있었다. 또한, 이들은 당대를 휩
쓸던 개화사조를 선도해 나가고 있었다. 앞에서 간략히 살펴본 대로,
한문 소설은 전기소설에 그 연원을 두는 오랜 전통이 있을 뿐 아니
라, 19세기에도 국문 소설에 비해 그 양은 적을지라도 꾸준히 창작
되고 있었으며 나름의 독자층을 확보하고 있었다. 따라서, 개화기의
신문 잡지는 지식인 계층이 주를 이루는 독자 대중의 독서 수준과
취향에 맞는 한문 소설 게재가 절실히 필요하게 되었고, 이에 따라
한문 소설은 자연스럽게 재흥할 수 있었다. 다시 말하자면, 신문 잡
지의 독자 확보를 위한 상업적 필요성에 의해 발표 지면이 확대되면
서 한문 소설은 재흥하게 되었는데, 이것이 국문 소설에 버금가는
인기 속에서 널리 읽혔던 것이다. 「신단공안」, 「용함옥」, 「잠상태」
같은 작품이 그 예가 되겠다.

「신단공안」은 1906년 5월 19일부터 그 해 12월 31일까지 무려 7개
월 동안 『황성신문』에 연재되었고, 「용함옥」은 1906년 2월 23일부터
4월 3일까지 30회에 걸쳐 『대한일보』에 금화산인(金華山人)이라는
필명으로 연재된 현토본 소설이다. 이들 작품이 그 시대에 이처럼

---

12) 송민호, 앞의 책, p.64.

오랜 기간에 걸쳐 연재되었다는 것은 매우 주목할 만한 것으로, 당대 독자층의 호응이 어느 정도였는가를 짐작하게 하는 것이다. 이 시기의 한문 소설은 그 문체를 국한문 혼용체로 변형시킴으로써 개화를 지향하는 시대적 흐름에 부응하는 한편, 한문 문장을 선호하는 독자 대중의 독서 취향에 맞아떨어질 수 있었는데, 순 한문에 한글로 현토(懸吐)하는 이른바 현토식 문장이라는 변화를 통해 그 나름의 새로운 가능성을 꾀한 것으로 보인다. 애국계몽기 한문 소설의 문학사적 의의는 여기서 찾을 수 있다.

따라서, 여기서는 「용함옥」, 「신단공안」, 「잠상태」를 대상으로 삼아 먼저 이들 작품의 이야기 내용과 그 전개 방식 및 작중 인물 등을 분석해 보고, 이것이 초기 한문 소설의 전통과 어떻게 어느 정도까지 연관되는지를 밝히는 한편, 그 의미와 한계를 규명해 보고자 한다. 그리고, 이를 바탕으로 하여 애국계몽기 한문 소설의 소설사적 의의 또한 규정해 보고자 한다.

1) 전통의 再現, 「龍含玉」, 「岑上苔」

「용함옥」은 『대한일보』에 30회에 걸쳐 연재(1906.2.23~4.3)된, 비교적 대작에 속하는 금화산인(金華山人)의 작품이다. 「용함옥」은 당시 대부분의 작품이 무서명(無署名)으로 발표된 것과는 달리, 비록 필명이지만 금화산인이라는 작가명이 밝혀져 있으며,13) 회장체(回章體) 형식으로 순한문체의 현토 한문으로 표기되어 있다. 이 작품은 귀족의 아들로 태어나 여자 문제로 고생하다가 과거에 급제하고

---

13) 금화산인의 본명이 "「악마도(惡魔道)」라는 다다이즘 소설을 쓴 방준경(方俊卿)"이라는 주장(유병석, 「한국 문사의 이명 연구」, 『문학사상』, 1974.3.)이 있지만, 정확한 것은 알 수 없다.

높이 출세한 후, 갈등을 겪게 하던 여자도 얻고 잘 살게 되었다는 귀
족적 영웅소설 같은 내용을 담고 있다. 이 작품의 중심 사상은 여자
는 정절을 지키며, 남자는 불의를 척결(剔抉)하고 나아가 부모에게
효도하고 군왕에게 충성을 다한다는 유교적 도덕관에 기반을 두고
있다.14) 그 구성도 「구운몽」이나 「옥루몽」, 「옥단춘전(玉丹春傳)」
같은 여러 고소설 작품의 다양한 모티브가 혼재되어 있어 고소설의
잔영을 강하게 느끼게 한다. 그러므로, 「용함옥」은 주제나 구성·인
물·배경 등에서 고소설의 전형성을 그대로 드러내고 있다고 하겠
으며, 이런 의미에서 고소설적인 애국계몽기 한문 소설이라고 할 수
있다.

「용함옥」은 그 제명(題名)을 '왕룡(王龍)'과 '옥단(玉檀)'의 이름자
에서 한 자씩을 따서 지은 것이다. 이 제명은 남녀 주인공의 결합을
상징하고 있을 뿐 아니라, '용이 옥을 머금다'라는 뜻도 중의(重義)하
고 있다. 바꿔 말하여, 용이 구슬(즉 如意珠)을 물게 되면 조화의 극
치를 부릴 수 있다는 고사와 연계된 사필귀정의 결말, 권선 징악적
주제를 제목에서부터 내보인 것이다.

이 작품의 구성은 "전대 소설의 부분 부분을 도입하여 전개시키고
있"고, 그래서 고소설의 서술 기법이 결집된 "전통적인 구소설의 재
판"이라는 지적15)을 받기도 하는데, 전체적으로 「옥단춘전」과 비슷
하다고 말할 수 있다. 그 이야기 전개 과정을 단락별로 보이면 다음
과 같다.

---

14) 이는 이 작품 말미의 주인공 왕룡과 화공주가 환오(歡娛)하는 부분에 잘 나타
나 있다. 이를 보이면 다음과 같다. "事親에는 盡老萊之孝하며 事君에는 盡范
公之節하고 處家에는 盡溫公之範하고 富貴가 欣天而不驕하며 功動이 蓋世而
不伐하니 眞淸期之宰相이오 戚里之文雅라"(「용함옥」, 『대한일보』 1906.4.3).
15) 송민호, 앞의 책, p.88.

1) 중국 절강 땅 왕룡은 부친(王閣老) 명(命)으로 2만 냥의 재물을 운송해 오던 도중에 어떤 누각에서 녹의 홍장의 절세 가인 옥단을 만난다.

2) 왕룡은 창모(娼母)의 주선으로 옥단과 인연을 맺고 그 집에 머물게 되는데, 창모의 농간으로 모든 재물을 빼앗긴다.

3) 창모는 옥단을 빼돌리려고 용을 유인하여 처치하지만, 도적에게 잡힌 용은 겨우 목숨을 보전하게 된다.

4) 옥단은 용의 소재를 알아내 은밀히 편지를 보내 재회를 기약한다.

5) 상인 조모(趙某)가 창모에게 천금을 주고, 옥단을 취하려 한다.

6) 옥단은 창모로부터 탈출, 서주(徐州)에서 용과 재회한다.

7) 용과 옥단은 복수할 계책을 세우고 창모를 찾아가, 잃었던 재물을 모두 찾아 도주하고, 서주 관가에 창모의 죄를 고발한다.

8) 창모 집에서 쫓겨나 절강성으로 가던 옥단은 다시 조모(趙某)에게 팔려간다.

9) 조(趙)의 전처는 조(趙)를 독살하고, 옥단에게 누명을 씌워 하옥시킨다.

10) 龍은 귀가하여 부모에게 사죄하고 학문에 열중, 장원 급제 후 어사가 되어 서주에 이른다.

11) 龍은 걸인 차림으로 옥단을 만나 사정을 듣고, 옥사를 처리하여 옥단을 구한다.

12) 왕룡은 황제의 신임을 얻어 옥단과 결혼하고, 옥단의 검술과 기지로 만군(蠻軍)을 무찔러 공을 세운다.

13) 왕룡은 병부시랑이 되고 화공주의 부마가 되었으며, 옥단은 특별히 공주를 모시는 아실(亞室)에 봉해졌다.

단락 1)은 주인공 왕룡이 옥단을 만나게 되는 서두 부분이다. 인용문 ①에 보인 것처럼, 왕룡은 동서 양관(兩館)을 두루 구경하다가 문득 화류(花柳) 사이로 청기금방(靑旗金榜)을 보게 된다. 그곳 높은 누각에서는 녹의홍장(綠衣紅粧)한 여인이 노래를 부르고 피리를 부는 주연이 벌어지고 있었다. 그리고, 한쪽에는 한 여인이 푸른 부용화 한 송이를 들고 혼자 앉아 깊은 생각에 잠겨 있었다. 그 청초한 모습이 마치 선녀와 같았는데, 그가 바로 옥단이다. 그 아름다운 자태에 반한 왕룡은 마침내 옥단과 인연을 맺게 된다. 서두에서의 이와 같은 상황 설정은, 인용문 ②에서 보는 것처럼, 「구운몽」에서 양소유가 계섬월을 만나는 장면과 거의 같고, 「옥루몽」에서 양창곡이 강남홍을 만나는 장면과도 매우 비슷하다.

    ① 靑旗金榜은 隱映於花柳之中ᄒ고 綠衣紅粧은 來往於臺樹之間ᄒ야 歌管迭奏ᄒ고 樽酒交錯이라 樓下에 見周道如砥ᄒ고 平江如練ᄒ대 遠近彩舫이 泊於芳州ᄒ야 錦帆蘭漿이 伊軋瀲漾ᄒ고 兩三百馬를 繫于垂楊ᄒ야 金鞍玉勒이 蹢躅啼嘶ᄒ며 樓上에 見紈年少가 方張宴樂일시 紅粉如月ᄒ며 綺羅成林ᄒ니 哀絲豪竹은 漂砂凝肖ᄒ고 妙舞淸歌는 賓紛竟日이라. 這中有一位紅娥ᄒ야 手把碧芙蓉朶ᄒ고 超班獨立ᄒ야 若有所思니 精曜華屬望若天仙娘焉이라.16)

    ② 천진교의 니르니 낙슈물은 동졍호를 쎄쳐 쳔리 밧긔 흘으고 드리는 항룡이 구븨를 편 듯ᄒ더 드리ᄀ의 ᄒ 뉴이 이시니 단쳥은 찬란ᄒ고 난간은 층층ᄒ더 금안 쥰마는 좌우이 미여 잇고 누의 비단 쟝막은 은은ᄒ 즁의 왼갓 풍뉴쇼리 드이거늘 … (中略) … 싱이 눈을 드러 보니 모든 챵기 각각 풍악를 ᄀ지고 즐겨ᄒ되, ᄒ 미인

---

16)「룡함옥」, 앞의 신문, 1906.2.23.

이 호을노 풍뉴도 아니ᄒ고 말슴도 아니ᄒ고 둘엇시 안즈시니, 아
름다온 얼골과 정정ᄒ 티되 진지 국식이라 ᄒ 번 보미 신혼이 황
홀ᄒ야 정체업고 그 미인도 즈조 츄파를 보내여 졍을 보ᄂᆞᆫ 듯
ᄒ더라17)

단락 2)는 남녀 주인공이 인연을 맺고, 이로 인해 남자 주인공이
위기에 빠지게 되는 부분인데, 이 부분은 고소설 「옥루몽」과 비슷하
고, 「옥단춘전」의 상황과 매우 흡사하다. 옥단은 창기(娼妓) 신분이
지만, 창모(娼母)가 왕룡과의 천침(薦枕)을 강요하자 예를 갖추지 않
고서는 허락할 수 없다고 거절하고, 만약에 강제로 요구한다면 죽어
버리겠다고 굳은 의지를 나타낸다. 이것은 지기(知己)가 아니면 몸
을 허락하지 않겠다는 「옥루몽」의 강남홍(江南紅)의 태도와 비슷하
다. 왕룡과 옥단이 처음 만나 시를 읊으면서 서로 화답하는 것은 전
기소설에서 흔히 볼 수 있는 장면이다. 또한, 「옥단춘전」에서 주인
공 이혈룡이 친구를 찾아갔다가 도리어 봉변을 당하고 죽음 직전의
위기에 직면하게 되는 것도 비슷한 상황 설정이다.

단락 4)에서 10)까지의 전개는 「옥단춘」과 비슷한 양상을 보이고
있다. 왕룡은 옥단의 도움으로 위기에서 벗어나 빼앗겼던 재물마저
되찾게 되고, 귀가한 다음 학문에만 열중하여 과거에 장원 급제, 서
주 어사를 제수 받는다. 이에 반해, 옥단은 창모 집에서 쫓겨나 다시
상인에게 팔려가고, 마침내 누명을 쓴 채 하옥된다. 이런 이야기 전
개는 「옥단춘전」의 이혈룡이 기생 옥단춘의 도움으로 사지(死地)에
서 빠져 나와 옥단춘과 사랑을 나누고 귀가하여 마침내 과거에 급제
하여 어사가 되는 것과 같다.

---

17) 김만중, 「구운몽」(완판본).

단락 10)과 11)은 「춘향전(春香傳)」의 결말 부분을 연상시킨다. 왕룡은 과거에 장원 급제한 후, 서주의 직지어사를 제수 받고 서주에 내려가 옥사를 정탐한다. 이때 촌로(村老)들이 옥단이 정절을 지키다가 간계에 빠져 위기에 처해 있다고 호소한다. 「춘향전」에서 이몽룡이 남원으로 내려오는 길에 농부들을 만나 춘향에 관한 저간의 사정을 탐문하는 것으로 되어 있는 이야기 구조와 비슷하다. 또한, 어사 왕룡은 걸인 행색으로 감옥의 옥단을 찾아가는데, 이는 걸인 행색으로 춘향을 찾아가는 이도령의 모습과 거의 같다. 이처럼, 「용함옥」의 결말 부분이 「춘향전」을 모방한 흔적이 역력한데, 이것은 옛 문학에서 흔히 사용되어 온 '전고(典故)의 활용'이라고 볼 수 있다.

이 작품은, 단락 12)와 13)에서 보는 것처럼, 황제에게 상주(上奏)하여 황제의 명에 따라 부마가 되고, 다시 옥단을 아실(亞室)로 삼는 '행복한 결말'로 매듭을 짓는데, 이는 「구운몽」과 같은 일부 다처의 고소설적 결말이 이 시기 한문 소설에까지 이어지고 있음을 잘 보여준다.

「용함옥」은 위에서 살펴본 바대로, 고소설의 여러 구성법을 원용(援用)하여 고소설의 구성을 답습하고 있다는 점을 주된 특징으로 지적할 수 있다. 특히, 「옥단춘전」과 매우 유사한 이야기 구조를 보이고 있다. 주인공 옥단이라는 이름은 고소설 「옥단춘전」의 주인공 이름과 비슷하며, 이야기 전개나 설정된 상황 또한 「옥단춘전」의 그것과 거의 같다. 「용함옥」은 「옥단춘전」처럼, 남주인공이 위기를 극복하고 과거에 급제하여 높은 벼슬을 하게 되며, 도움을 준 여주인공과 해로하는 '행복한 결말'로 이루어져 있는데, 이런 점에서 「용함옥」은 고소설 「옥단춘전」과 그 구성이 매우 흡사한, 고소설적 애국계몽기 한문 소설의 전형을 드러내는 작품이다.

한편, 이 작품은 노복(奴僕)의 충절을 강조한 점을 또 다른 특징으로 꼽을 수 있다. 주지하는 바와 같이, 고소설에서의 노복은 흔히 방자형의 인물로 그려져 있다. 「춘향전」이나 「배비장전」의 방자는 그 대표적인 예라 하겠는데, 이들 작품의 노복은 상전을 골탕먹이는 해학적 인물로 설정되어 있다. 이에 반해, 「용함옥」의 노복은 왕룡에게 다섯 가지 죄를 짓지 말라고 간언(諫言)하지만, 그것이 수용되지 않자 상전을 보필하지 못한 책임감으로 자문(自刎)하여 죽음을 택한다. 이와 같이 비장하게 죽음을 택하는 노복이란 고소설에서는 극히 드문 인물 설정이다. 이 밖에도, 대부분의 개화기 한문 소설과 달리, 이 작품은 백화문체(白話文體)의 현토식 한문이 아닌 정통 한문체의 문장을 고수하고 있는 점을 특징으로 꼽을 수 있겠다.

이해조의 「잠상태」는 1906년 11월부터 잡지 『소년한반도』에 6회에 걸쳐 연재된 작품이다. 이 소설은 백화문체(白話文體)의 현토 한문으로 표기되어 있고, 2개의 장회(章回)로 이루어져 있다. 「잠상태」는 4회까지는 회수가 명시되어 있지만, 5회와 6회는 속편이라고만 밝혀져 있다. 그러나, 이야기 전개나 그 내용, 그리고 회장체로 시작된 점 등으로 미루어볼 때, 장편소설을 의도하고 연재를 시작했지만 완결을 보지 못하고 중단한 미완의 작품으로 추정(推定)할 수 있다.

「잠상태」의 경우 작가가 의도했던 전체적인 내용은 잘 알 수가 없다. 다만, 6회까지의 이야기 내용을 살펴보면, 그 구성이 고소설 「영영전(英英傳)」과 매우 비슷한데, 이를 단락별로 비교해 보이면 다음과 같다.

1) 서울 낙산의 김서규는 19세로 영랑(英郞)이라고 하며, 용모가 절륜한 재사이다.

2) 영랑은 한식날 흥인문 밖에 나갔다가 아랑(兒娘)이라는 가인
(佳人)을 좇아 천연동까지 따라가지만, 만나지 못하고 발길을 돌린
다.

3) 영랑은 아랑을 사모, 상사병에 걸려 들어 눕는다.

4) 방자 의동(意同)은 영랑에게 천연동의 노파를 찾아가 선물을
주고 마음을 토로하라고 조언한다.

5) 아랑은 노파의 질녀로 이름은 홍운영이며, 용모와 성품이 뛰
어나고 문장에도 조예가 깊은 17세의 처녀이다.

6) 운영은 그날 모친의 제사를 지내러 천운동에 가던 길이었다.

7) 영랑의 부탁을 받은 노파는 운영에게 영랑 이야기를 하면서
석탄일 때 제사를 빌미 삼아 나오도록 설득한다.

8) 석탄일 날, 운영은 나타나지 않고 누군가 청조(靑鳥)에 글을
보내오는데, 영랑은 운영임을 알아차리고 크게 기뻐하며 책상을
두드린다.

－이하 결

「잠상태」의 서두는 자철(磁鐵)을 예로 들어 남녀의 정을 상징하
고, 춘사(春辭)를 지어 천하의 다정(多情)을 도우려 한다는 말로 시
작하고 있다.

단락 1)에서는 남자 주인공이 등장한다. 주인공 김서규는 경사자
집(經史子集)에 통달하고 용모 또한 절륜한 재자(才子)로 묘사되고
있는데, 글도 잘하고 풍도가 절륜(絶倫)하다고 그린 「영영전」의 김
생과 유사하다. 단락 2)에서는 남녀 주인공의 만난다. 남자 주인공이
어딘가를 가다가 여자 주인공을 만나는 구성은 전기소설에서 흔히
보는 것인데, 그 전통이 「잠상태」에까지 이어져 오고 있다. 영랑은
한식날 춘정(春情)을 이기지 못해 흥인문 밖으로 봄나들이를 나가는

데, 그곳에서 아랑이라는 절세 가인을 보고 그녀를 좇아 오리나 떨어진 천연동까지 따라가지만, 아랑은 만나보지도 못하고 속절없이 돌아온다. 이 단락 역시 「영영전」에서 김생이 성 밖 경치 좋은 곳에서 나가 놀다가, 한 미인을 만나 뒤를 따라가지만 만나보지 못하고 돌아오는 부분과 일치한다.

단락 3)에서 남자 주인공은 상사병이 난다. 이 작품에서 영랑은 아랑을 사모한 나머지 와병(臥病)하는데, 이것 또한 「영영전」의 김생이 그 미인 때문에 상사병이 들어 거의 죽을 지경에 이르는 것과 같다. 단락 4)는 방자형 인물이 남자 주인공에게 조언하는 대목이다. 방자 의동(意同)은 영랑의 상사병을 알아차리고, 모친에게 며칠 간 휴가를 얻어 직접 천연동에 찾아가 노파를 통해 아랑을 사모하는 마음을 털어놓으라고 조언한다. 이 부분의 구성도 「영영전」을 그대로 옮긴 것이다. 「영영전」에서는 방자형 인물이 '막동(莫同)'이다. '의동(意同)'과 '막동(莫同)'은 그 이름부터 유사할 뿐 아니라, 그 조언자로서의 성격이나 계책을 내놓는 역할이 같다. 「영영전」의 막동도 김생에게 술을 사 가지고 가서 그 집의 주인과 친해진 다음, 그 미인과의 관계를 알아내도록 조언한다.

단락 5)는 절세 가인의 신분을, 단락 6)은 남자 주인공의 눈에 띄게 된 사연을 그리고 있는데, 이 부분도 「영영전」과 일치한다. 가인은 「잠상태」에서는 질녀인 '운영'이고, 「영영전」에서는 집주인의 이질녀인 '영영(英英)'으로 설정되어 있다. 「영영전」에서 여주인공 영영은 회산군의 시녀로서 출입이 자유롭지 못하지만, 그 날은 작고한 부모의 제사를 지내기 위해 궁 밖 출입을 한 것으로 되어 있다. 이에 비해, 「잠상태」의 운영(雲英)은 방년 17세의 용모와 성품이 뛰어나고 문장에도 조예가 깊은 재색 겸비한 가인으로 그려져 있는데, 이것은 '영영'과 비슷한 인물 묘사이며 그 신분 또한 서로 비슷하다. 그리고, 「잠상태」의 운영은 이상서(李尙書) 집 정경마마 시비로서 출입이 자유롭지 못한데, 그 날은 모친 제사를 위해 천연동에 다녀간 것으로 되어 있다.

단락 7)은 남자 주인공이 계책을 세워 일을 도모하는 부분인데, 영랑은 노파를 찾아가 운영과의 만남을 주선해 주도록 부탁한다. 노파는 운영을 찾아가 석탄일 때 모친 제사를 빌미로 하여 천연동에 나들이하도록 설득한다. 비슷하게도 「영영전」에서는 김생이 노파에게 중매해 달라고 부탁하자, 노파는 다가오는 단오절의 제사를 빌미로 영영을 나오게 해보겠다고 말한다.

「잠상태」는 단락 8)에서, 석탄일에 운영 대신 편지를 지닌 청조(靑鳥) 한 마리가 왔고, 그 편지의 내용을 서술한 것으로 끝나고 있다. 따라서, 그 이후는 알 수가 없다. 하지만 6회까지의 이야기 전개가 「영영전」의 그것과 일치하고 있는 점으로 미루어볼 때, 편지 내용을 알아차리고 '歡天喜地하여 拍案驚奇'[18]한 영랑은 고소설 「영영전」에서처럼 운영과 재회하게 될 것으로 짐작할 수 있다.

「잠상태」는 앞에서 언급한 것처럼, 미완성의 작품이다. 따라서, 전체적 내용은 알 수 없지만 그 구성은 고소설 「영영전」과 거의 같다. 이 작품은, 「영영전」처럼 우연성이 거의 없고, 사건의 인과율에 따라 작품이 구성되는 특색을 지니고 있다. 또한, 인물 묘사를 비롯하여 이야기 전개 방식, 상황 설정 등이 고소설 「영영전」과 거의 일치하는데, 이런 이유로 이 작품의 연재가 중단되었을 것으로 추정되기도 한다. 이런 점에서, 「잠상태」는 「운영전」이나 「영영전」과 같은

---

18) 「잠상태」, 『소년한반도』, 1906.4.1.

애정 소설의 전통을 다시 살리려고 한 작품이라 할 수 있고, 이 시기에 고소설을 개작하는 일들이 상당히 성행하고 있었음을 보여주는 한 예라 하겠다. 다시 말하자면, 「잠상태」와 「용함옥」은 고소설의 전통을 재현한 한문 소설로서, 애국계몽기 신문 연재소설의 서사적 특성을 드러내는 작품이라 할 수 있다.

2) 技法의 변화, 「神斷公案」

「신단공안」은 『황성신문』에 연재(1906.5.19~1906.12.31)된 현토 한문체로 표기된 공안류(公案類) 소설로 애국계몽기 신문에 연재된 한문 소설의 대표적인 작품이다. 공안류 소설이란, 알려져 있는 바와 같이 관청에서 옥사를 다루는 관원(즉 공안)이 범죄 사실을 올바르게 판단하여 사회 질서를 바로잡고 피해자의 원한을 풀어준 사건을 내용으로 하는 소설을 일컫는다.

'공안(公案)'이란 용어는 중국에서 비롯한 것으로, 맹원로(孟元老)의 「동경몽화록(東京夢華錄)」, 오자목(吳自牧)의 「몽양록(夢梁錄)」, 내득옹(耐得翁)의 「도성기승(都城紀勝)」 등에서 그 연원을 찾을 수 있다. 맹원로 등은 변경(汴京)이나 남경(南京)같은 송대(宋代)의 도시와 갖가지 연예(演藝) 활동을 기록한 자신의 글에서 설화인(說話人)을 분류하면서 '공안'이라는 용어를 사용했다. 이들에 의하면, 당시의 설화인은 크게 네 종류로 분류되는데, 그 가운데 하나가 소설이며, 공안은 소설 가운데 하나로 분류된다. 중국에서의 공안소설은 송(宋) · 원(元) 양대에 발생한 소설 형식으로, 흔히 두 종류로 나뉜다. 그 하나는 민간에 유전되는 이야기를 바탕으로 작가들이 창작한 이야기이다. 이 이야기들은 억울한 판결의 발생과 경과 등을 서술하

여 원통하게 피해를 당한 사람에게 큰 동정을 가게 한 다음, 그 원통
함을 풀어 주는 명 판결을 다루고 있다. 다른 하나는, 「명공서판청명
집(名公書判淸明集)」과 같이, 전대의 공안서(公案書)를 답습하는 이
야기이다.19) 공안소설들은 여러 단편적인 사건들을 종합하는 경우
가 많으며, 각각의 이야기마다 반드시 장회명(章回名)을 붙이는 회
장 형식으로 되어 있다.

「신단공안」은 회장체 형식으로 각각 독립된 일곱 가지의 공안류
이야기를 수록하고 있다. 회장체 형식의 소설은 송대의 장편소설인
「대당삼장취경시화(大唐三藏取經詩話)」에서 비롯되었는데, 우리 나
라에 처음으로 나타난 것은 김만중의 「구운몽」이며, 조선 후기의 한
문 단편집들에서 흔히 볼 수 있는 형식이다. 이들 한문 단편집은 여
러 단편들을 모아 엮은 것인데, 각각의 작품마다 일정한 형식의 회
장명이 붙어 있다. 그러나, 「신단공안」은 다음에 보이는 것처럼, 오
언쌍구(五言雙句)에서부터 육언과 칠언, 길게는 팔언(八言) 쌍구까지
다양한 형식의 회장명을 취하고 있으며, 이 점에서 전대의 회장체
소설과는 다르다.

「신단공안」은 그 명칭과 형식에 있어 중국 명나라 만력(萬曆) 연
간에 출현한 「용도신단공안(龍圖神斷公案)」과 흡사하다. 「용도신단
공안(龍圖神斷公案)」은 10권 62칙(則)으로 100회 본의 간본(簡本)으
로 되어 있는, 62가지의 서로 다른 공안 사건에 대한 이야기를 다룬
소설인데, 「신단공안」은 이 작품의 영향을 적지 않게 받은 것으로
보인다. 모두 7화로 이루어진 「신단공안」의 내용은, 남녀 주인공의
염정(艶情)을 바탕으로 공안 사건이 진행되는 이야기 형식의 염정류

---

19) 齊裕焜, 『중국 고대소설 연변사(演變史)』, 돈황문예출판사, p.526.

(제 1, 2, 3, 5, 6화가 이에 해당한다)와 제5화 같은 전기적 형식의 지괴류(志怪類)로 나눌 수 있다. 구체적인 내용은 다음과 같다.

제 1화, 美人竟抃一命 貞男誓不再娶(6회 연재)
제 2화, 老大郎君遊學 慈悲觀音托夢(12회 연재)
제 3화, 慈母泣斷孝女頭 惡僧難逃明官手(16회 연재)
제 4화, 仁鴻變瑞鳳 浪士勝明官(45회 연재)
제 5화, 妖經客設齋成奸 能獄吏具棺招供(21회 연재)
제 6화, 踐私約頑童逞凶 借神語明官捉奸(20회 연재)
제 7화, 癡生員驅家葬龍宮 孼奴兒倚樓驚惡夢(71회 연재)

제 1화는 1906년 5월 19일부터 5월 25일까지 6회에 걸쳐 연재되었다. 그 내용은 '미인은 정절을 지켜 목숨을 버리고 정남(貞男)은 맹세코 재취(再娶)를 않는다(美人竟抃一命 貞男誓不再娶)'는 회장명에서 미루어 짐작할 수 있는 것처럼, 정절을 지키다가 비명(非命)에 간 여자 이야기를 다루고 있다. 줄거리를 단락별로 살펴보면 다음과 같다.

1) 숙종 즉위 16년(1690년), 경상도 진주부에 사족(士族)의 후예로 수재인 허헌과 부호의 무남 독녀이자 절세 가인인 하숙옥이 살았다.
2) 두 사람은 밤마다 하숙옥의 누각에서 서로 사랑을 나눈다.
3) 어느 날, 한 화상(和尙)이 누각으로 올라가 하숙옥을 범하려다. 불응하는 하숙옥을 단도로 찔러 살해한다.
4) 화상은 현명한 진주 목사 이공의 계교로 붙잡히게 된다.
5) 허생은 재취하지 않기를 맹세하지만, 이공의 설득으로 첩을

얻어 두 아들을 두었다.

위에서 보는 것처럼, 제1화는 공안소설의 전형과 같은 내용으로
이루어져 있다. 주인공은 수재(秀才)요 가인(佳人)인 선남선녀이며,
지극히 행복하다. 그러나, 사악한 화상(和尙)의 훼방으로 겁탈의 위
기에 처한 주인공은 자결하여 원통하게 죽게 된다. 그 후 명관(名官)
이 등장하여 가해자인 화상을 체포해 주인공의 원한을 풀어준다. 제
1화의 이러한 이야기 구조는 공안소설의 형식을 그대로 차용하고 있
는 것이다. 한편, 위기에 처한 여주인공이 정절을 지키려다가 비명에
죽는 형식은 초기 한문 소설에서 흔히 볼 수 있는 이야기 형식이다.
특히, 여주인공이 전란 속에서 정절을 지키다 죽게 되는 「금오신화」
의 「만복사저포기(萬福寺樗蒲記)」나 「이생규장전(李生窺墻傳)」의 내
용과 매우 흡사한 바 있다. 다만, 전통 사회의 관습과 달리 정절을
지키려다 비명에 죽은 낭자를 위해 남자가 수절하는 내용이라든지,
화상을 음탕한 가해자로 설정한 인물 구성이 특이할 뿐이다.

「신단공안」은 그 내용과 구성에 있어 초기 한문 소설 중에서도 전
기소설의 그것과 유사한 면이 많다. 제1화의 경우, 단락 1)은 서두에
해당하는 부분으로, 「이생규장전」의 서두와 일치한다. 「이생규장전」
의 서두는 주인공 이생(李生)과 최씨녀(崔氏女)가 모두 선남 선녀인
데, 주인공은 '風韻淸邁하고 態度艶麗하여 風流 李氏子 窈窕 崔家娘'
이라고 시작하고 있다. 「신단공안」 제1화의 남자 주인공인 허헌(許
憲)도 「이생규장전」의 이생처럼 나이 18세로 사족의 후예답게 미목
청수(眉目淸秀)하고 재예숙성(才藝夙成)하다. 여주인공은 하숙옥(河
淑玉) 또한 「이생규장전」의 최씨녀처럼 부잣집의 딸로 나이 이팔(二
八)이고 자색(姿色)이 선연(嬋娟)하였다. 뿐만 아니라, 후원(後園)에

일층소루(一層小樓)를 지어 온갖 꽃을 심어 아름답게 꾸며 놓고 하숙옥이 여기서 거처하면서 자수(刺繡)를 하며 지내는 모습20)은 「이생규장전」의 최 낭자가 화총지간(花叢之間)의 소루(小樓)에서 자수를 하는 모습을 연상케 한다. 「신단공안」 제1화의 서두는 인물 설정이나 배경, 상황 묘사 모두 「이생규장전」의 서두를 그대로 답습하고 있는 인상을 준다.

단락 2)는 작품 구성상 전개에 해당하는데, 주인공 허헌이 하숙옥이 거처하는 누각 근처를 지나다니다가 숙옥과 인연을 맺고, 두 사람은 밤마다 만나서 멀리서 닭 우는 소리가 들릴 때까지 물을 만난 원앙처럼 꽃을 찾는 나비처럼 염정을 나눈다(似狂似醉에 情不自勝ᄒ야 如遇水的鴛鴦과 探花的狂蝶이러라)는 내용이다. 「신단공안」에서 남자 주인공이 담을 넘어 하숙옥이 거처하는 누각에 올라가 사랑을 나누는 것도 「이생규장전」과 비슷하다. 「이생규장전」에서는 이생이 그넷줄을 타고 올라가 최 낭자와 만나는 데 반해, 「신단공안」에서는 허헌이 장목(長木)으로 사다리를 만들어 담을 넘는 것이 다를 뿐이다. 남녀 주인공이 그넷줄이나 사다리를 매개로 하여 만나고 인연을 맺는 것은 초기 한문 소설에서 흔히 볼 수 있는 것으로, 「운영전」에서도 김 진사가 사다리를 타고 담을 넘어가 사랑을 나눈다. 남자 주인공이 여자 주인공에게 말로써 도지(挑之)하는 것도 전기소설21)에 자주 사용되는 수법이다. 다시 말하자면, 「신단공안」의 남녀 주인공의 인연과 만남은 전기소설의 구성 방법을 그대로 반복한 것이라 할 수 있는 것이다. 이 부분에서 우리는 전기소설의 구성적 특성이 애국

---

20) 「신단공안」 제1회, 『황성신문』, 1906.5.19. "於後園에 携一層小樓ᄒ고 繞植名花異草ᄒ야 使淑娘으로 枕處樓中이러니, 淑娘이每在樓上ᄒ야 刺繡女工ᄒᄂ식"
21) 박희병(선주), 『한국한문 소설』, 한샘출판사, 1995, p.45.

계몽기 한문 소설에까지 이어져 오고 있음을 확인할 수 있다.

「신단공안」에서 그넷줄이나 사다리 대신 백포(白布) 한 필을 늘어 뜨려 이것을 잡고 담을 넘도록 하는 점은 전기소설과는 다른 이 작품만의 독특한 설정이다. 이러한 변화는 단락 3)에서도 나타난다. 단락 3)은 이야기 전개에 있어 절정에 해당한다. 단락 3)에서 남녀 주인공은 절박한 위기상황에 놓이게 된다. 이들이 처한 위기는 오성(悟性)이란 화상의 등장에서 시작된다.22) 화상은 숙낭의 집 앞을 지나다 백포 한 자락이 누각 담에 걸려 있는 것을 보고 이게 웬 하늘이 준 선물인가 싶어 포목을 잡는다. 그런데, 숙낭은 어두운 밤인지라 허생이 찾아온 줄 알고서 포목을 잡아당긴다. 그러자 화상은 이것은 숙낭이 잠통(潛通)하는 것으로 생각하고 담을 넘게 된다. 실수로 빚어지는 위기라는 설정은 남녀 주인공이 불가항력적인 어떤 힘에 의해 뜻밖의 고난이나 이별을 겪게 되는 것에 익숙한 독자에게는 매우 생소한데, 이는 전대의 한문 소설에서는 찾아볼 수 없는 특이한 상황 설정이기 때문이다.

단락 3)에서는 백포라든지, 실수로 야기되는 위기 상황 같은 기존의 한문 소설과 다른 부분은 계속 나타난다. 예를 들면, 누각으로 올라가 숙낭에게 하룻밤 동숙(同宿)할 것을 청하는 화상의 궤변이 여기에 해당한다. 음탕한 화상은 자신과 동숙하면 복이 바다처럼 넓어지고, 은덕(恩德)이 하늘과 같을 것이며, 수부다남(壽富多男) 할 것이고, 복록(福祿)이 무궁할 것이라고 장광설을 늘어놓는다. 풍전등화의

---

22) 신문에서는 여기까지가 1회 연재분이다. 새로운 상황을 설정, 독자의 기대와 상상력을 불러일으키면서 한 회를 매듭지은 것은 상업적인 신문 연재소설에 적응하기 위한 하나의 방편으로, 한문 소설의 자체적인 형식과 구성의 변화라고 볼 수 있다.

위기상황에서 계속되는 화상의 너스레는 화상의 위선을 보여주면서
동시에 작가의 작의(作意)까지 내보이는 의도적인 궤변이라 하겠다.
독자들은 모두 화상의 탐욕한 음심(淫心)을 알고 있는데도 자신의
음심을 미화고자 노력하는 화상의 행동은 웃음을 유발하며 고조된
긴장을 이완시키는 한편, 앞으로 전개될 사건에 대한 호기심과 비장
감을 불러일으키는 것이다. 이후 사건은 급전한다. 숙낭이 화상에게
"너 개 같은 화상아 빨리 내려가라"고 호통치며 불응하자, 당황한
화상은 한 손으로 숙낭을 엎어놓고 다른 한 손으로 칼을 꺼내 숙낭
을 찌르고23) 패물과 백포 등을 거두어 도망간다.

위에서 살펴본 것처럼, 「신단공안」의 위기는 남녀 주인공의 이별
에서 그치지 않는다. 이 작품은 재자가인(才子佳人) 소설에 흔히 나
타나는 위기→고난(이별), 고난→극복(재회)의 구조로 이어지는
'행복-고난-행복의 전개'24)가 아니라, 주인공 하숙옥의 죽음이라
는 뜻밖의 구성을 설정하고 있다. 이는 앞에서 언급한 몇 가지 변화
된 요소와 함께 전대 한문 소설의 친숙한 이야기 방식과 차별되는
부분인데, 이야기를 생소하게 만들어 독자의 호기심을 유발하려는
기법적 장치이며 이 시기 한문 소설의 한 특징이기도 하다.

단락 4)는 결말 부분으로, 사건 해결이라는 공안소설 특유의 구성
을 드러내고 있다. 숙낭의 부친이 범인을 탐문하는 과정에서 숙낭의
옆집에 사는 한 남자는 허생과 숙낭의 과거사를 모두 고발하면서 그
날 밤 술을 마신 허생이 취중에 죽인 것이라고 말한다. 숙낭의 부친
은 직접 허생을 죽이려다가 진주 목사 이공(李公)에게 소장(訴狀)을

---

23) 송민호는 이 작품의 줄거리를 요약하면서, 숙낭이 '胸中에서 剛刀를 꺼내 自
決'(송민호, 앞의 책, p.68) 했다고 했는데, 이는 잘못된 것이다.
24) 조동일, 『신소설의 문학사적 성격』, 한국문화연구소, 1973, p.16.

올린다. 소장을 접수한 진주 목사는 결백을 주장하는 허생의 인품이
훌륭함을 알아차리게 된다. 그는 허생에게 숙낭의 누각에 왕래할 때
누가 보았는가 묻는다. 허생은 인근 절의 화상이 가끔 목어를 치면
서 누각 아래를 지나더라고 대답한다. 진주 목사 이공은 두 밀사를
귀신으로 변장시켜 화상이 다니는 길목을 지키다가 숙낭의 원귀처
럼 행세하게 함으로써 화상을 속인다. 「종옥전」이나 「오유란전」 같
은 한문 소설에서는 가묘(假墓)로 속이는데, 여기서는 거짓 귀신으
로 속이는 것이다. 화상은 숙낭의 원귀에게 백포와 귀걸이·팔지를
팔아 기갈(飢渴)을 풀어주면서 독경으로 천당에 가도록 해주겠다고
말한다. 이때 원귀로 분장한 이공의 밀사들이 뛰어나와 화상을 체포
한다. 화상은 여기서도 도망가게 해주면 뇌물을 주겠다고 제의하면
서 악한의 전형성을 드러낸다. 진범을 체포한 목사는 허생을 방출
(放出)하면서 절개를 지키다가 죽임을 당한 숙낭에 대해 앞으로 어
떻게 할 것인가 묻는다. 이것은 허생이 처녀(숙낭)와 통정한 죄를 묻
지 않기 위한 의도적인 발언인데, 이에 허생은 재취할 마음을 버리
고 숙옥을 잘 묻어주고 정처(正妻)로 생각하며 오늘의 맹세를 버리
지 않겠다(從此로 無心再娶오 但收埋淑玉ᄒ야 認爲正妻ᄒ야 不負當
日之盟일가 ᄒ오니)[25]고 말한다. 단락 4) 말미 부분에서, 진주 목사
이공은 도백에게 사건의 전말과 함께 의로운 허생은 정처(情妻)를
생각하여 재취하지 않기를 맹세하였다고 보고하고, 도백(道伯)은 이
공의 단옥(斷獄)의 정명(精明)을 권장하게 되는데, 이는 공안 사건의
처리 과정을 드러냄으로써 사실성을 높이려 한 의도에서 나온 것이
다.

---

25) 『황성신문』, 1906.5.24.

단락 5)는 회장 제목과는 달리, 허생이 재취하는 과정을 담은 후일 담에 해당하는 부분이다. 숙낭 사건은 해결되었지만, 허생의 재취와 효라는 새로운 문제를 제기한다. 사건 종결 2년 후, 이공은 허생에게 아직도 재취할 뜻이 없는가를 묻고 '삼천 가지 죄 가운데 불효가 가장 크며, 세 가지 불효 중에서 후손을 잇지 않는 것이 가장 큰 죄'라고 말한다. 허생은 부부의 정을 중시하여 완강하게 재취를 거부하지만, 이공이 억지로 첩을 얻게 하여 두 아들을 낳게 하는데, 지금도 진주에 그 후예가 있다는 말로 작품을 맺고 있다. 단락 5)의 마지막은 '계항 패사씨왈(桂巷稗史氏曰)'로 시작되는 평어(評語)로 마무리하고 있다.

> 桂巷稗史氏曰 河氏之全節也와 許生之全義也여. 可謂婦烈夫貞에
> 兩盡其道로다. 彼李瑄은 何人也오 國史姓譜에 其名이 俱佚不載하
> 니 惜哉라.[26]

이 같은 평어는 「신단공안」 나머지 회장에서도 나타나는데, 이는 이 소설이 조선 후기 단편 한문 소설의 전통을 그대로 이어받았기 때문이다. 작자의 의도를 내보이는 평어란 「사기(史記)」의 열전(列傳)에 그 연원을 둔 것으로, 그 후 인물의 행실을 다룬 문학 작품에서도 널리 원용되어 왔다. 조선 후기의 한문 단편들에도 대부분 평어가 붙어 있는데, 여기서는 대체로 작품의 주제나 작의(作意)를 요약해 드러내 보이고 있다. 패사씨(稗史氏)라는 말에서 패관(稗官) 소설의 옛 전통을 상기시키기도 하는 「신단공안」의 평어에서는 '전절(全節)'과 '전의(全義)'가 이 작품의 주제임을 내세우고 있다. '부열부

---

26) 위의 신문, 1906.5.25.

정(婦烈夫貞)’, 바꿔 말하자면 절의(節義)가 바로 인물의 성격을 드러
내는 평어요, 작의이다.

「신단공안」의 특성은 무엇보다도 초기 한문 소설, 즉 전기소설의
구조적 특성을 그대로 지니고 있는 점에서 찾을 수 있다. 앞에서 살
펴본 것처럼, 「신단공안」은 인물의 설정이나 배경, 남녀 주인공의
만남과 인연 등이 전기 소설의 구성적 특성을 그대로 답습하고 있
다. 그러나, 당대 사회의 개화상에 대한 구체적인 모습도 담고 있다
는 것이 이전 소설과 다른 특징이다. 이 점에서, 이 시기 한문 소설
의 소설사적 의의를 규명하는 단서를 찾을 수 있다.

「신단공안」은 공안 사건을 소재로 삼아 각각의 사회상을 반영하
는 것을 그 특색으로 지적할 수 있다. 공안 사건이란, 주지하는 바와
같이, 본래 사회적 산물이요 당대 사회의 축도(縮圖)라고 말할 정도
로 현실성이 농후할 수밖에 없겠지만, 「신단공안」은 대부분의 고소
설이 비현실적인 소재의 허랑(虛浪)한 이야기인 데 반해, 당대의 시
대상을 비교적 여실하게 내 보이고 있는 것이다. 다만, 「신단공안」
은 그 시대적 배경(제1화는 숙종, 제2화는 정조, 제3화는 순조, 제4화
는 인조, 제5화는 영조, 제6화는 성종, 제7화는 철종)으로 미루어 볼
때, 이 작품이 연재되던 구한말의 시대상과는 거리가 있는 것으로
보인다. 이 소설에서는 이인직의 「혈의 누」 같은 신소설에 흔히 나
타나는 근대적 개화사상의 고취라든지 개화사조의 반영을 찾아볼
수 없다. 이런 점에서 「신단공안」은 전래되던 공안담(公案談)을 새
롭게 개작한 것일 뿐, 당대의 사회상을 충실히 반영한 작품이라고
볼 수 없다.

「신단공안」의 이야기 전개 방식도 특징적이다. 이 소설은 제1화의
단락 분석에서 본 것처럼 재자가인 소설의 ‘위기 → 고난(이별) → 재

회'의 구조가 아니라 '위기 → 죽음'의 구조로 이루어져 있다. 이처럼, 죽음으로 이어지는 이야기 전개는 공안소설의 성격상 불가피한 것이라 하겠는데, 이것은 또한 전대 한문 소설의 이야기 형식에 친숙한 독자로부터 또 다른 호기심을 유발하기 위한 기법적 변화라고도 볼 수 있다.

이밖에도 작품 말미에 평어를 덧붙여 작의(作意) 또는 주제를 내보인다거나, 고소설에서와는 달리 화상(和尙)을 악한으로 등장시킨 점, 남녀간의 욕정과 이에 따른 갈등을 소재로 한 점, 애국계몽기의 신문 연재소설이면서도 당대 사회에 만연되어 있던 개화사조를 반영해 보이지 않았다는 점들도 이 작품의 특징으로 지적할 수 있다. 그러나, 이 작품은 남녀간의 애정 문제에 대한 새로운 관점이나 사회적 통찰력이 부족한 한계도 지닌다.

2. 「一捻紅」의 轉換期的 性格

1) 新舊 小說樣式의 混淆 樣相

「일념홍」은 '일학산인(一鶴散人)'이라는 필명으로 『대한일보』(1904년 창간)에 발표된, 최초의 서명(署名) 소설이다. 이 작품은 그 동안 최초의 신소설로 알려진 이인직의 「혈의 누」보다 수개월 앞선 1906년 1월 23일에 발표되기 시작하여 같은 해 2월 18일까지 모두 16회에 걸쳐 연재된 국한문 혼용체 소설이다. 한문에 국문 토를 단 이른바 현토 한문 소설인 이 작품은, 다음에 살펴보겠지만, 고소설의 전통과 신소설의 특성을 함께 내포하고 있는데, 특히 작중 인물의 설정

이나 이야기 전개 방식, 그리고 주제 의식에 있어 「혈의 누」와 매우
흡사하고, 이런 점에서 애국계몽기 신문 연재소설의 특성을 집약적
으로 드러낸다고 할 수 있다. 따라서, 「일념홍」의 구조적 특성을 밝
히고, 작가의 시대 의식을 해명하는 일은 이 시기 신문 연재소설의
성격을 규명하는 데 많은 시사점을 제공한다고 하겠다. 그러므로, 여
기서는 먼저 「일념홍」의 과도기적 요소,[27] 바꿔 말하여 고소설적인
요소와 근대 소설적인 요소를 분석 제시하고, 이것들이 작품 속에서
어느 정도의 비중으로 어떻게 기능하고 있는지를 살피고자 한다. 다
음으로, 이 작품에 표출된 문명 개화의 여러 양상들, 즉 구한말 사회
현실에 대한 폭로와 비판을 비롯하여 남녀 평등·외국 유학, 그리고
개화운동의 실체를 밝혀 보고자 한다. 그리하여, 체제 안팎의 심각한
도전으로 망국 직전의 위기 상황에 직면해 있던 당대 사회에 대한
작가의 현실 인식을 해명하고, 이를 통해 이 시기 신문 연재소설의
구조적 특징과 시대 의식을 규명할 것이다.

애국계몽기의 우리 사회에서는, 1910년 국권(國權)을 빼앗길 때까
지, 최초의 근대적 신문이라 할 수 있는 『한성순보(漢城旬報)』(1883)를
비롯하여 수없이 많은 신문들이 발간되었다. 그리고, 이 시기의 신
문들은 변동 사회의 정치·사회적 특수한 상황을 반영하여 사실 보
도라는 신문의 본래적 기능을 담당하는 것은 물론, 당대 사회가 지
향하던 '문명 개화(文明開化)'를 계몽 선도하는 사회 교화적 기능도
아울러 지니고 있었다. 뿐만 아니라, 그 비중 또한 매우 컸다. 문화
분야에서의 계도적인 역할도 예외는 아니었다. 이 시기 신문은 '신문

27) 여기서 말하는 '과도기적 요소'란 고소설에서 신소설로 전환해 가는 과정에서
　　드러나는, 이야기 짜임새나 인물의 성격화 등 미적 구조에 있어서의 변화를 가
　　리킨다.

화운동의 선구'로서 '국한문 혼용체의 국문을 써서 언문일치(言文一致)를 단행'하여 실생활에 적합한 문장운동을 촉성(促成)하는 등 문화 전반에 걸쳐 거의 절대적인 영향을 끼쳤다.28) 특히, 민간 신문은 한글 보급에 노력하는 한편, 소설을 연재하여 신문 연재소설의 길을 열어 놓았다29). 그리하여, 다른 출판 시설이 미약한 당대 사회의 여건 하에서 유일하게 소설 발표의 무대를 제공했고, 결과적으로 근대 전환기 소설의 발흥을 촉진시키는 역할을 했다. 이 시기의 문학, 특히 소설의 발흥은 각종 신문의 발간과 이들 신문이 앞장서서 실시한 언문 일치와 깊은 관련이 있다. 이 시기 소설에 관한 논의에서 "신문이 소설의 발표와 전달에 가장 실질적인 관련을 갖고 있"고, "근대적 성격의 소설이 신문에 종사하는 사람들에 의해 쓰여졌거나 또는 신문에 게재되었다는 사실은 결코 등한시할 수 없"30)는 까닭이 여기에 있다.

이 시기에 발표된 신문 연재소설을 보면, 『황성신문(皇城新聞)』(1898년 창간)의 「신단공안」(1906), 「몽조(夢潮)」(1907)를 비롯하여, 『한성신문(漢城新聞)』(1903년 창간)의 「목동애전(木東崖傳)」(1903), 『대한일보』의 「관정제호록(灌頂醍醐錄)」(1904), 「일념홍」(1906), 「참마검(斬魔劍)」(1906), 「반혼향(返魂香)」(1906), 『만세보(萬歲報)』(1906년 창간)의 「혈의 누」(1906), 『대한매일신보』(1906년 창간)의 「청루의녀전(靑樓義女傳)」(1906), 「거부오해(車夫誤解)」(1906), 「쇼경과 안즘방이 문답」(1906) 등이 있다. 이 중에서 「목동애전」, 「관정제호록」, 「일념홍」, 「신단공안」 같은 작품은 한문을 위주로 한 국한문 혼용체

---

28) 조윤제, 『한국문학사』, 동국문화사, 1953, p.399.
29) 최준, 「신문의 지폭의 확대와 연재소설」, 『한국신문사』, 일조각, 1978, p.173.
30) 이재선, p.40.

소설이고,「참마검」,「반혼향」,「몽조」,「혈의 누」,「청루의녀젼」,「거부오해」,「쇼경과 안즘방이 문답」 등은 순국문 소설이다.

「일념홍」(『대한일보』1906.1.23~2.18)은 앞에서 지적한 바와 같이, 국한문 혼용체의 현토 한문 소설로서, 회장체로 구성되어 있다. 이 작품의 짜임을 보면 다음과 같다.

① 낙영성 동쪽 큰 자목련 꽃이 온양가(媼楊家)의 노파에게 현몽, 인간(딸)으로 환생하고, 과부는 그 딸을 「일념홍」으로 명명, 규수로 키운다.

② 과부가 죽자, 고아가 된 일념홍은 한(韓)과 중 완운(頑雲)에 의해 양육되다가 교방(敎坊)에서 금사(琴師)에게 금(琴)을 배워 백아(伯牙)와 버금가는 고수가 되고, 여기서 이정(李庭)이라는 준수한 청년과 인연을 맺는다.

③ 홍랑의 미색과 금곡(琴曲)에 홀린 대관(大官)은 홍랑을 납치하려다가 뜻을 이루지 못하자, 이정을 국사범으로 몰아 처형하려 한다.

④ 홍랑은 일본인 술객과 일본 공사의 도움으로 구출되고, 대관을 꾸짖은 공사는 홍랑을 일본 여학교에 유학 보낸다.

⑤ 뇌물까지 강요당하며 사경을 헤매던 이정의 사정을 알게 된 일본 공사는 황제에게 상소, 특사로 풀려나게 하고, 이정을 일본 사관학교에 입학시킨다.

⑥ 해군 대학을 졸업한 이정은 러일(日俄)전쟁에 참전, 동향(東鄕) 대장의 휘하에서 공을 세우고, 욱일훈장(旭日勳章)을 받아 그 이름을 양국에 떨친다.

⑦ 여학교 졸업 후 영국 대학에서의 유학을 마친 홍랑은 귀국길에 이정을 만나 함께 고국으로 돌아온다.

⑧ 대관은 배일사상을 품고 러시아 공사와 비밀 접촉을 하다 적발되어 1년형을 마치고 출옥하나, 일진회의 충고에도 불구하고 일진회 회원을 타살한 죄로 종신형을 받게 된다.

⑨ 이정과 홍랑은 일본 공사를 찾아 사은 숙배하고, 벼슬에는 뜻을 두지 않고 광범위하게 근대적 사업을 벌여 사회에 이바지하여 국가로부터 훈장을 받는다.

⑩ 금강산 여행에서 돌아온 두 사람은 각국 공사 초청 만찬회를 열고 문명 개화에 대해 연설한다. 이후 두 사람은 사회 발전에 더욱 공헌한다.

「일념홍」은 서두 부분(①과 ②)은 고소설과 같은 전기적(傳奇的) 발상으로 시작하는데, ⑥과 ⑨, ⑩에서는 서양의 대학으로 유학을 가거나 근대적 사업을 벌이는 등 고소설적 요소와 신소설적 요소를 동시에 지니고 있다. 이런 점 때문에 이 작품은 근대 전환기의 과도기적 성격을 대표하는 표본적인 작품으로 지적되기도 한다.[31] 이를 살펴 보이면 다음과 같다.

(1) 古小說的 性格

「일념홍」은 죽게 된 사람이 뜻밖의 구출자를 만나 위기에서 벗어난다는 전래적(傳來的) 삽화를 비롯하여, 표제(標題)나 문체가 고소설적인 작품이다. 또한, 이 작품은 고소설 작품들의 보편적 특성으로 지적되는 '행복—고난—행복'의 유형 구조[32]로 이루어져 있는데, 이 때문에 고소설로 볼 수도 있을 만큼 신소설적인 요소보다도 고소

---

31) 송민호, 앞의 책, p.106.
32) 이에 대해서는 조동일의 「영웅의 일생, 그 문학사적 성격」(서울대 동아문화연구소, 1971), 「신소설의 문학사적 성격」(한국문화연구소, 1973) 참조.

설적인 요소가 더 많은 작품이다.

「일념홍」에서 가장 뚜렷하게 드러나는 고소설적 요소는 현토식 한문체이다. 다음에 인용한 것은 제12회(회장명 男兒成功敍勳 婦人登學卒業)의 첫 부분이다. 해군대학을 졸업한 주인공 이랑이 해군에 자원 입대하여 종군하여 용략(勇略)을 삼군에 떨친다는 내용으로, 생경한 한문에 조사 또는 어미만을 현토한 문장으로 되어 있다. 「일념홍」은 작품 전체가 인용문에서 보는 것과 같은 문장으로 이루어져 있는데, 여기서 우리는 이 작품이 한문 소설의 범주에 포함시킬 수 있을 정도로 고소설적 문체에서 벗어나지 못하고 있음을 알 수 있다.

李郎이 旣得海軍大學校卒業狀ᄒ고 方要回國ᄒ야 以擴張海軍之目的으로 深作胸筭이러니 際値日俄開仗之日ᄒ야 李郎이 請願于海軍 軍令部ᄒ야 情願從軍ᄒ고 又司令長官에 請願ᄒ야 特命付之于旅順閉塞隊어늘 李郎이 大喜ᄒ야 及其出軍에 隷屬于東鄉大將麾下ᄒ야 每出戰에 奮力當先ᄒ야 第一成功于閉塞ᄒ며 又第二成功于松樹山陸戰ᄒ며 又第三成功于二百三高地占領時ᄒ니 李郎之勇略이 鳴于三軍이러라. 日本軍이 大棲班師일식 大加賞讚ᄒ시고 特敍勳旭日章ᄒ시니 李郎이 乞還故國ᄒ디 光榮與聲譽가 聳動雨國이러라.

且說 紅郎이 卒業於女學校ᄒ고 遂李郎赴戰於旅順일식 殷勤惜別ᄒ야 囑其成功ᄒ고 乃整理裝束ᄒ야 搭乘滊船ᄒ고 船入于大英國ᄒ야 登學于大學校ᄒ야 纔過二期에 得速成科卒業狀ᄒ고 乃遊覽于柏林首府及巴里京城ᄒ며 將向華盛敦일식, 到處紳士及婦人이 乃催歡迎會ᄒ고 祝賀韓國婦人之吸取文明空氣ᄒ야 握手接物이 不知基幾千回러라.33)

다음으로, 표제를 들 수 있다. 잘 알고 있는 바와 같이, 근대전환기 사회의 소설의 표제는 「血의 淚」를 비롯하여 「鬼의 聲」, 「자유종(自由鐘)」 등처럼 한자어에 소유격 조사 '의'를 연결하거나 또는 개화의식이 반영된 어휘를 사용하고 있다. 이에 반해, 이 작품은 여주인공 홍랑의 전신인 '모란'에서 유래된 이름 '일념홍'을 빌어 표제로 삼았는데, 이와 같이 전생(前生)의 인연을 표제로 활용하는 것은 고소설 작품들에서 흔히 보는 명명법(命名法)이다. 또한, 이 작품 전반부가 몽자류(夢字類) 소설의 모티프와 비슷하다는 점은 「옥루몽」의 '강남홍'을 연상케 하는 고소설적 표제34)라고 볼 수 있다.

셋째로, 회장체 형식을 들 수 있다. 앞에서도 언급한 것처럼, 이 작품은 고소설 형태의 한 전형으로 지적되는 회장체 형식으로 이루어져 있다. 예를 들어, '第一回 愛春園賞牡丹 楊家庄産玉娘', '第十二回 男兒成功敍勳 婦人登學卒業', '第十五回 訪術客報高義 遊國內盡壯觀(1)' 등처럼, 매 회마다 내용을 요약한 소제목을 붙여 이야기 전개를 구체적으로 예시하는 회장체 형식을 취하고 있다. 이처럼 각 절마다 별도의 표제를 붙인 것으로 미루어 「구운몽」과 같은 고소설의 유형을 본뜬 것이라 하겠다.

넷째로, 「일념홍」은 고소설에서 흔히 보는 유형 구조, '행복-고난

---

33) 『대한일보』 제544호(1906.2.14).

34) 송민호, 앞의 책, p.106. 송민호는 「일념홍」과 「옥루몽」을 대비, ① 전생 설화에서 시작하여 불교적인 전세(前世)에서 인과 관계를 풀어 나간다는 점, ② 두 작품의 여주인공이 기적(妓籍)에 몸을 담았거나(「일념홍」의 홍랑) 기생(「옥루몽」의 강남홍)인 점, ③ 홍랑이 일금사(一琴師)에게 공부한 것과 강남홍이 백운도사(白雲道士)에게 탁신(託身)한 점, ④ 두 작품의 여주인공이 고관(高官)의 핍박을 받았다는 점, ⑤ 두 작품의 남자 주인공이 전공(戰功)을 세워 출세하는 점을 들어, 「일념홍」은 전대 한문 소설인 「옥루몽」의 '근대판'으로 보고 있다(같은 책, p.110).

—행복'의 구조로 이루어져 있다는 점을 들 수 있다. 이와 같은 유형 구조는 최초의 국문 소설인 허균(許筠)의 「홍길동전(洪吉童傳)」을 비롯하여, 「유충렬전(劉忠烈傳)」, 「이대봉전(李大鳳傳)」, 「숙향전(淑香傳)」, 「사씨남정기(謝氏南征記)」 등 대부분의 고소설 작품들에서 쉽게 확인할 수 있는데, 이는 고대 신화이래 오랜 역사를 지니고 있는 '영웅의 일생'을 근간으로 하여 이루어진 것이다.[35] 이것은 다음과 같은 ①~⑦의 단락들로 이루어져 있다.

　① 고귀한 혈통을 지닌 인물이다.
　② 비정상적으로 잉태되었거나 비정상적으로 출생했다.
　③ 범인과는 다른 탁월한 능력을 타고났다.
　④ 어려서 기아(棄兒)가 되어 죽을 고비에 이르렀다.
　⑤ 구출 양육자를 만나 죽을 고비에서 벗어났다.
　⑥ 자라서 위기에 부딪쳤다.
　⑦ 위기를 투쟁으로 극복하고 승리자가 되었다.

　고소설의 각 단락은 행복과 고난의 발전적 반복(①②③은 행복, ④는 고난, ⑤는 행복, ⑥은 고난, 그리고 ⑦은 행복)으로 이루어져 있다. 이것이 곧 고소설의 구조적 특성인데, 「일념홍」의 단락 또한 위와 같은 ①에서 ⑦까지의 단락들을 모두 갖추고 있다. 환언하면, 「일념홍」의 이야기 구조는, 다음에 보이는 것처럼, 고소설의 그것과 정확히 일치하는 것이다.

　① 홍랑은 꽃의 정령이 양가(楊家)의 과부에게 현몽(現夢), 인간

35) 조동일, 「신소설의 문학사적 성격」, p.14.

으로 환생한 인물이다.

② 무남 독녀이다.

③ 재색(才色)을 겸비한 옥모특출(玉貌特出)한 규수이다.

④ 과부의 죽음으로 고아가 된다.

⑤ 한(韓)과 중 완운(頑雲) 등의 도움으로 양육되고, 이정과 인연을 맺는다.

④' 홍랑의 자색에 홀린 대관이 보낸 심복들에게 납치 당할 위기에 놓인다.

⑤' 일본 공사의 도움으로 구출된 후, 일본 여학교로 유학을 떠난다.

⑥ 대관은 일진회 회원을 타살한 죄로 종신형을 받는다.

⑦ 근대적 사업을 벌여 국가 훈장을 받고, 문명 개화에 더욱 공헌한다.

위의 단락 분석은 「일념홍」이 고소설에서 흔히 보이는 영웅의 일생 구조로 된 작품임을 드러낸다. 위의 단락들에서 ①②③은 행복, ④는 고난, ⑤는 행복, ④'는 고난, ⑤'와 ⑥⑦은 행복으로, 고난과 행복의 반복이 다양하고 복잡하게 전개되고 있다. 다만, ⑥의 고난이 주인공 대신 적대자의 고난으로 바뀌었을 뿐 그 구성은 고소설의 단락 구성과 거의 차이가 없다. 위의 대비에서 확인할 수 있는 바와 같이, 「일념홍」은 '행복－고난－행복'으로 이어지는 고소설의 유형 구조를 그대로 드러내고 있다.

끝으로, 작품 서두가 주인공의 전생 설화로 시작된다는 점을 들 수 있다. 주인공 홍랑의 전생은 자목단(紫木丹)으로, 현세에서 인간으로 환생한 인물이다.36) 꽃의 정령이 양씨(楊氏) 집안에 사는 한 늙은 과부의 몸을 빌어 '일념홍'으로 태어난 것이다. 이는 「구운몽」의

'성진'이 양처사(楊處士) 집안의 만득자 '양소유'로 태어나는 것과 매우 비슷하다. 널리 알려져 있는 바대로, 고소설은 그 서두에 주인공의 전생 설화가 흔히 나타난다. 「숙향전」의 숙향이나 「구운몽」의 팔선녀는 그 좋은 예라 하겠다. 이들의 전신은 천상의 상제(上帝)에게 죄를 짓고 인간 세상으로 쫓겨 나온 선관이며 선녀들인데, 이런 점에서 주인공 홍랑의 전신이 그윽한 향기가 십 리 밖까지 퍼지는 크고 아름다운 꽃이라는 「일념홍」의 전생 설화는 고소설의 그것과 흡사하다고 할 수 있겠다. 뿐만 아니라, 홍랑이 이정과 인연을 맺게 되는 부분은 「구운몽」을 비롯하여 「이생규장전」이나 「운영전」 등에서 흔히 보게 되는, 주인공의 결연(結緣) 장면과 매우 비슷하다. 이 작품 말미의 이정에 관한 전생 설화 또한 그러하다. 이들은 모두 이야기 전개와는 관련이 없으며, 단지 수미(首尾)를 연관시키려는 작가의 고의성이 드러나는 삽화에 불과한 고소설의 잔재(殘滓)이다.

(2) 新小說的 性格

「혈의 누」를 비롯하여, 「치악산(雉岳山)」(1908), 「은세계(銀世界)」(1908), 「추월색(秋月色)」(1912) 등의 신소설은 백철(白鐵)이 밝힌 것처럼,[37] 그 주제나 제재에 있어서 당대 사회를 풍미(風靡)하던 "개화적인 사조와 사실들을 그들 작품의 중심으로 삼아 반영"한 점이 중요한 특징으로 지적되고 있다. 이들 소설은 개화와 자주 독립, 신교육 사상의 고취, 인습적인 윤리관에 대한 비판과 새로운 도덕관의 제시, 미신 타파와 부패한 현실 폭로 등을 주된 내용으로 삼고 있다

---

36) "園裡에 有一叢紫牧丹ᄒ니 花大如椀ᄒ고 香聞十里라 人以謂洛陽一捻紅이라"
   (『대한일보』 530호, 1906.1.23)
37) 백철, 『신문학사조사』, 신구문화사, 1986, pp.46~71 참조.

앞에서 살펴본 것처럼, 「일념홍」은 고소설의 범주에 넣을 수 있을
정도로 고소설의 여러 특징적 요소들을 갖고 있다. 특히, 언문 일치
와는 거리가 먼, 현토식 한문으로 이루어진 고루한 문장은 오히려
조선 후기의 소설보다 퇴행적(退行的)이라고 말할 수 있다. 그러나
그럼에도 불구하고, 「일념홍」은 신소설에서 흔히 볼 수 있는 내용들
의 '원형적 요소'38)를 많이 지니고 있다. 부패한 정부관리를 단호하
게 고발하는 날카로운 현실 비판, 서양 또는 일본으로의 유학, 일본
또는 일본인에 대한 우호적이고 선망적인 태도 등이 그것이다. 이런
것들 때문에 「일념홍」은 고소설에서 신소설로 발전해 나가는 과도
기적 성격을 지닌 대표적인 작품으로 평가될 뿐 아니라, 문학사적으
로도 매우 중요한 의의를 지닌다고 말할 수 있다.

「일념홍」에 나타나 있는 신소설적 요소를 보면 다음과 같다.

우선, 「일념홍」은 한말의 부패한 사회 현실, 특히 관리에 대해 고
발하고 신랄하게 비판하고 있다는 점에서 신소설적인 성격을 드러
낸다고 하겠다. 무고한 최병도에게 엉뚱한 죄명을 씌워 태형(笞刑)
을 때리는 탐관오리 강원감사(「은세계」), 나라의 흥망에는 관심이
없고 오로지 재물이 많은 사람만을 잡아가는 '인간 염라대왕'39) 평
양감사(「혈의 누」)처럼, 「일념홍」에 등장하는 관리들은 다음에 보이
는 바와 같이 탐관오리의 전형(典型)이다. 당대 사회의 관리들은, 고
위 관리에서 하위직 관리까지 지위의 고하를 막론하고, 국가가 존폐
의 위기에 처해 있음에도 불구하고 국리민복(國利民福)은커녕 오히
려 백성을 괴롭히고 착취하는데 혈안이 되어 있다.

---

38) 이재선, 『한국 개화기소설 연구』, 일조각, 1972, p.74.
39) 이인직, 「혈의 누」, 송민호 · 김윤식(외) 편, 『한국 개화기문학 총서 1』, 1권(아
　　세아문화사, 1978), p.15(이하 『총서』 1-1, 1-2 등으로 약칭함).

1) 李郎이 供以初無所犯이니 若有證據어든 願爲對質ᄒ야 分得昭晰ᄒ노라. 使ㅣ曰, 爾若無犯이면 埋命은 伏力土於山寺隱密處ᄒ야 僕殺人何也오. 李供曰, 某大官이 欲强掠奪我愛姬ᄒ야 送豪奴數十名ᄒ야 轎子라가 我家奴僕이 共爲相持而誤致人命ᄒ니 其先失이 在大官이라. 致命一事ᄂ 想有法律之歸正이어니와 至於謀犯은 非吾所知라 ᄒ더, 使ㅣ 大怒ᄒ야 命猛加革鞭曰, 爾家書類之明證이 在此ᄒ니 爾胡亂言고 乃出一書ᄒ니 其書ᄂ 卽謀通在逃外國人書札而其語義가 頗甚凶毒ᄒ야 募集力士ᄒ야 約基擧事之陰謀라.40)

2) 那大官이 送豪奴的ᄒ고 趁其期日ᄒ야 苦待回音일시 那佳人花容이 黯黯於心目ᄒ야 業火沖上에 按住不得이러니, 適有政治上重大事件ᄒ야 方開閣議어늘 那大官이 稱病不參ᄒ고 專心等候ᄒ야 時夜將半에 杳無消息이라. 怪得一怪ᄒ며 慌得一慌ᄒ야 坐至大明에 忽有跟跟踉踉的數漢子ㅣ 裂衣破面에 流血淋漓ᄒ야 跪訴哀苦的說話ᄒ되 一夥人衆이 都被猛打猂蹴ᄒ야 命在出沒鬼關이오 豪奴的ᄂ 已被結果了性命이라 ᄒ야늘 大官이 急聲問曰, 佳人은 安在오. 答曰, 乘轎歸거去라 ᄒ더 大官이 肝浮膽橫에 眸子中一道金光烈火가 如電閃出來ᄒ야 大喝一聲에 聚集家童數三十人ᄒ고 喘喘咽咽的命令曰, 爾們이 齊奮死力ᄒ야 直擣鳳巢樓ᄒ야 打殺那業畜李廷的ᄒ고 拘引那佳人ᄒ고 幷其家産을 沒數檜取來ᄒ라 ᄒ야 號令이 秋霜이어늘 家童輩ᄂ 莫知所措ᄒ고 躕躇而不行ᄒ니 那大官이 憤氣沖膈ᄒ야 手拔保護巡檢的軍刀ᄒ야 直斫家童來ᄒ니 渾家如○ᄒ야 股栗心氊이라.41)

3) 公使ㅣ 乃使侍者偕往ᄒ라ᄒ니 術客이 卽行鳳巢樓ᄒ야 紅郎

---

40) 「일념홍」, 『대한일보』, 1906.2.8.
41) 같은 신문, 1906.2.6.

而來ᄒᆞ니 公使ㅣ命住客室ᄒᆞ고 乃使術客으로 帶紅郎ᄒᆞ야 同○入日
本ᄒᆞ라ᄒᆞ고 捐助資斧ᄒᆞ고 ○寄函紹介日本女學校ᄒᆞ야 使○登學이
러라.

且說 警使ㅣ 嚴囚李廷ᄒᆞ고 千思萬計ᄒᆞ야 纔延이 流溢○角ᄒᆞ고
慾火ㅣ 沖上胸窩ᄒᆞ야 ○暗心腹人으로 慫惥李囚曰, 爾犯罪ᄒᆞ야 奏
決斬刑ᄒᆞ니 爾若暗賂○貨十萬圓이면 必生出狂扉矣리라. 李囚曰
我無犯罪ᄒᆞ니 安用行賂ᄒᆞ야 苟苟求生이리오. 橫罹搆罪ᄒᆞ니 雖彼
萬戮이라도 當死爲厲鬼ᄒᆞ○ 必報不暝之讐이리라. 心腹說客○知不
可奈何ᄒᆞ고 回報于警使ᄒᆞ니, 警使ㅣ 探唎之ᄒᆞ야 待朝開坐ᄒᆞ고 猛
拷李囚ᄒᆞ야 鞭至一百에 骨爛糜ᄒᆞ야 幻成一血塊로디 竟不誣○이
라.42)

1)에서 보는 것처럼, 「일념홍」의 대관은 하인 수십 명을 시켜 미모
가 빼어난 남의 여자(홍랑)를 강제로 납치해 오게 하는 파렴치한 인
물이다. 뿐만 아니라, 2)에서 보는 것처럼, 정치적인 중대사건을 논
의하기 위해 열린 각의(閣議)마저 여자 때문에 병을 핑계삼아 불참
하는 한심한 관리이다. 그래서, 그는 납치가 실패로 돌아가자 오히
려 크게 화를 내고, 마침내 홍랑의 납치를 방해한 이정을 타살하도
록 사주(使嗾)하고, 홍랑을 잡아들인 다음 가산을 몰수하라고 호령
을 내린다. 심지어 그는 서류를 날조(捏造)하여 이정을 국사범으로
몰아 처형하려 한다. 정사에는 관심 없고 자신의 탐욕을 채우기 위
해 개인의 재산은 물론 생명까지도 서슴없이 빼앗아버리는 대관은
이제 '인간 염라대왕'에 다름 아니다. 이러한 흉포(凶暴)하기 짝이 없
는 탐관오리 때문에 힘없는 백성들의 생명과 재산은 '어육(魚肉)의

---

42) 같은 신문, 1906.2.9.

참(慘)'을 당할 수밖에 없다. 대관은 물론, 하위직 관리들의 부패 또한 극에 달해 있었다. 3)에서 보는 것처럼, 하급 관리인 경사(警使)는 참형 위기에 놓인 이정에게 '십만 원'이라는 거액의 뇌물을 바치면 살아나갈 수 있다면서, 이를 종용한다. 이에 대해, 이정은 죄가 없는데 어찌 뇌물로 구차하게 목숨을 구하겠느냐고 항변하는데, 이것은 당대의 부패한 관료사회를 고발한 「은세계」의 최병도와 흡사하다.

다음으로 들 수 있는 신소설적인 요소는 일본 또는 일본인에 대한 우호적이고 선망적인 태도이다. 앞에 보인 경개(梗槪)의 ④와 ⑤에서처럼, 일본인은 부패한 관리의 횡포로 죽을 고비에 놓인 이정을 구출해 주고, 홍랑과 이정을 일본으로 유학까지 보내 입신양명할 수 있도록 도와준다. 뿐만 아니라, 그는 대관을 준엄하게 꾸짖는 고의공명(高義公明)한 선인(善人)이기도 하다.

다음에 인용한 1)은 대관이 보낸 무뢰한들이 가산 집물(家産什物)을 몽둥이로 쳐부수고 홍랑을 끌어가려는 위급한 상황에서, 때마침 일본 순사가 나타나 대관의 하인들을 붙잡아 경찰서로 압송하고, 혼절한 홍랑을 구해주는 장면이다. 2)에서 보는 것처럼, 일본 공사는 부패한 대관이나 경사 같은 한말의 관리와는 달리, 문명 개화한 일본의 관리답게 홍랑의 일본 유학을 주선해 준다. '推一知百이라', 대관의 만행 한 가지 일로 미루어 백성의 생명과 재산이 '魚肉犧牲之境'[43]에 빠진 나라 형편을 잘 알고 있는 공사로서는 홍랑의 처지에 동정을 느끼지 않을 수 없었고, 그래서 술객을 시켜 일본까지 홍랑과 동행하게 하는 친절을 베푼다. 뿐만 아니라, 3)에서 보는 대로, 일본 관리는 일본 유학을 부탁하는 이랑의 청도 마땅히 해야 할 일이

---

43) 같은 신문, 1906.2.9.

라는 듯이 흔쾌하게 받아들인다. 한낱 낭인(浪人)에 지나지 않는 술객마저도 '개화한 일본인'으로서 전혀 모자람이 없다. 홍랑과 형제지의(兄弟之義)를 맺은 술객은 홍랑의 부탁을 받고 다시 한국에 돌아와 이랑의 구명을 위해 힘쓴다. 그러한 까닭에, 홍랑은 그를 정의로운 협객(俠客)이라 치켜세운다. 이 작품에서의 일본인은 공사(公使)나 순사(巡査)는 말할 것도 없고 술객마저도 지선지미(至善至美)한 개화인이며, "긍정적인 준거성(準據性)"으로 그려지고 있는 것이다. 이처럼 일본인을 무조건적인 선인(善人)으로 묘사한 점은 친일적인 개화의식을 드러내는 「혈의 누」와 「은세계」 등 이인직의 일련의 작품들과 매우 흡사하다. 그래서, 「일념홍」은 "친일 문학의 출발이 바로 여기서 마련"44)되었음을 짐작케 한다.

1) 紅娘이 瑞息在肩ᄒ고 香汗滿面ᄒ야 遂爲昏絶ᄒ니 悍輩ㅣ 警劫ᄒ야 急用冷水灌口ᄒ고 移時蹭蹬ᄒ야 待其回甦ᄒ고 政遑汲中日本巡査三人이 頭戴白絨帽子ᄒ고 腰帶三尺軍刀ᄒ고 軒軒昂昂的來到這場上ᄒ야 觀得這光景ᄒ고 執着那悍輩ᄒ니 悍輩烏散魚駭어늘 縛得二五輩ᄒ야 跪坐場上ᄒ야 盤詰得情ᄒ니 果是某大家黃客的囑送子라 ᄒ야늘, 乃喝退餘輩ᄒ고 拿着悍輩三漢ᄒ야 押送警察署ᄒ고 乃把守門庭ᄒ야 令家人으로 急救紅娘的性命ᄒ니 半向方蘇러라. 日本警部ㅣ 拷問那悍輩ᄒ야 知某大官陰凶之計ᄒ고 函報于日公使ᄒ디,45)

2) 公使ㅣ 乃使侍者偕往ᄒ라ᄒ니 術客이 卽行鳳巢樓ᄒ야 紅郎而來ᄒ니 公使ㅣ 命住客室ᄒ고 乃使術客으로 帶紅郎ᄒ야 同○入日

---

44) 이재선, 앞의 책, p.75.
45) 같은 신문, 1906.2.9.

本ᄒ라ᄒ고 捐助資斧ᄒ고 ○寄函紹介日本女學校ᄒ야 使○登學이
러라.

且說 警使ㅣ 嚴囚李廷ᄒ고 千思萬計ᄒ야 繼延이 流溢○角ᄒ고
慾火ㅣ 沖上胸窩ᄒ야 ○暗心腹人으로 慫慂李囚曰, 爾犯罪ᄒ야 奏
決斬刑ᄒ니 爾若暗賂○貨十萬圓이면 必生出狴扉矣리라. 李囚曰
我無犯罪ᄒ니 安用行賂ᄒ야 苟苟求生이리오. 橫攉搆罪ᄒ니 雖彼
萬戮이라도 當死爲厲鬼ᄒ○ 必報不瞑之讐이리라.[46]

3) 公使ㅣ 卽請階見ᄒ고 奏陳大官之不法ᄒ고 伏乞特下勅令ᄒ샤
放釋李廷ᄒ쇼셔 皇上陛下卽以電話로 特放ᄒ시니 李雖生獄門이나
人鬼相半이라 公使ㅣ 大憐之ᄒ샤 昇送于漢城病院ᄒ야 救療五十餘
日에 始得快愈ᄒ야 請見日公使ᄒ고 鳴謝生之恩ᄒ고 乞入日本留學
ᄒ디 公使ㅣ 欣然許之ᄒ니 李郞이 還鳳巢樓ᄒ야 徘徊○覽ᄒ니 紅
郞은 不在ᄒ고 黃鹿一大에 滿目荒凉이라 慧感不已ᄒ고 乃齊金五
萬元ᄒ야 收拾行李ᄒ고 與公使別ᄒ디 公使ㅣ 送之于停車場이러라
李郞이 搭乘信濃川丸ᄒ고 卽向日本일시 先爲寄書于東京女學校러
라 且說 紅娘이 與術客으로 共入東京ᄒ야 訪問女學校ᄒ야 傳駐韓
公使書ᄒ디 敎師大喜曰, 韓國女子가 留學日本은 創有之盛擧也라
ᄒ야 特爲優待ᄒ고 卽日上學이라. 翌日에 紅郞이 謂術客曰 (中略)
及泊海岸에 紅郞이 迎着李郞ᄒ며 見其再生ᄒ고 欣天歡地오 兼之
○里殊域에 握手敍情ᄒ니 情山恩○가 若有不可量者라 是夕에 共
宿○春帆樓ᄒ고 乘汽車至東京ᄒ야 紅娘은 在女學校ᄒ고 李郞은
在士官學校ᄒ야 講習學問이러라 紅與李郞이 夙夜黽勉ᄒ야 勤學精
工ᄒ야 數年而卒業ᄒ고 又自中學校로 ○至于海軍大學校ᄒ야 乃得
海軍卒業狀이라[47]

---

46) 같은 신문.
47) 같은 신문, 1906.2.13.

남녀 주인공이 문명 개화한 외국(일본과 영국)에서 신교육을 받고 귀국한 후, 개화운동을 벌인다는 것은 신소설에서 흔히 볼 수 있는 내용이다. 위에서 인용한 3)은 홍랑이 일본 여학교에서 신교육을 받게 되고, 이랑 또한 일본 사관학교에서 공부하게 됨을 보여준다. 홍랑은 이랑이 전장(戰場)에 나가게 되자 기선을 타고 영국으로 건너가 대학교에 입학, 불과 두 학기만에 속성으로 졸업한다.48) 해외 유학을 마친 이들은 귀국 후 문명 개화를 위해 갖가지 사업을 벌인다. 다음의 1)에서 보는 것처럼, 이랑은 관직에는 뜻을 두지 않고 실업에 종사, 은행을 설립한다. 또한, 그는 사립학교와 도서관을 세워 교육에 힘쓰는 한편, 병원을 설립하여 질병 구제에 나서고, 개명(開明)의 목적 아래 활판소를 설립하여 잡지를 간행하고, 청년 3백 명을 선발하여 영국·미국·일본 3국에 유학을 보내 각종 학문을 배우게 하는 등 마치 정부기관에서 펼치는 사업처럼 광범위하게 개화사업을 벌인다. 그리하여, 나라에서는 사회 발전에 크게 공헌한 그의 공로를 크게 치하하고, 이랑에게 '이등태극장(二等太極章)'이라는 훈장을 수여한다.

홍랑 또한 마찬가지이다. 2)에서 보는 것처럼, 부인회를 설립하여 회장에 추대된 홍랑은 여학교를 세우고 천여 명의 젊은 여성들에게 신교육을 가르친다. 또한, 그는 잠업회사·방적소 같은 근대적 기업을 세워 양잠과 면방(綿紡)을 생산하고, 불과 수년만에 동양에서 제일 가는 회사로 발전시킨다. 뿐만 아니라, 여기에서 얻은 수익금으로 여학교 경비를 충당, 명실 상부한 교육사업을 펼친다. 이러한 업적으로 홍랑은 사람들로부터 한없는 존경을 받게 되고, '홍금장(紅念

---

48) 같은 신문, 1906.2.14. "紅娘이 卒業於女學校ᄒ고 … 搭乘滊船ᄒ고 航入于大英國ᄒ야 登學于大學校ᄒ야 緫過二期에 得速成科卒業狀ᄒ고"

章)'을 수훈(受勳)한다. 말하자면, 「일념홍」에서 주인공 이랑과 홍랑은 갖가지 사업을 통해 문명 개화를 이룩하려 하는 개화인의 전형적 인물로 그려져 있는 것이다.

1) 是日也에 綠陰如水ᄒ고 黃鳥如笙이라 東西環球之高等紳士가 提椅列坐ᄒ니 眉動風雲ᄒ고 胸羅星斗之好人文이라 乃擧三鞭酒ᄒ고 禮數敬意가 ○盡肺腑러라 日晚에 乘月各歸ᄒ니 自是로 源源相從ᄒ야 情若兄弟러라 李郞이 無意仕宦ᄒ고 從事實業ᄒ야 大損家貲ᄒ야 設和立銀行ᄒ야 以通金融ᄒ며, 設私立學校ᄒ야 以施敎育ᄒ며, 設東洋圖書館ᄒ야 收聚萬國文明之書籍ᄒ야 以廣學問ᄒ며, 設私立病院ᄒ야 以救疾病天札ᄒ며 選靑年子弟三百人ᄒ야 派送日英美三國ᄒ야 使之留學 各種學問而擔當其學費ᄒ니 凡諸般事業之實行이 日進步武ᄒ야 大有實效ᄒ니 皆是紅郞之贊助也러라[49]

2) 一日에 紅娘이 笑謂 李郞曰, 男女가 旣有同等之權利ᄒ니 豈可無同等之事業이리오 ᄒ고, 乃大設婦人會ᄒ야 募集內外國高等敎育的婦人數百人ᄒ니 衆婦人이 推紅郞爲會長이어늘 又設女學校ᄒ고 募集靑年婦人于千餘人ᄒ야 熱心敎育ᄒ며, 設立蠶業會社ᄒ며 設立紡績所ᄒ야 種桑養蠶ᄒ며 植綿紡絲ᄒ야 世收十萬元利益金ᄒ야 以備女學校之經費ᄒ니 不出數年之間에 女子學問이 冠于東洋이라 由此로 大韓之人士婦女가 景仰其盛擧ᄒ야 一變其氣質而實行敎育與事業者日以百計ᄒ니 全國之實業이 雲興霧起ᄒ야 活動大韓之好氣像ᄒ니 此豈非李郞與紅郞兩人之大範圍哉리요[50]

---

49) 같은 신문, 1906.2.16.
50) 같은 신문, 1906.2.16.

대부분의 신소설 작품들은 당대 사회의 특징적 현상이라 할 신교육 사상을 반영하여 자녀나 청년의 근대적 교육 문제라든지 문명 개화한 외국에의 유학 등을 다루고 있다. 또한, 그 주제적 특징은 "그 선악의 주제에 있어서 구(舊)가 악(惡)이 되는 대신에 신교육 편에 선 인물은 선(善)"이 되고, 그래서 "신교육을 받은 사람 또는 그것을 지지한 사람들에 의해 작품이 헤피 엔드로 끝난다."51) 이것은 주인공 옥남과 구완서가 일본과 미국에 유학하는「혈의 누」를 비롯하여, 「은세계」,「추월색」같은 신소설 작품들에서 공통적으로 드러나는 특성이다. 이런 점에서,「일념홍」은 신소설의 주제적 특징을 내보인다고 할 수 있다.

한편, 이 소설이 남녀 평등사상의 일환으로 남녀동권(男女同權) 문제를 최초로 주장한 점 또한 신소설적 요소로 볼 수 있다. 위의 인용문 2)에서 보는 것처럼, 이랑은 남녀란 본래부터 서로 동등한 권리를 가지고 있고, 따라서 여성도 남성과 동등하게 사업할 수 있다고 주장한다. 남녀동권사상에 입각하여 홍랑은 여성운동의 전위로서, 여학교를 세워 여성 교육에 앞장서고 양잠 등의 실업에 종사하는 것이다. 홍랑이 벌인 일련의 사회 활동은 전통사회의 봉건적·유교적 가치관에 비추어 볼 때 정면으로 배치되는 것이다. 따라서,「일념홍」은 이 시기의 중요한 가치 변화 가운데 하나인 평등 사상이 구체화된 최초의 작품으로, 이후의 신소설이 다루게 될 내용의 단초(端初)를 제시한 선도적 작품으로 볼 수 있다.

이상에서 살펴본 것처럼,「일념홍」은 신소설 작품들이 흔히 다루고 있는 주제적·제재적 요소를 다양하게 보여주고 있다. 이런 의미

---

51) 백철, 앞의 책, pp.57~58.

에서, 이 작품은 신소설의 원형적 요소를 지닌 작품이며, 고소설에
서 신소설로 이행해 나가는 과도기적 성격을 드러내는 소설이라 할
수 있다.

2) 反民族性과 敗北的 開化意識

「일념홍」의 주인공 홍랑과 이정이 보여주는 현실 인식은 패배적
인 개화의식으로 요약할 수 있다. 말할 필요도 없지만, 애국계몽기
라는 특수한 역사적·사회적 상황에서의 절대 명제는 '자주적 개화'
였다.[52] 이 시기에 있어서의 '개화' 즉 근대화는 망국 직전의 위기
현실을 극복하는 중요한 방법이었다. 그러나, 이것은 자주적 근대화
를 의미할 때 그 가치를 지닐 뿐, 외세(外勢) 의존적인 개화, 일제와
의 야합을 통한 식민지화를 뜻하는 것은 결코 아니었다. 널리 알려
진 바와 같이, 이 시기에 요원의 불길처럼 전국 각처에서 거족적으
로 일어난 의병 봉기의 기치(旗幟)는 자주 국권이었고, 의병의 투쟁
대상 또한 일본이었다.[53] 비록, 정부는 무능하고, 관리는 부패할 대
로 부패해 있었지만, 그러나 그것은 고치고 바로잡아야 할 대상일
뿐 혁파(革罷)하고 괴멸(壞滅)시켜야 할 대상은 결코 아니었던 것이
다. 이런 측면에서 볼 때, 「일념홍」의 현실 인식은 당대의 시대 정신
과는 현격한 괴리(乖離)가 있다고 하겠다. 한국의 관리는 철저히 비
난하는 데 반해 일본인은 무조건적으로 선인시(善人視)하거나, 일본

---

52) 이에 대해서는 김영호, 「개화사상」(『한국현대사 6』, 신구문화사, 1971)를 비롯
   하여, 홍일식의 「개화사상」(『한국현대문화사 대계 2』, 고려대 민족문화연구소,
   1976), 신용하의 「한국근대사와 사회 발전」(『한국근대사와 사회변동』, 문학과
   지성사, 1980) 참조.
53) 이에 대해서는 박성수, 「1907~1910년 간의 의병 전쟁에 대하여」, 『한국사연구
   1』(한국사연구회, 1968) 참조.

해군에 자원 입대하여 러일 전쟁에 참전하고 무공을 세우는 것, 그리고 일본 공사가 남의 나라 국사(國事)에 관여하게 하는 것 등이 특히 그렇다. 이것은 『대한일보』의 시대 인식과 뿌리를 같이하는 것이라 하겠는데, 배일(排日) 사상을 가진 대관을 악인시하고, 오히려 친일 매국단체인 일진회(一進會)를 구국의 애국 단체로 미화하는 것들은 그 한 예이다. 다시 말하여, 『대한일보』와 「일념홍」 주인공들은 친일적인 입장을 서슴없이 드러내고 있다는 점에서 서로 같은 시대 인식을 기반하고 있다고 말할 수 있는 것이다.

다음에 보인 인용문 1)은 「일념홍」에서 위기에 처한 홍랑이 일본인 술객과 일본 공사의 도움으로 구출되는 장면이고, 2)는 일본은 한국의 평화를 보호하는 선린국(善隣國)이라는 주장으로 일본의 침략을 사탕발림으로 호도(糊塗)하던 『대한일보』 논설의 일부분이다. 「일념홍」은 1)에서 보는 것처럼, 한국의 관리는 자색이 빼어난 홍랑을 납치하기 위해 하인배를 시켜 홍랑의 가산 집물을 쳐부수게 하는, 부패한 관료로 그려 보인다. 따라서, 지위 고하를 막론하고 한국의 관리는 백성을 사지(死地)로 몰아넣는 횡포를 자행할 뿐, 개화에 아무런 도움이 되지 않는 것으로 지탄하고 매도(罵倒)한다. 이에 반하여, 순사나 공사 같은 일본인 관리는 한국 관리의 이 같은 분탕질 때문에 혼절한 홍랑을 구출해내고, 대관의 만행에 크게 노하여 이를 엄히 꾸짖는, '고의공명(高義公明)'한 인물로 미화시키고 있다.

1) 黃客囑送的悍僕數十輩가 各執短棒ᄒ고 突入鳳巢樓ᄒ야 家山什物을 粉籤他似碎裂破損ᄒ야 敗鱗殘甲이 便成一場戰地光景이오 拿住紅郎ᄒ야 方歐追出門ᄒ야 是不履地일시 行出一弓地ᄒ니 紅娘이 瑞息在肩ᄒ고 香汗滿面ᄒ야 遂爲昏絶ᄒ니 悍輩ㅣ 驚劫ᄒ야 急

用冷水灌口ᄒ고 移時蹭蹬ᄒ야 待其回甦ᄒ고 政遑汲中日本巡査三
人이 頭戴白絨帽子ᄒ고 腰帶三尺軍刀ᄒ고 軒軒昂昂的來到這場上
ᄒ야 觀得這光景ᄒ고 執着那悍輩ᄒ니 悍輩鳥散魚駭어눌 縛得二五
輩ᄒ야 跪坐場上ᄒ야 盤詰得情ᄒ니 果是某大家黃客的囑送子라 ᄒ
야눌, 乃喝退餘輩ᄒ고 拿着悍輩三漢ᄒ야 押送警察署ᄒ고 乃把守
門庭ᄒ야 令家人으로 急救紅娘的性命니 半向方蘇러라 日本警察部
ᅵ 拷問那悍輩ᄒ야 知某大官陰凶之計ᄒ고 函報于公使디 公使ᅵ
大怒ᄒ야 其大官的蠻行ᄒ며 哀憐其紅郎的情景ᄒ야 請邀術客曰 貴
國之風化頹喪이 縱由於政治之腐敗나 今某大官之陰慝悖戾가 實係
國家之興亡이오54)

2) 日本의 韓國에 對ᄒ 至誠은 鬼神이 泣ᄒ홀 만홈이, 天下萬邦이
擧皆 日本의 心事를 洞燭ᄒ며, 日本의 高義를 知悉ᄒ며, 日本의 公
明을 賞讚ᄒ 비언마ᄂ, 獨韓國人士가 比를 洞燭키 不能ᄒ며, 知悉
키 不能ᄒ야 日本을 排斥홈과 如ᄒ니, 엇지 千歲遺憾이 아니리
오.55)

「일념홍」의 이 같은 현실인식은, 2)에서 보는 것처럼, 문명 개화한
일본은 한국의 개화를 위해 귀신마저도 감읍(感泣)할 정도로 지성을
다했고, 따라서 이러한 저간(這間)의 사정을 제대로 알지 못하고 일
본을 배척한다는 것은 '천세유감(千歲遺憾)'이라는『대한일보』의 그
것과 크게 다를 바가 없다. 그러나, 당대 사회의 민중은 일본의 실체
를 너무나 정확하게 파악하고 있었다. 이는, 다음 장에서 자세히 살
펴보겠지만, "일본 제국주의 의존의 급진적 근대화 정책과 이국(異

---

54)『대한일보』1906.2.9.
55) 같은 신문, 1905.8.19.『方今 緊急問題』제하(題下)의 논설.

國) 자본의 간악한 착취에 대한 경계와 비판"56)을 극명하게 보여주는『대한매일신보』의「쇼경과 안즘방이 문답」에서 쉽게 짐작할 수 있다. 주지하다시피, 일본이 귀신마저 놀랄 정도로 지극 정성을 다한 것은 한국의 문명 개화가 아니라, 침략 정책의 일환으로 집요하게 조직적으로 전개한 토지 수탈57)이었다. 이에 따라, 우리의 문전옥답은 일본인의 손에 넘어가게 되고, 그리하여 "강토는 점점 돌아가고 황권(皇權)은 미약ᄒ야" 마침내 '만민이 도탄(塗炭)'58)에 빠져 생존을 위협받는 절박한 위기 상황에 놓이게 되었다. 그럼에도 불구하고,『대한일보』의 논설은 일본의 제국주의적 침략 정책을 문명 개화를 위한 헌신적 봉사라는 궤변을 늘어놓고,「일념홍」의 주인공 또한 일본의 보호 아래 문명 개화를 이룩해야 한다고 맹신, 일본인의 지원 아래 개화운동의 기수로 자처한다.

그러나, 홍랑과 이정이 유학을 마치고 귀국한 후 펼치는 개화운동은 위선과 기만에 불과하다. 이 작품은, 은행·학교·도서관·병원·활판소 같은 갖가지 개화사업을 내세우고 있지만, 그 뒤에는 일본 제국주의의 치밀한 음모를 숨겨 놓고 있다. 날로 거세지는 반일(反日) 감정을 회유하고, 일본의 침략 정책을 정당화시키려는 술책이 그것이다. 앞에서도 지적한 것처럼, 홍랑과 이정은 일본 공사의 도움으로 구출되고, 해외 유학까지 마치게 된다. 그리고, 귀국 후에

---

56) 홍일식, 앞의 책, p.134.
57) 일본이 1905~1910년 사이에 전국 각지에서 무려 2억 3천여 평에 이르는 토지를 약탈하였고, 당대 최대의 곡창인 호남평야를 일본인 농장으로 만들었으며, 그 결과 농촌 인구의 이농 현상이 급증하는 등 농촌 빈민화가 가속되고, 농민의 삶은 더욱 피폐해졌다. 이에 대해서는 홍이섭, 한국근대사(연세대 출판부, 1975), pp.141~144 참조.
58)「쇼경과 안즘방이 문답」,『대한매일신보』, 1905.12.1.

는 일본의 후원으로 문명 개화를 위한 각종 사업을 성공적으로 실시
한다. 다시 말하여, 모든 것이 일본 또는 일본인의 도움으로 이루어
지는 것이다. 따라서, 「일념홍」의 주인공 이정과 홍랑은 그 은혜를
결코 잊을 수가 없고, 또한 은혜에 보답하지 않을 수 없다. 러일 전
쟁이 일어나자, 해군에 자원 입대하여 참전한 이정이 삼군에 용맹을
떨치며 혁혁한 무공을 세우는 것도 일본인의 '고의(高意)'에 대한 보
답에 다름 아니다. 이 같은 '군자적 행동'으로 이정은 '욱일훈장(旭日
勳章)' 수훈이라는 '영광'을 안게 된다. 이정이 받은 이 훈장은 일본
천황이 주는 훈장으로, 이것은 이른바 황국 신민화(臣民化) 정책의
예고라고 볼 수 있는 것이다. 그럼에도 불구하고, 수훈(受勳)에 감격
한 이정과 홍랑은 은혜를 입고도 이를 보답하지 않는 것은 금수와
다를 바 없다[59]면서, 그들을 '구해주고' '유학 보내준' 은인들, 일본인
술객과 공사를 찾아가 보은(報恩)한다. 바꿔 말하여, 개화는 일본의
후원 아래, 신교육을 받은 개화주의자들에 의해 비로소 성공적으로
이루어질 수 있고, 일본은 한국의 개화를 위해 이러한 일을 도와주
는 공명한 선린 국가요, 따라서 한국은 일본의 '고의(高義)'를 '지슬
(知悉)'하여 보은함이 마땅하다는 것이다.

이와 같은 왜곡(歪曲)된 시대 인식은 일본의 입장에서 러일 전쟁
을 바라보고, '일진회'를 애국적인 단체로 미화하는 데서 보다 분명
하게 그 실체를 드러낸다.

　1) 且說 那大官이 耿耿不忘紅郎之顔色ᄒᆞ고 日俄開仗以後에 大
爲含憾於日本ᄒᆞ고 暗抱排日之思想ᄒᆞ야 傾盡家貲ᄒᆞ고 密差心腹ᄒᆞ
야 秘密聯絡 於俄公使之寓在上海者ᄒᆞ며 且探日本之情形ᄒᆞ야 報于

---

59) 『대한일보』 1906.2.17. "吾門이 竝受其恩ᄒᆞ니 有恩而不報者ᄂᆞᆫ與禽獸無異라"

俄軍ㅎ야 熱心周施ㅎ야 無所不至러니 其心腹이 竟以俄探으로 發
于口招ㅎ야 逮捕于官憲ㅎ야 監禁一個年餘d[纔得放免ㅎ야 逐於田
里러니 不悛舊習ㅎ고 侵虐人民ㅎ야 剝奪財産이라가 屢逢一進會之
忠告라 然이나 意甚驕傲而常有不平之心이러니 率其家丁ㅎ고 打破
會所ㅎ야 打殺一會員이라 於是에 爲會員告發ㅎ야 押囚于平理院ㅎ
고 猛施革鞭ㅎ야 盡得其情ㅎ야 將宣告以終身役일시 政所謂仇家相
逢獨木橋라 術客이 徘徊仿偟ㅎ야 日夜腐心이러니 聞得那大官이
乃以李郞誣獄之宿案으로 自爲代言人ㅎ야 呼訴于漢城府ㅎ야 乃請
公開裁判ㅎ고 與以對質ㅎ니 大官之前後罪惡이 現露無隱이라 乃以
二罪俱發로 乃發處絞宣告ㅎ니 一世之人이 大爲爽快라 此所謂天網
恢恢에 疎而不漏歟아[60]

2) 여러분이 나를 죽일지라도 너물이나 ᄃ 드른 후에 죽이시오
여러분동포가 의리를 잘못잡고싱각이 그릇드러서 요순갓흔황뎨폐
하 칙령을 거스리고 흉긔(凶器)를 가지고 산야로 출몰ㅎ며 인민의
지산을 강탈ㅎᄃ가 슈비디 일병 ᄉ십명만 맛나면 슈십명 의병이
더댱치못ㅎ고 패ㅎ야 ᄃ라나거ᄂ 그럿치 아니ㅎ면 ᄉ망 무슈ㅎ니
ㅎᄂ 일은 국민의 싱명만 업시고 국가 힝정상에 ㅎ만 끼치ᄂ 일이
라 무어슬 취ㅎ야 이런 일을 하시오 ᄶ 동포의마음에 국권을 일은
거슬 분ㅎ게 여긴ᄃㅎ니진실로 분ㅎ마음이 잇슬진더 먼져국권일
흔 근본을살펴보고 쟝ᄎ 국권이 회복될일을 ㅎᄂ거시 오른일이라
우리나라 슈십년니 학경(虐政)을 싱각ㅎ면 이빅셩의싱명이 이문치
남은거시 뜻붓기요 이ᄂ라가 멸망의화를면ㅎ거시 그런디힝ㅎ 일
이업소 우리나라 슈십년니 학경은여러분이 ᄃᄶ치 둥ㅎ일이니 무
르실 리가 업스나 나는 ᄂ ㅣ집에셔 당ㅎ던일을 말슴ㅎ리ᄃ 내 션

60) 같은 신문, 1906.2.15.

인도 즈ㅣ물량이나 잇눈고로 강원감영애 잡혀가셔불효부대로 몰
려서 미못고죽은일도잇고 그일로 인연흐야 집안화패가 무수흐얏
스니 셰샹에 학졍갓치 무서운거슨 업숩듸드61)

이 작품에서, 일진회는 사실과는 다르게 미화되어 있다. 1)에서 보
는 것처럼, 대관은 구습을 뉘우치지 못한 채 여전히 백성의 재산을
약탈하다가 일진회의 충고를 여러 차례 받게 된다. 1905년, 한국은
일본의 보호를 받지 않을 수 없다는 내용으로 된 이른바 '일진회 선
언서'62) 운동을 벌이던 일진회가 오히려 부패한 정부 관리를 충고하
는 애국적인 집단으로 탈바꿈하여 그려져 있는 것이다. 뿐만 아니라,
평소 배일(排日) 사상을 품고 러시아 공사와 비밀 연락, 일본군 정황
을 러시아군에 알려주는 대관의 반일 활동 또한 일진회의 충고 대상
이다.

이것은 1905년을 전후하여 일본 제국주의의 침략을 분쇄하기 위
해 전국 곳곳에서 봉기한 의병을 '폭도'로 매도하는 이인직의 현실
인식과 다를 바 없다. 2)에서 보는 것처럼, 「은세계(銀世界)」에서의
의병은 홍기를 들고 산야로 출몰하며 인민의 재산을 강탈하는 '폭도'
로 묘사되어 있고, 따라서 의병의 항일 투쟁은 국민의 애꿎은 생명
만 없애고 국가 행정에도 해악만 끼치는 일에 불과한, 백해무익의
망국적 행위로 비하(卑下)한다. 호가호위(狐假虎威) 일진하며 매국
사업을 불세 대공처럼 자처하는 일진회63)의 매국적 행동에 분개하
여 자신의 가복들을 시켜 일진회 집회소를 쳐부수고 일진회 회원 한

---

61) 『銀世界』, 총서 1-3, p.221~223.
62) 『제국신문』 1905.11.7. 「雜報欄」 기사 참조.
63) 「時局可笑」, 『대한매일신보』 1908.2.20.

명을 타살케 한 일을 빌미 삼아서 대관을 교수형시키는 것 또한 마찬가지이다. 반일사상이나 일본의 보호정책에 반하는 행위는 일본의 '고의 공명'을 통촉하지 못하고 제대로 알지 못하는 데서 비롯하는 것으로, 문명 개화에 도움이 되기는커녕 오히려 장애가 되고, 따라서 대관의 처형은 세상사람들 모두 상쾌하게 여길 일이라고 추겨세우는 것이다.

이 작품이 발표된 1906년은, 주지하는 바와 같이, 의병의 반일 항쟁이 전국 곳곳에서 펼쳐졌던 때이다. 그럼에도 불구하고, 「일념홍」의 홍랑과 이정은 이 같은 움직임과는 달리, 일본의 후원에 의한 개화운동을 부르짖고 있다. 이는 일본의 대한 정책의 본체가 제국주의적 침략 정책임을 꿰뚫어 보지 못하고 문명 개화국의 호의적 지원이요 선린 우호적인 보호정책으로 곡해한, 또는 의도적으로 왜곡한 작가의 현실 인식에서 비롯된 것이다. 바꿔 말하여, 이정과 홍랑의 이 같은 태도는 일본에 대한 반감과 항일 의식을 희석시키고, 을사조약 이후에 전개된 일본의 대한(對韓) 보호정책을 필연적이며 당위적인 것으로 인지시키려는 작가의 친일 행위에 다름 아니며, 따라서 이 작품은 일본의 대한(對韓) 식민화 정책을 합리화하고 촉진시키기 위해 쓰여진 "친일적 목적 소설의 전범(典範)"64)이 된다고 볼 수 있다. 이런 점에서, 이 작품에 나타난 작가 의식은 반(反)민족성을 띤 패배적 개화의식이라고 말할 수 있는데, 이것은 이 시기 신문 연재소설의 성격을 규정짓는 요인 가운데 하나라고 지적할 수 있다.

---

64) 정덕준, 「자의적 순응과 패배의식-개화기소설에 나타난 작가의식」, 『한국언어문학』 19집, 1980. p.224.

3. 愛國啓蒙期 漢文小說의 小說史的 位置

애국계몽기의 사회 현상 중에서 가장 두드러진 변화 가운데 하나
는 새로운 문체의 등장이다. 『황성신문』을 비롯한 신문과 「서유견문
(西遊見聞)」 등에서 사용되기 시작한 국한문 혼용체는, 비록 소설의
주요 문체로는 자리잡지 못하지만, 그러나 그 실용적 기능이 대단하
여 신문에서 주로 사용하는 문체로 확립되어 갔다. 앞에서도 살펴본
바와 같이, 한문 소설 작품은 현토 한문 문장으로 이루어져 있다. 「신
단공안」과 「잠상태」는 중국의 백화문체(白話文體)에 가깝고, 「용함
옥」은 이들에 비해 한문체의 전통성을 지니고 있지만, 이들 작품 모
두 순수 한문체가 아니라 현토 한문의 국한문 혼용체라는 점에서 서
로 같다. 이는 신문 연재에 따른 한문 소설의 대중화 경향과 깊은 관
련이 있다. 앞에서도 언급한 것처럼, 이 시기 한문 소설의 발표 지면
은 신문이라는 대중 매체였고, 당대 사회의 신문 독자층은 유학이나
한학에 대한 소양을 갖춘 계층이 우세했다. 따라서, 이 시기 신문에
연재된 한글 표기의 문장은 이러한 계층의 독자들을 완전히 포섭할
만큼 아직은 충실하지 못했고, 특히 전통적인 한문 문장에 비해 심
중한 맛이 적기 때문에 재래 독자의 기호를 만족시킬 수 없었다. 그
러하기에, 당대의 신문이나 작가들은 이러한 독자층의 독서 취향에
부합하는 현토 한문의 문장을 사용하는 현상이 자연스럽게 나타나
게 된 것이다. 이 시기 한문 소설이 회장체 형식으로 이루어진 것이
나, 장편소설화 경향을 띠는 것(이 시기의 한문 소설은 「신단공안」
처럼 단편들을 묶은 것이라 하더라도 그것들을 장편 형식으로 발표
하고 있다) 또한 신문 연재와 밀접한 관련이 있다.

애국계몽기 한문 소설이 내용에 있어서 전근대적 성격을 띠고 있

다는 것 또한 두드러진 특색으로 지적할 수 있다. 이 시기 신소설 작품이 표면적으로나마 자유 연애라든지 근대 교육과 근대 문물에 관한 예찬, 남녀 평등 같은 문제들을 소재로 하여 개화사상을 고취하려고 한 것과는 달리, 한문 소설은 소재와 내용 면에서 고소설의 테두리를 크게 벗어나지 못하고 있다.

「용함옥」은 고소설의 구성 방법을 그대로 답습(踏襲)하고 있다. 이 작품은 이야기 전개나 설정된 상황 등이 「옥단춘전」과 거의 같다. 두 소설 모두 남자 주인공은 위기를 극복하고 과거에 급제하여 높은 벼슬을 하게 되며, 도움을 준 여자 주인공과 해로하는 '행복한 결말'로 끝맺는다. 이런 점에서, 「용함옥」은 「옥단춘전」과 매우 유사한 구성을 갖는 고소설적인 애국계몽기 한문 소설의 한 전형을 보여주는 작품이라고 할 수 있다. 「용함옥」이 노복의 충절을 강조한 것도 한 특색으로 볼 수 있다. 고소설에서의 노복은 흔히 방자형의 인물로 그려지고 대체로 상전을 골탕 먹이는 해학적인 인물로 설정되어 있는 데 반해, 이 작품의 노복은 상전을 보필하지 못한 책임감으로 자살한다. 비장하게 죽음을 택하는 노복은 고소설에서는 극히 드문 인물 설정이다. 이밖에도, 이 작품은 대부분의 애국계몽기 한문 소설이 백화문체의 현토식 한문으로 표기된 것에 비해, 한문체의 문장의 전통성을 여전히 지키고 있는 특징을 갖는다.

「잠상태」는 결구(結句)도 없는 미완의 상태에서 그 연재가 중단된 작품으로, 우연성이 거의 없는 사건의 인과율에 따라 작품이 구성되는 특색을 지니고 있다. 이 작품은 인물 묘사를 비롯하여, 이야기 전개 방식, 그리고 상황 설정 등이 고소설 「영영전」과 거의 일치한다. 「잠상태」는 「운영전」이나 「영영전」과 같은 애정소설의 소설사적 전통을 다시 되살리려고 한 작품으로, 이 시기에 고소설을 개작(改作)

하는 일들이 상당히 성행하고 있었음을 보여주는 한 예라고 할 수 있다.

「용함옥」과 「잠상태」는 고소설의 이야기 전통을 본받고 있지만, 그러나 그 방식은 다르다. 「용함옥」은 전체적으로는 「옥단춘전」과 유사하면서도 서두 부분이나 결말 부분에서 부분적으로 「구운몽」이나 「춘향전」 등 여러 고소설을 모방하고 있는데 반해, 「잠상태」는 「영영전」의 이야기 구성을 그대로 답습하고 있는 점에서 구별된다.

「신단공안」은 공안류 소설로, 인물 설정이나 배경, 남녀 주인공의 만남과 인연 등 전기소설의 구조적 특성을 그대로 답습하고 있다. 이것은 애국계몽기 한문 소설이 전기소설과 시종(始終)의 관계에 있음을 드러낼 뿐 아니라, 이 시기 한문 소설의 소설사적 의의를 규명하는 하나의 단서이면서 이 작품의 두드러진 특징을 이루고 있다. 또한, 이 작품은 공안 사건을 소재로 삼아 사회상을 반영하고자 노력하고 있다. 그러나, 「신단공안」은 전래되던 공안담(公案談)을 새롭게 개작한 점에서 당대의 사회상을 충실히 반영했다고 보기 어렵다. 「신단공안」의 특징은 특이한 이야기 전개 방식에 있다. 이 소설은 재자 가인 소설에서 흔히 보는 '위기→ 고난(이별) → 재회'의 구조가 아니라, '위기 → 죽음'으로 이야기를 전개한다. 이는 이전의 한문 소설의 이야기 형식과는 다른 것으로, 이야기를 생소하게 만들어 독자의 호기심을 유발하고자 하는 기법적 변화에서 연유한 것이다. 이밖에도, 작품 말미에 평어(評語)를 덧붙여 작의(作意, 또는 주제)를 내보인다거나, 고소설에서와는 달리 화상(和尙)을 악한으로 등장시킨 점, 남녀간의 욕정과 이에 따른 갈등을 소재로 한 점도 이 소설의 특징으로 지적할 수 있다.

그리고, 「일념홍」은 신소설 작품들이 흔히 다루고 있는 주제적·

제재적 요소를 다양하게 보여주는 신소설의 원형적 요소를 지닌 작품으로, 고소설에서 신소설로 이행해 나가는 과도기적 특성을 드러내고 있다. 이 작품은 구성 면에서는 「옥루몽」의 구성적 특성을 모방한 듯한 짜임새를 보이는 데 비해, 내용 면에서는 「혈의 누」의 내용적 특성인 친일적 시대 인식을 그대로 내보이고 있다. 또한, 이 작품은 반(反)민족성을 띤 패배적 개화의식을 나타내고 있는데, 이는 작가의 위장된 개화의식에서 연유하는 것으로서 이 시기 신문 연재소설의 성격을 규정짓는 하나의 요인이라고 지적할 수 있다.

앞에서 살펴본 애국계몽기 한문 소설은 전기소설에서 출발하여 조선 후기까지 이어져 온 한문 소설의 전통을 마감하는 성격을 지닌 작품들이라 할 수 있다. 그러나, 한편으로는 이들 작품은 전기소설의 구조적 특성을 계승, 그 내용이나 성격에 있어 다분히 전통 양식에 의거하고 있다는 점에서 한문 소설사의 전통을 확인하는 데 좋은 자료가 되고 있다. 그러나, 당대의 개화·계몽 의지를 동시에 반영하고 있다는 점에서 과도기적인 성격을 지니고 있다. 이 점이 바로 애국계몽기 한문 소설이 지니는 중요한 특성이며, 소설사적 의의라고 할 수 있다. 이 시기 한문 소설의 문학사적 의미는 전통 양식의 한문 소설을 국한문 혼용의 현토 한문으로 변형시킴으로써 결과적으로 신소설의 등장에 가교 역할을 담당했다는 점에 있다.

III. 討論體小說의 愛國啓蒙的 特質

1. 愛國啓蒙期 토론체 소설의 前史

애국계몽기 문학에 대한 연구는 전대 문학과의 관련성이나 이광
수 문학 등 후대 문학과의 관련성에 대해서 지속적으로 진행되어 왔
다. 이 시기 주된 흐름을 대표하는 신소설과 고소설의 유형적 특질
에 대한 규명1)과 함께, 전대의 '전(傳)' 양식과 애국계몽기에 나타난
'인물고(人物考)'와 관련하여 역사·전기체 소설을 새롭게 규명하거
나, 전대의 한문 단편이나 야담의 전통이 애국계몽기 문학에 미친
영향을 규명한 경우2), 애국계몽기 한문 소설의 고소설적 요소와 변
화된 요소에 대한 논의3), 그리고 애국계몽기 몽유록(夢遊錄)과 전대

---

1) 조동일, 『신소설의 문학사적 성격』, 한국문화연구소, 1973.
   유우선·김춘섭, 「개화기소설에 수용된 고대소설의 구조 유형」, 『용봉논총』 12
   집, 전남대, 1982.
2) 김영민, 『한국근대소설사』, 솔, 1997.
   한기형, 「한문 단편의 전통과 신소설」, 『민족문학사연구』 4, 창작과비평사,
   1993.

몽유록계 소설과의 계기적(繼起的) 고찰4) 등이 그것이다. 이 중에서 애국계몽기 신문에 연재된 토론체 소설과 관련하여 애국계몽기 몽유록의 공통 특질인 몽유 세계의 '토론'의 성격에 대해서 구체적으로 검토해 보고자 한다.

애국계몽기 토론체 소설은 그 담화 양식에 따라 대화체 소설 양식과 연설체 소설 양식으로 나눌 수 있다. 대화체 소설 양식의 대표적인 작품에는 『대한매일신보』에 연재된 「소경과 안즘방이 문답」(1905)과 「거부오해(車夫誤解)」(1906), 『대한민보』에 실린 「절영신화(絶纓神話)」(백치생, 1908) 등이 있다. 연설체 소설 양식에는 안국선(安國善)의 「금수회의록(禽獸會議錄)」(1908)을 비롯하여, 「경세종(警世鐘)」(김필수, 광학서포, 1908), 「병인간친회록(病人懇親會錄)」(굉소생, 1909), 「자유종(自由鍾)」(이해조, 광학서포, 1910), 「금수재판(禽獸裁判)」(『대한민보』, 1910), 「천중가절(天中佳節)」(작자 미상, 1913) 등이 있다. 대화체 소설은 당대 사회의 소외 계층 인물들의 대화나, 양반과 상놈 사이의 대화를 통해 이 시기에 이루어진 개화정책의 본질과 허상(虛像)을 비판하고 있으며, 연설체 소설은 인간과 동물, 정상인과 비정상인, 남자와 여자의 갈등구조 속에서 주로 소외된 자의 입장에서 당대 사회의 모순을 문제삼고 있다. 몽유록계 소설의 전통과 관련하여, 이 시기에 생산된 작품으로는 대화체 소설 양식에 해당하는 「몽견제갈량(夢見諸葛亮)」(유원표, 광학서포, 1908)과 「몽배금태조(夢拜金太祖)」(박은식, 1911), 그리고 발표 시기는 늦지만 연

---

3) 송민호, 『한국 개화기소설의 사적 연구』, 일지사, 1986.
4) 정학성, 「몽유담의 우의적 전통과 개화기 몽유록」, 『관악어문연구』 4집, 1979. 서대석, 「몽유록의 장르적 성격과 문학사적 의의」, 『한국학논집』 3, 계명대 한국학연구소, 1975.

설체에 해당하는 「만국대회록(蠻國大會錄)」(송완식, 동양대학당, 1926.
2) 등이 있다.5)

대화나 토론의 형식적 특징은 우리 문학사에서 오랜 역사를 지니
고 있다. 특히, 조선 중기 몽유록계 소설은 시대의 혼란상이나 작가
의 현실 태도 면에서 애국계몽기 몽유록계 소설과 유사한 면이 많
다. '몽유(夢遊)'의 형식을 빌려 시대에 대한 불만과 비판을 우회적으
로 토로하는 방식이 그것이다. 물론, 애국계몽기 소설에 나타나는
대화나 토론이 모두 '몽유(夢遊)'의 형식을 빌린 것은 아니나, '토론'
의 양식을 차용하고 있다는 점에서 이 역시 전대 소설의 영향권에서
자유로운 것은 아니다.

몽유록에 대한 연구는 김태준(金泰俊)의 『조선소설사(朝鮮小說
史)』(학예사, 1939) 이후 여러 고소설사(古小說史)에서 진행되어 왔
다.6) 그러나, 몽유록은 장덕순(張德順)7)에 의해 독립된 하나의 양식
으로 설정된다. 이후 몽유록에 대한 연구는 당대 전기(傳奇)와의 관
련성과 몽유록의 내용적 특질, 몽자류 소설과의 이질적인 측면, 작
가와 작품 문제 등을 개괄하고자 했다. 지금까지의 몽유록 연구는

---

5) 신채호의 「꿈하늘」은, 창작 시기는 1916년 3월로 보고 있으나, 그의 20년대 작품
   인 「용과 용의 대격전」과 함께 '신소설' 또는 '1910년대 소설'로 분류하기도 어려
   운 문제가 있다. 그 이유는 1910년대 이후 신채호의 소설들은 우리 소설사 속에
   서 다른 작가들과 어울려 일정한 계열을 형성한다기보다는 그만의 독특한 소설
   세계를 구축하고 있기 때문이다. 그런데, 「꿈하늘」은 오히려 애국계몽기 역사·
   전기체 소설의 맥락을 이어받고 있다(김영민, 앞의 책, pp.297~320 참조).
6) 이에 대한 주요 논저를 보이면 다음과 같다.
   박성의, 『한국고대소설사』, 일신사, 1948.
   주왕산, 『조선고대소설사』, 정음사, 1950.
   신기형, 『한국소설발달사』, 창문사, 1960.
   정주동, 『고대소설론』, 형설출판사, 1969.
7) 장덕순, 「몽유록 소고」, 『동방학지』 4, 연세대 동방학연구소, 1959.

이상의 제 문제를 각기 심화 발전시켜 왔는데, 그 결과 몽유록과 몽자류(夢字類) 소설의 유형적 특성을 구별하게 되었고,8) 몽유록의 장르적 성격을 허구적 교술(敎述) 내지 서사적 교술 장르로 규정하기도 했으며9), 몽유록 작품을 15~16세기 관료 정치의 모순에 대한 사대부들의 좌절을 표출한 것으로 이해하게 되었다.10)

몽유록에 대한 연구는 몽자류 소설의 연구 과정에서 파생된 것이다.11) 지금까지 새로운 자료의 발굴이나 이본(異本) 대비, 작가 고증 및 작품 내용과 관련된 역사적 사건과 인물 재구(再構) 등의 실증적 연구와 함께, 몽유록의 주제적 측면에서 현실에 대한 불만, 이상향의 추구, 허무주의 등이 지적되어 왔다. 그러나, 몽유록의 유형별 특성을 비교하는 작업이 가장 중심되는 과제였다. 이런 작업 중에서 특히 개화기 토론체 소설과 관련하여 조선 중기 몽유록의 주된 특징인 '모임'의 성격을 분석한 신재홍12)의 글이 주목된다. 그는 몽유록의 서술 구조를 분석함으로써 몽유록의 구조적 변천을 추적하고자 했는데, 이 외에도 몽유록이 다른 소설 작품에 미친 영향 관계, 즉 몽유록의 소설적 변용(變容)의 문제, 그리고 주제적 연구에 있어서 '시연(詩宴)'의 성격을 밝혀 보인다. 그는 '몽유 양식'을 '몽유를 중심 모티브로 한 산문체의 문학 양식'이라 규정한 후, 몽유설화(夢遊說話) · 몽유록 · 몽유전기류(夢遊傳奇類) · 몽기류(夢記類) · 몽자류 소

---

8) 차용주, 「몽유록과 몽자류 소설의 동이(同異)에 대한 고찰」, 『논문집』 3, 청주여사대, 1974.
9) 서대석, 앞의 글.
10) 정학성, 「몽유록의 역사의식과 유형적 특질」, 『관악어문연구』 2, 서울대, 1977.
11) 몽유록의 장르 규정에 대해서는 정한표의 「몽유록의 장르 규정」(『한국문학사의 쟁점』, 집문당, 1986) 참조.
12) 신재홍, 「몽유록의 유형적 고찰」(국문학연구 제75집), 서울대 석사학위 논문, 1986.

설로 하위 구분하고 있다. 물론, 이들 하위 영역이 명확히 구분되는 것은 아니며 또 구분 기준도 명확한 것이 아니지만, 체계화라는 측면에서 참고할 만하다. 신재홍이 구분한 하위 영역 중에서 몽유설화는 꿈을 소재로 한 이야기로, 꿈속의 세계가 어느 정도 서사적인 줄거리를 갖춘 「조신몽(調信夢)」(『삼국유사』 소재)이 대표적이다. 그리고, 몽유전기는 당대 전기의 아류 내지 영향 안에 있었던 『금오신화(金鰲神話)』 중에서 「취유부벽정기(醉遊浮碧亭記)」, 「남염부주지(南炎浮洲志)」, 「용궁부연록(龍宮赴宴錄)」을 의미하고, 몽기류는 한문학의 잡기류로 분류되는 작품들을 말한다. 이밖에, 몽자류 소설은 몽유의 모티브가 변질되어 적강(謫降) 모티브로서 작품 구조를 지배하고 있는 『구운몽(九雲夢)』과 『옥루몽(玉樓夢)』이 그 대표적인 작품이다.13) 몽유록은 「대관재몽유록(大觀齋夢遊錄)」을 비롯하여, 「원생몽유록(元生夢遊錄)」, 「금생이문록(琴生異聞錄)」, 「달천몽유록(達川夢遊錄)」, 「피생명몽록(皮生冥夢錄)」, 「강도몽유록(江都夢遊錄)」, 「금화사몽유록(金華寺夢遊錄)」, 「사수몽유록(泗水夢遊錄)」, 「안빙몽유록(安憑夢遊錄)」, 「몽결초한송(夢決楚漢訟―일명 「諸馬武傳」)」, 등이 이에 속한다. 특히, 애국계몽기의 「몽견제갈량」(유원표, 1908), 「몽배금태조」(박은식, 1911), 「꿈하늘」(박은식, 1916) 등도 여기에 속한다.

그러나, 어떤 경우이든 몽유를 중심 모티브로 하는 이야기는 대체로 '어떤 사람이 잠이 들었는데, 어느 이상한 곳에 이르러 이상한 경

---

13) 신재홍은 「운영전」(일명 「수성궁몽유록(壽聖宮夢遊錄)」)을 '고대소설'로 처리하고 있다. 그에 의하면, 「운영전」은 몽유록의 '시연'과 '토론'의 전통을 이어받으면서도 특히 단편적인 토론의 내용을 사건의 인과적 계기를 통한 서사적 이야기로 발전시키고 있다. 이에 대해서는 신재홍, 앞의 논문, pp.62~65 참조.

험을 하고 잠에서 깨어났다.'는 기본 줄거리를 가지고 있다. 그러므로, 이것 자체가 몽유록을 다른 하위 영역과 구별시키는 근거가 될 수 없기 때문에 입몽(入夢)과 각몽(覺夢)으로 둘러싸인 '몽유 세계'가 중요하다고 할 수 있는데, 그 특징 중 하나가 '모임'의 성격이다. 대표적인 몽유록계 소설인 「원생몽유록」에서도 몽유자인 원자허가 꿈속에서 한 남자의 인도로 왕과 다섯 명의 신하가 '모두 모여 있는(咸聚一處)' 장소에 다다르게 된다. 몽유자는 모임에 참여하거나 단순히 방관자로 모임의 전개 과정을 지켜볼 수도 있다.14) 전개 과정은 '몽유자의 인물 설정 → 입몽 → 몽유자의 성격 제시 → 몽유 세계 → 각몽'의 순서이다. 여기에서 '몽유 세계'만을 더 세분하면, '인도 및 좌정(坐定) → 대화를 통한 토론 → 토론의 진정, 혹은 잔치의 배설(排設) → 시연(詩宴) → 시연의 정리' 순서로 진행되는데, 여기에서 몽유록 일반이 지닌 모임의 성격을 가장 잘 드러내는 것이 토론과 시연이다. 작품에 따라서는 토론과 시연, 그리고 연희가 각기 달리 강조되기도 하지만, '토론' 부분은 모임의 성격과 작품의 주제가 드러난다는 점에서 가장 중요하다고 하겠다.

토론의 내용은, 유교의 정도(正道)를 강조하고 있는 「금생이문록」에서도 알 수 있듯이 기존 유교적 이념과 현실의 괴리가 갈등의 근본 원인이다. 토론이 갈등을 표출하는 한 수단이 된 셈이다. 그러나, 갈등이 기본적으로 유교적 이념에 대한 철저한 신뢰를 바탕으로 하고 있기 때문에 현실 모순의 다양한 계기들을 포착해 내지는 못한다. 사실, 갈등은 지속적이거나 발전적인 양상을 보여 주지 못하고 단지

---

14) 서대석, 앞의 글, pp.2~7. 그는 여기서 몽유록을 방관자형·참여자형·주인공형으로 구분한 후, 특히 그 모임에 참석한 인물들이 역사상 실존했던 인물들임을 몽유록의 특징으로 지적하고 있다.

단편적으로 제시될 뿐이며, 등장 인물들이 모두 현실에서 좌절당하고 실패했지만 유교적 가치의 절대적인 기준에 의해 이미 시비는 정해져 있다. 따라서, 등장 인물들은 상호간에 대립을 보이기보다는 각자 자신의 좌절을 안으로 삭이며 스스로 위무(慰撫)할 따름이며15), 이런 점에서 그들의 갈등은 현실의 계기가 사상된 '장식적인 갈등'에 불과한 것이다. 다만, 이런 '장식적인 갈등'을 통해 갈등의 근본 원인이 바깥 현실 세계에 엄존해 있다는 사실을 역설적으로 보여 주게 되는데, 이 점은 기존 연구에서 지적된 바와 같이 몽유록의 향유층이 몽유록을 우언(寓言)으로 수용했다는 사실을 반증하고 있다.16)

몽유록의 주제 의식을 '우언(寓言)'과 관련하여 집중적으로 규명하고 있는 최근의 연구도 이런 점에서 주목된다.17) 신해진은 기존 연구 성과의 연장선에서 몽유록을 '꿈에 기탁(寄託)하여 허구화하는 수사 방식 곧 몽유 구조를 형식적 그릇으로 삼아 작가가 전달하고자 하는 우의를 담은 이야기'로 규정한다. 몽유록은 16세 말엽에 전성기 또는 완성기를 맞이한다. 몽유록의 전형적인 작품인 「원생몽

---

15) 신재홍은 몽유록의 전개 과정 중에서 '시연' 단계를 '갈등의 내면화'로 파악한다. 이런 내면화의 과정이 설정됨으로써 몽유록은 양식적인 파탄, 다시 말해서 몽유록의 작가 의식이 교술적인 측면으로만 일방적으로 나아가 몽유록 자체가 하나의 논설이나 기록물로 전락하게 되는 것을 면하게 되었다고 본다. 이 점이 애국계몽기 토론체 소설과의 차이일 것이다.
16) 이에 대한 주요 논저를 보이면 다음과 같다.
　　정학성, 「몽유록의 역사의식과 유형적 특질」, 『관악어문연구』 2, 서울대 국문과, 1977.
　　유종국, 『몽유록 소설 연구』, 아세아문화사, 1987.
　　장효현, 「몽유록의 역사적 성격」, 『한국 고전 소설론』, 새문사, 1990.
　　신재홍, 『한국 몽유 설 연구』, 계명문화사, 1994.
　　양승민, 「우언의 서술방식과 소통적 의미」, 고려대 석사학위 논문, 1996.
17) 신해진, 『조선 중기 몽유록의 연구』, 박이정, 1998.

유록」, 「금생이문록」, 「달천몽유록」은 물론이고, 토론의 성격이 강
조된 「강도몽유록」이나 「피생명몽록」 등도 모두 이 시기에 창작된
다. 조선 중기 몽유록은 이 작품의 창작 계층인 사림파(士林派)의
등장에 따른 정치·사회적 변화와 밀접한 관계를 맺고 있다. 몽유록
이 창작된 16세기 중후반은 임병(壬丙) 양란을 전후한 시기로, 애국
계몽기 사회 상황과 비슷하게 매우 혼란하고 불안한 시기였다. 성리
학(性理學)이라는 중세적 지배 이데올로기의 모순이 심화되고, 정치
적으로는 훈구파(勳舊派)에 맞서 재야의 사림파가 성리학의 도학 정
치 이념을 내세우며 정계에 진출한 이후 훈구파와 사림파간의 갈등
이 노골적으로 표출되는 시기였다. 사림파가 정권을 잡은 이후에도
각종 분파(分派)를 조성하면서 그 모순은 오히려 심화되었다. 이런
상황 속에서 몽유록은 이 시기에 집중적으로 생산되는데, 몽유록은
소외된 사람들이 역사 과정에 참여하고자 하는 의지를 가지고, 자신
들의 갈등과 신념을 표출하기 위해 허구적 서사 유형을 그들 나름
의 사고 방식과 문예 전통인 우언에 의해 변형 창작한 것이다. 이런
관점에서는 몽유자와 작가의 친연성(親緣性), 그리고 작가의 정치·
사회적 입장이 주목될 수밖에 없다.

  애국계몽기에 창작된 작품은 아니지만, 몽유록계 서사 양식의 전
통을 확인할 수 있는 작품으로 신채호(申采浩)의 「꿈하늘」(1916)을
들 수 있다. 이 작품은, 1920년대 무정부주의적 시각에서 민중 혁명
론의 전망을 드러낸 「용과 용의 대격전」과는 달리, 부르주아 민족주
의와 영웅주의적 사관(史觀)의 입장에서 환상적이고 우의적인 수법
으로 무장 투쟁에 의한 민족 해방의 전망을 드러내고 있다. 작품 속
에서 '암살' 등의 용어가 노골적으로 쓰이기도 했다. 그러나, 작가는
민중적 자각이 부족한 현실에서 이상과 현실간의 괴리(乖離)를 느낄

수밖에 없었으며, 그 결과 꿈이라는 낭만적 수법을 통해 자신의 이념을 드러냈다. '자유하지 못하는 몸이니 붓이나 자유하자고 마음대로 놀아'(「꿈하늘」 序)라는 표현이나, '이 글을 꿈꾸고 지은 줄 아시지 말으시고 곧 꿈에 지은 글로 아시옵소서'라는 표현에서 알 수 있듯이, 작가는 일제의 검열로부터 자유로운 망명지 중국에서 자신의 이념을 마음껏 토로하고 있다. 이 작품에서, 항일 투사의 형상을 지닌 몽유자 '한 놈'은 작가의 분신으로서, 천국과 지옥을 넘나들며 역사적 인물들을 만나 배우고 싸우면서 참된 애국자로 변모해 간다. 여기에서 여러 시대의 다양한 역사적 인물들을 만나는 몽유록의 유구한 전통을 확인할 수 있다.

그리고, 몽유록계 작품은 아니지만, 이 시기의 토론체 소설의 성격을 지닌 작품에도 조선 중기 몽유록의 전통이 재창조, 변형되고 있다. 안국선의 「금수회의록」과 이해조의 「자유종」, 김필수의 「경세종」이 그것이다. 「금수회의록」은 육지와 바다, 그리고 공중에 날아다니는 여러 동물들이 '한 자리에 모여'(모임) 회의를 열고 토론하면서, 봉건 관료의 부패, 일제의 무도함 등 동물보다 못한 당대 인간사회의 모순과 비리를 폭로 풍자하고 있다. 전대의 몽유록에서는 작가와 동일시되는 몽유자가 과거의 역사적 인물들이 모인 장소에서 관찰자적인 자세를 취하는 경우가 있는데, 「금수회의록」에서도 작가인 서술자는 '인류를 논박할 일'이라는 표제(標題)를 내걸고 벌어지는 동물들의 회의 광경을 듣고 그 내용을 기록하는 방식을 취한다. 특히, 우화의 형식은 「화왕계(花王戒)」 이후 가전체(假傳體) 양식의 전통과 함께18) 전대 몽유록 소설의 '우의' 전통을 확대 심화한 것이

---

18) 박태상, 「안국선의 '금수회의록' 연구」, 『연세』 16호, 1982.

다. 이 작품은 등장한 동물들간의 갈등보다 각 동물이 순차적으로 등장하여 자신의 심정을 토로함으로써 작가의 일방적인 이념을 표출할 뿐 아니라, 서사 과정보다는 논리 과정을 중시하는 한계를 드러내고 있다. 하지만, 이 또한 인물들간의 갈등이 희박한 전대 몽유록계 소설의 토론 양상과 일치한다.19) 다만, 등장 인물들이 자신의 이념을 내면화하지 않고 직설적인 이념 토로로 일관한다는 점이 애국계몽기 소설에서 보이는 토론의 특징이다.

「경세종」은 「금수회의록」과 마찬가지로 기독교적 교훈을 강조하는 점은 비슷하지만, 작품 서두에 등장한 인물들이 동물 회의의 관찰자와 비판의 대상을 겸하고 있는 점이 다르다. 그들은 제1장에서 "마음이 고상하고 성품이 패려(悖戾)"20)한 상태로 등장하며, 작품 말미에서는 동물들로부터 "한 편에 숨어 앉았던 저 사람들의 귀가 열렸는지"21)라는 비판을 당한다.

「병인간친회록」, 「자유종」, 「천중가절」 등은 토론의 주체가 동물이 아니라 사람들이다. 「병인간친회록」은 정신적으로는 건강하나 육체적으로 비정상인 등장 인물이 반대로 육체적으로 건강하지만 정신적으로 타락한 인간을 비판하고 있다. 「천중가절」은 직업을 가진 신여성이 등장하고, 자주 독립의 열망이 이미 퇴색(退色)하고 있는

---

19) N. 프라이는, 그의 역저 『비평의 해부』(임철규 역, 한길사, 1982, p.442)에서, 어떤 관념이나 사상을 구체화하는 데 중점을 둔 관념소설은 허구 장르가 아니라, 해부의 하위 유형에 속한다고 주장한다. 그가 말하는 '해부'란, 대상에 대한 지적인 접근을 통해 소설 공간을 심포지엄이나 토론, 현학적 비평, 추상적으로 증류된 서술 등으로 채우는 것을 가리키는데, 전대 소설의 몽유록 양식이나 애국계몽기 토론체 소설 양식은 여기에 해당한다고 하겠다.

20) 송민호·김윤식(외) 편, 『한국 개화기문학 총서 1』 2권, 아세아문화사, 1978, p.509. 이하 『총서』 1-1, 2 등으로 약칭함.

21) 같은 책, p.561.

세태를 보여주고 있다. 이와는 달리, 「자유종」은 개명(開明)한 양반
층 부인들이 등장, 양반적 질서에 대해 부분적으로 긍정적 가치를
피력(披瀝)하면서도 반상의 차별이나 지역과 서얼의 차별, 종교의 타
락, 자녀 교육 방법론의 부재, 한글과 한문 사용에 대한 그릇된 편견
등을 비판하고 있다. 다만, 이러한 문제들을 해결하기 위해서 교육과
학문이 가장 중요한데, 특히 여권(女權) 신장 및 여성 교육의 필요성
을 강하게 주장하고 있다. 「자유종」은 이매경의 생일날 신설헌·홍
국란·강금운 등 여러 부인이 잔치에 참여하여 토론을 벌이는데, 각
자 자신의 의견을 순차적으로 드러내지만 한문 사용을 두고서는 팽
팽한 의견 대립을 보이기도 한다. 이는 '토론 소설'이라는 양식이 명
기된 「자유종」만의 특징일 것이다. 특히, 등장 인물들이 각자 자신의
의견을 밝힌 후 '꿈'이라는 허구적 장치를 이용하고 있는데, 이것은
작가가 현실의 모순을 극복하기 위해 자신의 이념을 표출하려는 의
도 외에, 토론과 몽유 양식의 현대적 변용(變容)을 보여 주는 것이라
할 수 있다. 또한, 「자유종」보다 앞선 시기에 『매일신보』에 발표된
「향객담화(鄕客談話)」를 비롯하여, 「소경과 안즘방이 문답」, 「향로
방문의생(鄕老訪問醫生)이라」, 「거부오해(車夫誤解)」 등은 애국계몽
기 역사·전기체 소설의 저자이자 신문의 논객으로 활동한 작가가
몽유 형식에 기대지 않고 토론을 강화, 반제(反帝) 또는 반봉건(反封
建)의 이념을 강하게 드러내고 있다.

2. 토론체 소설의 研究史的 課題

애국계몽기 신문 연재소설은 앞에서도 지적한 바와 같이, 소설 미

학적 측면에서 본다면 그 완성도가 떨어진다고 할 수 있다. 이는 기
존의 연구들에서 누차 지적된 것이기도 하지만, 그러나 이 시기의
신문 연재소설에서는 미숙하지만 '변화 및 새로움'을 담아보려는 시
도들 또한 쉽게 찾아볼 수 있다. 그럼에도 불구하고, 기존의 연구들
은 이들 작품의 형식적 미숙성에만 초점을 맞춤으로써 결과적으로
이 시기 신문 연재소설이 담고 있는 내용에 대한 역사적 · 사회적 의
의가 온전하게 규명하지 못한 감이 없지 않다. 뿐만 아니라, 이들 작
품에 대한 주제 의식 또한 단편적이고 국부적인 것을 전체적인 의미
를 지니는 것으로 환치(換置)하는 것으로 그친 감이 없지 않다. 말할
필요도 없이 이는 소설 미학적 측면에서 새로이 등장한 서구적 관점
을 차용한 데서 연유하는 것이라 하겠는데, 이런 시각은 전통 단절
론을 내재하고 있다는 점에서 한계를 노정(露呈)한다. 따라서, 기존
의 논의를 검토할 때에는 외래적인 문학 형태의 등장 과정을 신문학
의 성립으로 이해함으로써 야기(惹起)되었던 전통 단절론을 주체적
입장에서 극복하고, 전통 문학의 근대적 변용 과정을 특히 주목할
필요가 있다. 이러한 전제 아래,『대한매일신보』에 발표된 '토론체
소설'을 포함하여 신문 연재소설에 대한 기존 연구의 성과와 한계를
살펴 보이면 다음과 같다.

① 자료의 발굴 · 정리에 따른 서지적(書誌的) · 실증적 작업[22]
전광용(全光鏞)은 이른바 '개화기 소설'의 개개 작품에 대한 해설
과 평가를 시도하여, 주제 · 형식 · 기법 등 다양한 면모들이 해명하
였다. 그리고, 이들 소설에 대해 종합적인 연구를 행한 바 있는 이재

---

22) 전광용, 「신소설 연구」,『사상계』, 1955~56.
　　이재선, 「한말의 신문 소설」,『춘추문고』, 한국일보사, 1975.

선(李在銑)은 애국계몽기의 신문 연재소설 원문(原文)을 발굴하여 띄어쓰기를 시도했으며, 국문 표기의 난해어(難解語)를 한자로 바꾸기도 하고, 신문 연재소설의 개관을 제시하기도 했다. 그의 이와 같은 기초적 작업은 이 시기 문학 현상 전체의 체계화에 대한 새로운 지평(地平)을 연 정지작업이라 하겠는데, 이후 전개된 논의들23)은 그 선구적 의의를 짐작할 수 있게 한다.

② 역사적 변이 및 이행을 밝히려는 문학사적 작업24)

백철(白鐵)은 신소설이 전대 소설의 권선 징악의 주제, 인물의 유형성, 선인의 승리로 귀착되는 행복한 결말 등을 그대로 수용하고 있음을 밝히고 있다. 신동욱(申東旭)도 남녀 이합형(離合型)의 사건 구조가 신소설로 연장되어 나타남을 살피고 있다. 조동일(趙東一) 역시 신소설이 전대 소설과 어떠한 연관성을 맺고 있으며, 또 그 전대 소설을 어떻게 극복하고 있는가를 아울러 살피고 있다. 그리하여 그는 신소설이 전대 소설 중에서도 영웅소설과 밀접한 관계를 지니고 있는 것으로 규정한다. 송민호(宋敏鎬)는 애국계몽기 신문에 연재된 개별 작품들의 내용과 형태적 분석을 통해 그 전개 과정을 조

---

23) 다음의 글들은 그 한 예이다.
　　한원영, 「한국 개화기 신문 연재소설의 연구」, 청주대 박사학위 논문, 1989.
　　민병덕, 「한국 근대 신문 연재소설 연구」, 성균관대 박사학위 논문, 1989.
　　우쾌제, 「구한말 잡지 소설 연구」, 『국어국문학』 78・79합집, 1979.
　　김중하, 「개화기 단형소설 연구」, 『인문론총』 20, 부산대, 1981.
24) 백　철, 『조선신문학사조사』, 수선사, 1948, pp.37~38.
　　조동일, 앞의 책.
　　신동욱, 「개화기 소설에 반영된 신문화 수용의 태도」, 『한국현대문학론』, 박영사, 1971.
　　송민호, 앞의 책.

선 말기의 구소설적 잔재(殘滓), 과도기적 변용 과정(신문·잡지 소설), 새로운 유형의 소설(정치류 소설)의 세 단계로 구분하고, 이 시기 신문 연재소설은 '구소설적 요소'와 '신소설적 요소'를 동시에 구유(具有)하고 있다고 밝힌다.

그러나, 이러한 논의들은 단순한 맥락 관계를 밝히는 것보다는 어떤 입장에서 그것을 논리화했는지에 대해 주목할 필요가 있다고 할 수 있다.

③ 발생론적·양식론적인 접근 작업[25]

김중하(金重河)는 대화·토론·연설·논설 등의 서사적인 변형체를 일컬어 처음으로 '토론체 소설'이라는 용어를 정립하고, 작품 발굴에도 관심을 기울인다. 그는 토론체라는 개념을 둘만이 주고받는 일상적인 이야기가 아니라, 둘 혹은 둘 이상이 주고받는 사회성이 가미된 논쟁적 성격의 이야기 구성이라고 규정하고, 이런 형태의 양식적 특징과 발생적 연원을 구명(究明)한다. 최초로 토론체 소설의 양식적 특징을 개념 규정한 그의 연구는 개척적인 의의가 있다고 할 것이며, 그것은 이러한 소설 양식에 대한 이후의 논의에 지대한 영향을 끼친 것으로 보인다. 다만, 그 연구 대상이 『대한매일신보』의 연재소설로 한정되어 있어, 총체적으로 고찰하지 못한 점을 한계로 지적할 수 있다. 송기한은 가사 양식에 초점을 맞추어 그 담론적 양상을 문체적으로 고찰, 토론체가 여타의 양식에도 지배적 문체소(文

---

25) 김중하, 「개화기 토론체 소설 연구」, 『관악어문연구』 3, 서울대, 1978.
　　　　, 「개화기 소설의 문학사회학적 연구」, 경북대 박사학위 논문, 1986.
　　송기한, 「개화기 대화체 가사 연구」, 서울대 석사 학위 논문, 1988.
　　윤명구, 「개화기의 문학 장르」, 『한국사학』 2, 한국정신문화연구원, 1980.
　　김주현, 「개화기 토론체 양식 연구」, 서울대 석사학위 논문, 1989.

體(素)로 나타나고 있다는 것을 밝혀 보였다. 윤명구는 애국계몽기 서사 장르의 공존 양상을 한문 소설·몽유록계 소설·전기소설·신소설 등의 네 가지 형태로 분류하고, 토론체 소설을 신소설의 범주에 포함시킨다. 그는 토론체 소설을 논설과 문학의 중간적 성격으로 파악하여 '주제 의식이 강렬한 과잉적 계몽 소설'이라 규정하고, 동시대의 다양한 다른 장르와의 비교를 통해 그 양식적 특성을 규명하고 있다. 김주현은 비문학적 담론(談論) 양상이 장치로서의 드러내기를 통해서 어떻게 양식화되었는가를 구체적으로 분석 해명해 보인다. 그러나, 「몽견제갈량」 등을 토론체 소설 양식에 포함시킴으로써 몽유록(夢遊錄)과의 변별이 모호해지고, 토론체 소설을 지나치게 확장적 개념으로 다룬 감이 없지 않다.

위의 논의들은 토론체 소설을 하나의 서사 양식으로 인식할 수 있는 기반을 마련하고 있다. 그러나 이러한 논의들은 양식과 장르에 대한 개념을 보다 정치하게 규정할 필요가 있으며, 구조적인 면과 주제적인 면의 상관 관계를 구체적으로 밝히지 못하여 결과적으로 어느 한 측면을 간과하는 오류를 드러낸다고 하겠다.

④ 문학사회학적 관점에서 접근한 작업[26]

홍일식(洪一植)은 애국계몽기의 지배적 사상인 개화사상의 연원(淵源)과 계보를 파악하여 그 본질을 해명하고, 이를 통해 이 시기 문학에 반영된 개화사상의 실체를 규명하고 있다. 유양선은 구한말 문학이라는 시대적인 개념으로 이 시기의 문학을 전대 문학과 후대 문학과의 수직적 관련을 맺는 과도기적 형태의 문학으로 규정하고,

---

26) 홍일식, 『한국 개화기의 문학사상 연구』, 열화당, 1980.
   유양선, 「구한말 사회사상의 소설화 양상」, 『진단학보』 59, 진단학회.

공시적 입장에서 토론체 소설을 사회적 상황과의 필연적인 대응물로 파악했다. 특히, 토론체 소설의 형성 과정을 당대의 사회 사상과 관련시켜 해명한 것은 이 시기의 시대적 특수성을 고려하고 있다는 점에서 주목되는 견해라 하겠으며, 이는 애국계몽기의 신문 연재소설을 온당하게 이해하는 방법적 틀의 하나가 될 수 있을 것이다.

이들의 논의는 소설이 시대적 산물이란 차원을 넘어선 한 시대 의식의 투영체임을 확인하고, 이를 통해서 이 시기 소설의 존재 이유를 밝힌 것이라 할 수 있다.

⑤ 소설론의 특성을 밝히려는 작업[27]

권영민은 신소설 작가들의 소설관에서부터 1920년대 경향문학의 이론까지를 대상으로 하여 동시대 소설론의 특징적 양상을 밝힌 바 있고, 홍신선은 1894년부터 1919년까지의 국문론·시론·소설론·문학일반론 등 문학론 전반을 검토, 근대문학 이론의 형성 과정과 그 성과를 조명해 보인다. 송현호는 서발(序跋) 비평과 논설 형식의 비평, 이론적으로 체계를 갖춘 본격적 소설론 등을 포괄하면서, 이 시기의 소설론을 애국계몽 소설론·신소설론·본격적 소설론으로 구분했다. 애국계몽 소설론이 주제론적 측면에 주목한 것이라면, 신소설론은 장르론적 측면에 주목한 것이다. 문성숙(文聖淑)은 1894년부터 1918년 말까지의 소설론을 살피고 있다. 그는 이 시기의 소설론을 역사소설론·전기소설론·토론체 소설론으로 구분하고, 역사

---

27) 권영민, 「한국근대소설론연구」, 서울대 박사학위 논문, 1984.
   홍신선, 「한국 근대문학이론 형성과정에 관한 연구」, 동국대 박사학위 논문, 1987.
   송현호, 「한국 근대소설론 연구」, 서울대 박사학위 논문, 1987.
   문성숙, 『개화기소설론 연구』, 새문사, 1994.

소설론이 '소설은 역사적 진실에 대한 탐구라는 데 주목한 것'이고, 전기소설론은 '소설은 개인의 전기적 진실에 대한 탐구라는 데 주목한 것'이라 밝힌다. 결국, 과거 경험적 진실에 있어서 주체자가 누구인가에 의해 나눈 것이라 하겠는데, 이와는 다르게 토론체 소설론은 소설의 구성 요소에 주목한 것이라고 밝히고 있다.

위의 논의들은 이 시기의 소설론에 접근할 때에는 가변적 시간대인 애국계몽기의 역사적·문학사적 실상에 좀더 부합되는, 정교하면서도 일관성 있는 논리 틀을 마련할 필요성을 확인시켜 주었다.

⑥ 서사문학의 분류 체계를 정립하려는 작업[28]

안확과 김태준은 이 시기의 서사문학을 역사소설·신소설로 양분하고 있으며, 임화는 정치소설·번역문학·신소설로, 이재선은 경험적 서사체·허구적 서사체·희화 우의적 서사체로 나누었다. 이와는 달리, 조동일은 역사 전기 문학·몽유록계 소설·동물 우화 형식의 토론문·시사 토론문으로, 김준오는 토론소설·역사 전기 소설·정치 소설·신소설로 나눈다. 또한, 정덕준은 이 시기 서사문학의 유형을 한문 소설·토론체 소설·몽유체 소설·역사전기체 소설·신소설로 분류하고, 문성숙은 역사소설·전기소설·토론체 소

---

28) 안 확, 『증보 조선문학사』, 한일서점, 1922.
   김태준, 『조선소설사』, 학예사, 1939.
   임 화, 『개설 신문학사』, 형륜문화사, 1976.
   이재선, 「개화기 서사문학의 세 유형」, 『우촌 강복수 박사 회갑기념논문집』, 형설출판사, 1976.
   조동일, 『한국문학통사』 4, 지식산업사, 1986.
   김준오, 『한국 현대 장르비평론』, 문학과지성사, 1990.
   정덕준, 「개화기소설」, 『한국문학개론』, 새문사, 1992.
   문성숙, 『개화기 소설론 연구』, 새문사, 1994.

설·신소설·순수소설로 나누고 있다.

이 밖에 개별 작가들에 대한 전기적 연구[29], 중국 또는 일본 소설과의 대비적 고찰을 통한 비교 문학적 연구[30], 문체론적 연구[31], 문학 비평론적 연구[32] 등이 있다.

3. 主題的 傾向性과 그 變異 樣相

1) 애국계몽기의 文學觀

애국계몽기 신문에 연재된 토론체 소설은 앞에서도 지적한 것처럼, 이 시기 저널리즘의 동향은 물론, 당대 사회의 시대적 과제를 수행하기 위한 문화 실천운동과 밀접하게 관련되어 있다. 이 시기 신문 연재 토론체 소설은 분량이나 구성 방식에 있어 다소의 차이는 있지만, 그 주제적 지향은 비슷한 양상을 띤다고 하겠다. 그러나, 주제 의식을 세밀히 살펴보면, 각각의 작품은 미세하게나마 차이가 있음을 알 수 있다. 비록 미세한 차이지만, 이러한 변별적 양상을 포착하고 그것에 의미를 부여하는 것은 따라서 작품의 주제적 경향성을 밝히는 데 있어 선행되어야 할 매우 중요한 과제라고 할 수 있다. 뒤

---

29) 전광용(외), 『한국 현대 소설사 연구』, 민음사, 1984.
전광용, 『신소설 연구』, 새문사, 1986.
30) 이에 관한 주요 논저를 보이면 다음과 같다.
芹川哲世, 「한일 개화기 정치소설의 비교 연구」, 서울대 석사학위 논문, 1975.
葉乾坤, 『양계초와 구한말 문학』, 법전출판사, 1980.
성현자, 『신소설에 미친 만청 소설의 영향』, 정음사, 1985.
31) 박종철, 「개화기 소설의 언어와 문체」, 『개화기문학론』, 형설출판사, 1978.
32) 이선영 외, 『한국 근대문학비평사 연구』, 세계, 1989.

에서 자세히 살펴보겠지만, 이 시기 신문에 연재된 토론체 소설의 주제적 경향성은, 1905년 을사조약부터 일제의 강점이 이루어진 1910년까지의 5년여의 짧은 기간 동안, 반(反)봉건과 반(反)외세, 또는 자주와 근대라는 서로 다른 가치 지향이 공존·갈등하면서 변화의 추이를 드러내고 있다.

　주지하는 바와 같이, 애국계몽기 사회의 신문 중에서 『독립신문(獨立新聞)』이 주로 서구적 시민 사상의 영향을 받은 급진적이고 외세(外勢) 의존적인 개화파에 의해 주도된 신문이라면, 『대한매일신보』는 개신유학적(改新儒學的)인 애국계몽 운동가들이 중심이 되어 전개한 이른바 점진적 개화를 표방(標榜)하고 있었다고 할 수 있다. 그런데, 「향긱담화(鄕客談話)」, 「거부오해(車夫誤解)」, 「소경과 안즘방이 문답」 같은 이 시기 토론체 소설 대부분은 『대한매일신보』에 연재되었고, 그 작가 또한 이 신문의 주요 논객들로 추정(推定)되고 있다. 박은식(朴殷植)·장지연(張志淵)·신채호(申采浩) 등이 그들이다. 따라서, 이 시기 토론체 소설의 성격과 주제 의식을 파악하기 위해서는 먼저 『대한매일신보』를 중심으로 활동한 애국계몽 운동가들의 문학관, 특히 소설관을 살펴볼 필요가 있다.

　주지하는 바와 같이, 『대한매일신보』는 1904년 7월 18일 영문판으로 창간된 『매일신보(每日申報)』를 1905년 8월 11일 국한문판으로 바꾸면서 개제(改題)한 신문이다. 이 신문은 영국의 『데일리 뉴스』지(紙)의 서울 임시 특파원이었던 영국인 베델(Ernest T. Bethell)이 사장직을 맡고 있었던 까닭에 일본의 사전 검열을 피할 수 있었다. 그래서, 이 신문은 일본의 불법적이고 부당한 행동과 침략 행위 등을 사실 그대로 보도할 뿐 아니라, 날카로운 시사 비평도 서슴없이 게재(揭載)함으로써 당대 사회를 감시하고 민중을 계도(啓導)해 나

가는 역할을 담당했다. 특히, 1907년 5월 23일 순국문판인『대한미
일신보』로 개명하여 발행하기 시작한 이후, 이 신문은 한말 구국 언
론의 총본산으로서, 국권 수호와 배일(排日)운동의 선봉에 서서 각
양의 방법으로 항일 투쟁을 벌인다. 당시 대구 광문사를 중심으로
전개된 이른바 국채(國債)보상운동을 거국적인 민족운동으로 확대
발전시켜 민족적 자긍심을 고양(高揚)한 것은 그 한 예이다.33) 이 신
문은 영국인 사장 베델, 총무에 양기탁, 주필에 박은식과 신채호 등
이 활약했는데, 사장이 죽은 후(1909.5.1) 국한문판 제1461호로 끝내
종간(終刊, 1910년 8월 28일)되고 말았다. 한일합방 이후에는 통감부
(統監府)가 매수, 그들의 기관지『매일신보』로 바뀌게 된다.

이런 점에서『대한매일신보』지면을 통해 애국계몽운동을 펼친
신채호의 문학관은 주목할 필요가 있다. 신채호는 다음에 보이는 바
와 같이, 효용론적 문학관의 입장에서 소설의 사회·공리적 기능을
강력히 주창한다.

　　余가 嘗謂호대 天下大事業은 乙支文德 泉蓋蘇文(淵蓋蘇文의 誤
　植으로 보임, 필자) 又흔 大英雄 大豪傑의 做ᄒᄂ빈 아니라 婦孺走
　卒의 做ᄒᄂ빈며 社會 大趨向은 宗敎 政治 法律 又흔 大哲理 大학
　問으로 正ᄒᄂ 빈 아니라 諺文小說의 正ᄒᄂ 빈라
　　何故오 ᄒ면 大抵 全國 國民의 腐敗가 極度에 達ᄒ야 道德도 無
　ᄒ며 知識도 無ᄒ고 大夫ᄂ 蘇大成의 春睡나 試ᄒ야 永日을 消ᄒ
　며 女子ᄂ 釋迦尊前에 叩頭ᄒ고 他生極樂이나 願ᄒ야 庵庵無進步
　的의 國民을 成흔 以上에ᄂ 設或 其中에 何許 偉大흔 人物이 有ᄒ

33) 최　준,『한국신문사론고』, 일조각, 1981. 특히, 「국채보상운동과 프레스 캠페
　인」 참조.

더리도 壹事功을 成ᄒ기 難ᄒ리니 故로 曰 天下大事業은 婦孺走卒
의 做ᄒᄂ비라 홈이여 …(중략)…

嗚呼라 英雄豪傑의 軀體를 助ᄒ야 天下事業을 做ᄒᄂ 者ᄂ 婦
孺走卒等이 是오 婦孺走卒等 下等社會로 始ᄒ야 人心轉移ᄒᄂ 能
力을 具한 者ᄂ 小說이니 小說을 是豈易觀홀비인가.

委靡淫蕩的 小說이 多ᄒ면 其國民도 此의 感化를 受홀지며 俠
情慷慨的 소설이 多ᄒ면 其國民이 此의 感化를 受홀지니 四儒의
云ᄒ 바 「小說은 國民의 魂」이라 홈이 誠然ᄒ도다.

韓國에 傳來하는 小說이 太半 桑間박上의 淫談과 崇佛乞福의
怪話라. 此亦 人心風俗을 敗壞게 ᄒᄂ 一端이니 各種 新小說을 著
出하여 此를 一掃홈이 亦汲汲하다 云홀지로다 …(중략)…

綾羅로 葛衣를 換ᄒ면 不應者가 無ᄒ고 梁閣으로 脫栗을 易ᄒ
면 不樂者가 無홈과 갓치 奇妙瑩潔혼 新小說만 多出ᄒ면 舊小說은
自然 絶跡退장홀지어늘 何必 此等 强制的으로 民心을 逆ᄒ야 難行
의 事를 行ᄒ리오.

然而 近今 新小說이라 云ᄒᄂ 者ㅣ 刊出이 稀罕할쓴더러 又其
刊出者를 觀혼즉 只是 一時牟利的으로 草草擇出하여 舊小說에 比
ᄒ민 便是 百步五十步의 間이라 是히 新思想을 輸入홀 者ㅣ 無ᄒ
니 噫라.

余가 此를 慨ᄒ야 管見을 陳ᄒ야 小說 著者에게 說ᄒ노라.[34]

위에 보인 대로, 신채호는 소설을 인심(人心)을 순화시키고 풍속
을 바람직한 방향으로 개량해 나가는 하나의 수단으로 이해하고 있
다. 국권 회복 같은 천하 대사업은 영웅 호걸에 의해 이루어지는 것
이 아니라, 갑남을녀(甲男乙女, 즉 婦孺走卒)들이 만들어내는 것이

---

34) 신채호, 「근금 국문소설 저자의 주의」, 『대한매일신보』, 1908.7.8.

며, 사회 풍조나 시대적 조류 또한 위대한 '철리(哲理)'나 '학문'이 아
니라 '언문소설(諺文小說)'에 의해 이루어진다는 시각이 그러하다.
신채호의 이와 같은 문학관은 우리 시가(詩歌)에 대한 그의 평설(評
說) 「천희당시화(天喜堂詩話)」35)에서도 엿볼 수 있다. 그는 시를 국
민 언어의 정화(精華)라고 이해한다. 그래서 그는, 강무(强武)한 국민
은 그 시부터 강무하고 문약(文弱)한 국민은 그 시부터 문약하기 때
문에 한 나라의 성쇠치란(盛衰治亂)은 그 나라 시가 증험(證驗)하는
것이며, 따라서 나라를 강하게 하기 위해서는 먼저 문약한 시부터
강무한 것으로 개량해야 한다고 주장한다.

그가 위에서처럼, 음탕(淫蕩)한 소설이 널리 읽히면 그 국민도 이
것의 영향을 받아 음탕해지고, 의협적이고 강개(慷慨)한 소설이 많
으면 그 국민 또한 그 영향을 받아 협정강개(俠情慷慨)해진다면서
소설의 사회적 기능을 강조하는 것은 이러한 문학관에서 연유한다.
물론, 이것은 소설의 독자에 대한 감화력을 전제한 데서 나온 것이
다. 그래서, 신채호는 소설이 독자에 대한 감화력을 지니고 있음에
도 불구하고, 당대의 신소설이 여전히 전래하는 소설의 음담패설(淫
談悖說)의 구태에서 벗어나지 못하고 있는 현실을 개탄한다. 일본의
대한(對韓) 식민화 정책이 보다 구체적으로 실천되고 있고, 침략 행
위가 더욱 노골화되고 있는 당대의 사회 현실에 비추어 볼 때, 음담
(淫談)과 숭불걸복(崇佛乞福)의 구소설이나 모리적(牟利的)인 신소

---

35) 『대한매일신보』, 1909. 11.11~12.4. 이 글은 17회에 걸쳐 연재되었는데, 그 한
부분을 보이면 다음과 같다. "余가 近世我國의 流行ᄒᄂ 詩歌를 觀ᄒ건디 太牛
流靡淫蕩ᄒ야 風俗의 腐敗만 釀ᄒᆯ지니 世道에 關心ᄒᄂ者가 汲汲히 其改良을
謀ᄒᆷ이 可ᄒ며 又其中에 特히 民俗에 有益ᄒᆯ모ᄒ 詩歌를 蒐集ᄒ야 詩界이 國
粹를 保全ᄒᆷ이 可ᄒᆯ지나 但故ᄉ가 殘缺ᄒ야 三國時代에 眞正 强武ᄒ 詩歌ᄂ
得見키 難ᄒ니 惜哉로다."

설 모두 인심과 풍속을 패괴(敗壞)케 하는 음탕한 소설에 지나지 않
고, 따라서 새로운 소설을 저출(著出)하여 그같은 소설을 일소(一掃)
하는 것이 무엇보다도 시급한 일이라는 것이다. 말할 필요도 없지만,
이러한 그의 개탄은 고소설이나 이인직 류의 신소설에 담겨 있는 소
재의 윤리성과 사실성에 근거하고 있다. 바꿔 말하자면, 고소설을
배척하는 까닭은 그것이 단순히 낡은 것이고 옛것이어서가 아니라,
황탄무괴(荒誕無愧)하고 음탕한 것이기 때문이며, 독자를 나약하고
황폐하게 만들어 열등감과 자괴감(自愧感)에 빠지게 하기 때문이다.

소설의 사실적 내용과 윤리적 속성에 대한 이러한 비판은 조선시
대 유학자들에 의해서도 지적된 바 있지만, 신채호를 거치면서 신사
상을 담은 새로운 소설의 창작이 앞당겨진다. 그는 소설이란 독자들
에게 영웅 호걸의 기상을 불어넣어 주고, 그래서 국민 모두 애국심
을 발휘하여 국권을 수호하는 데 앞장서게 해야 마땅하다고 보는 것
이다. 그러하기에, 그는 민족적 자긍심(自矜心)과 애국적 열망을 진
작시키기 위해 「을지문덕전」, 「최도통전」, 「강감찬전」 같은 역사·
전기체 소설 작품들을 잇달아 발표한다.

① 嗚呼라 小說은 國民의 羅針盤이라. 其說이 俚하고 其筆이 巧
하여 目不識丁의 勞動者라도 小說을 能讀치 못할 者가 無하며, 又
嗜讀치 못할 者가 無하므로 小說이 國民을 强한데 導하면 國民이
强하며, 小說이 國民을 弱한대로 導하면 國民이 弱하며, 正한대로
導하면 正하며, 邪한대로 導하면 邪하나니, 小說家된 者가 마땅히
自愼할바이어늘 近日小說家들은 誨淫을 主旨로 삼으니 이 社會가
장차 어찌 되리오.36)

---

36) 신채호, 「소설가의 추세」. 권영민, 「개화기 애국계몽운동의 민족문학의 인식」,

② 彼가 萬壹 社會及國家에 對ᄒ야 壹半分 公益上의 思想이 有
ᄒᆯ진대「羅賓孫漂流記」와 如ᄒᆫ 奇文을 譯ᄒ야 國民의 冒險心을 鼓
발ᄒᆷ도 可ᄒ며「若安貞德救國傳」과 如ᄒᆫ 壹小史를 著ᄒ야 國民의
愛國心을 鑄造ᄒᆷ도 可ᄒ거늘 今也에 不然ᄒ야 彼도 不爲ᄒ고 此도
不爲ᄒ고 只是牟利의 起見으로 爲妾辯護ᄒᆫ「鬼의 聲」과 如ᄒᆫ 小說
을 著ᄒ야 社會上의 道德만 破壞ᄒ며 讀者諸君을 娼倒ᄒ고 冊價
幾百圜으로 其何著費만 充ᄒ얏도다.[37]

위의 인용문 ①에서 보는 것처럼, 신채호는 소설이란 '국민의 나
침반'으로, 독자 대중을 계도하여 사회에 이바지할 수 있는 서사 양
식으로 상정(想定)하고 있다. 물론, 그의 이러한 시각은 애국계몽기
사회가 직면하고 있던 시대적 위기를 극복하고자 하는 문화 실천운
동과 직결되고 있다. 그는 무식한 노동자라도 소설을 능히 읽을 수
있고, 또한 즐겨 읽지 못할 사람이 없으며, 따라서 소설이 국민을 강
한 데로 이끌어 나가면 그 국민은 강해질 수 있고 약한 데로 이끌면
약해질 수밖에 없다고 보고 있다. 그래서 그는, 그럼에도 불구하고
당대의 소설가들이 회음(誨淫)을 주지(主旨)로 삼고 있기 때문에 장
차 사회가 어찌 될지 심히 우려된다고 개탄한다. 이는, ②에 보인 것
처럼, 이인직과 그의 신소설 작품을 비판한 데서 보다 분명해진다.
우리의 현실은 잔다르크 같은 구국 영웅의 일대기를 저술하여 국민
의 애국심을 주조(鑄造)해야 하는 절박한 상황인데, 그러나 이인직
은 작첩(作妾)을 옹호하는「귀(鬼)의 성(聲)」같은 소설로 당대 사회
의 도덕적 가치를 파괴하고, 독자들을 창도(娼倒)하고 있다는 지적

『개화기 문학의 재인식』, 지학사, 1987, p.22에서 재인용.
37) 신채호,「演劇界之李人稙」,『대한매일신보』, 1908.11.8.

이 그것이다. 말하자면, 신채호는 사회에 좋은 영향을 끼치는 문학, 그 사회가 나아가야 할 바람직한 지평(地平)을 제시하는 문학을 추구하고 있었던 것이다.

이렇게 볼 때, 신채호의 문학관은 사실성과 윤리성에 대한 남다른 해석에 그 특징이 있다고 하겠다. 환언하자면, 소설에서의 사실성이란 묘사의 '사실성'이 아니라 성격과 행위의 '실재성'에 다름 아니며, 소설은 널리 읽히고 있는 서사 양식이기 때문에 '계몽적 수단'으로 삼을 수 있을 정도의 윤리성을 담보하고 있어야 한다는 견해가 그것이다. 따라서, 그는 소설이란 당대 사회의 공간 지평에서 일어나는 여러 문제들을 핍진(逼眞)하게 표출하여 독자들을 모범적으로 계도해야 마땅하다고 주장한다. 이러한 주장은 애국계몽기 우리 사회의 위기 현실을 적극적이고 능동적으로 극복하려는 실천 방법으로서의 의미를 지닌다고 하겠는데, 이런 점에서 그의 소설관은 이 시기 신문 연재소설에 대한 논의에 있어 참조의 틀이 될 수 있다.

2) 反封建, 近代 志向意識/「鄕향客긱談담話화」

「鄕향客긱談담話화」는 1905년 10월 29일부터 동년(同年) 11월 7일까지 4회에 걸쳐 순국문으로 연재된 소설이다. 작가는 '우시싱(憂時生)'이라 되어 있으나, 그 실명(實名)은 밝혀져 있지 않아 구체적으로 누구인지 알 길이 없다. 이 작품의 내용은 몇몇 향객(鄕客)이 모여서 당대의 '시국(時局)'이 잘못되어 가고 있음을 한탄하는 것인데, 대부분 4·4조로 된 운문투의 문장으로 담아내고 있다. 이 작품이 운문투 문장으로 되어 있다는 점에서, 낭독 소설로부터 묵독(默讀) 소설로 이행하는 과도기적인 현상의 작품이라고 지적되기도 한다.[38] 그

러나, 이것은 작가의 현실 인식을 효과적으로 드러내기 위한 의도적
인 표현으로 이해할 수도 있다. 바꿔 말하여, 작가가 전달하고자 하
는 시대 정신과 사상을 보다 효과적으로 독자에게 전하기 위해 독자
들이 지녔을 법하고 당대 사회의 대중들에게 친숙했던 리듬[39]을 표
현 수단으로 삼은 것이라고 볼 수도 있는 것이다. 이 작품이 신문에
연재된 소설이고, 「鄕향老로訪방問문醫의生싱이라」, 「쇼경과 안즘
방이 문답」 같은 신문 연재 토론체 소설에서 대화로만 전개하는 평
면적 진행에 변화를 주기 위해 중간 또는 말미에 노래를 삽입한 점
들을 감안할 때 더욱 그러하다. 이는 등장 인물들이 자신의 이념을
시의 형태로 드러내는 전대 몽유록의 '시연(試演)'의 전통과도 맥이
닿아 있다.

「향긱담화」는 뒤에서 자세히 살펴보겠지만, 작품 곳곳에서 매관
매직(賣官賣職)과 같은 관료 사회의 부패와 봉건적 구습에 대한 날
카로운 비판을 통해 '문명개화(文明開化)', '반봉건(反封建)'이라는 주
제 의식을 드러낸다. 이 작품은 다음 인용문에서 보는 것처럼, 당시
의 태서(泰西) 각 문명국과 문명국인에 대한 상찬(賞讚)으로 시작하
고 있다.

　　지금 셰계는 춤 휘황찬란흔 셰계라 우리들의 고루흔 소견으로
　는 엇더타 형언홀슈 업거니와 만국통상조약하야 터셔 각국 사롭들
　은 쳔만리롤 지쳑으로 만리타국 나와셔도 거쳐 범빅 의복제도 무
　명국인 긔상이오 언어힝동 쳐신범절 즈유권리 비양흐야 약흔 팀도

---

38) 이에 대해서는 이재선의 앞의 책(p.219)과 신해은의 앞의 논문(p.62) 참조.
39) 박철희, 「개화기 시가의 구조」, 『신문학과 시대 의식』, pp.1~143. "3 · 4조 내지
　　4 · 4조의 리듬은 과거로부터 반복되고 훈련되어 온 친숙한 감정 반응의 공식
　　이었다."

아죠업시 텬지간에 오유ᄒ야 학문으로 업을숨고 신의로 근본숨아
이국지심 사람마다 잇겻마ᄂᆞᆫ 우리 대한정부 관리 학문이 무엇인지
신의가 무엇인지 이국이 무엇인지 도모지 불계ᄒ고 복중에 가득ᄒᆫ
경륜리욕 일관쑨이로다 박탈민지 독ᄒᆫ 졍ᄉ 셩령이 어육이오 긔군
망상 숭ᄒᆫ 죄명 죽은들 써글손가 디신협판 디감령감 귀밋히 옥관
ᄌ 금관ᄌ와 각식으로 지은 젼복 식슐듸롤 미고보니 물식은 조커
니와 챵우하쳔 복식이오 ᄉ린교 인력거에 구종별비 옹위ᄒ야 젼후
로 벽졔ᄒ니 긔구ᄂᆞᆫ 장커니와 외국인의 슈치로다40)

위의 인용문은 「향긱담화」의 서두에 해당하는 부분이다. 여기서
무엇보다도 눈에 띄는 것은 당시의 외국 상황을 제시하고 있다는 점
인데, 외국 문명에 대한 일종의 선망의 눈길이 확연하게 드러나 있
다. 태서 각국의 사람들은 만리 타국에 와서도 언어 행동이며 처신
과 범절(凡節)이 문명인으로서의 기상을 잃지 않고 있다는 것이다.
이것은 물론 서양과 서양 문명에 대한 맹목적인 선망에서 연유하는
것이지만, 그러나 이러한 상찬의 저변에는 무능한 우리 정부와 부패
한 관리들에 대한 비판이 깔려 있다.

「향긱담화」에서 작가는 태서의 문명국과 문명인을 대비적으로 상
찬함으로써 우리 현실을 자성(自省)하고, 당대의 봉건적 구습을 비
판할 수 있는 근거를 마련하고 있다. 서양의 문명국인들은 학문을
업으로 삼고 신의를 근본으로 삼아 애국심을 지니고 있는 데 반해,
당대의 우리 정부 관리들은 그것들에 대해서는 조금도 주목하지 않
고 오직 경륜이욕(經綸利慾)에만 일관하고 있다는 지적이 그러하다.
이 작품은 이욕(利慾)에 빠져 있는 우리 정부 관리들을 구체적으로

---

40) 『대한매일신보』, 1905.10.29.

묘사하고 있다. '박탈 민재(剝奪民財)'에 혈안이 되어 독한 정사(政
事)를 일삼기 때문에 죄 없는 평민을 '착슈(捉囚)'하여 횡설수설 갖가
지 죄명으로 얽어맨 다음, '스갈(蛇蝎)의 독호 히와 시랑(豺狼)의 모
진 소리'로 추상같이 호령하여 마음대로 재산을 강탈해가기 때문에
백성들의 '싱령(生靈)이 어육(魚肉)'인 형편이라는 것이다. 그리고,
이 모든 것이 '관찰군슈 셔임(敍任)홀졔 정치 학문 뭇지 안코 문벌이
니 셰교이니 돌녀가며 차츌호고 불학무식 하등인물 돈을 밧고 미미
(賣買)'41)하는 매관 매직에서 연유한다고 고발한다. 이와 같은 당대
우리 관리의 가렴주구(苛斂誅求)는 개인적인 문제가 아니라, 사회
체제의 구조적인 모순에서 비롯한다는 것이다.

주지하는 바와 같이, 당대 사회는 정부 관리의 부정 부패가 극에
달해 있었고, 이에 따라 민생은 도탄(塗炭)에 빠져 생명을 부지하기
어려운 실정이었다. 개인의 능력보다는 문벌이나 세교(世交)에 힘입
어 벼슬길에 오르거나 매관매직(賣官賣職)으로 관리가 되는 일이 다
반사로 벌어졌다. 따라서, 「향긱담화」의 위와 같은 고발과 비판은
당대 사회에 만연되어 있는 관리 등용의 부패상, 부정한 방법으로
서임된 관리는 신의가 무엇인지 애국이 무엇인지 불계(不計)하고 다
만 갖가지 악형(惡刑)을 일삼으며 이욕만을 탐하게 되는 구조적인
모순을 적확하게 지적한 것이라 할 수 있다.

　① 그런고로 적당에도 투입호고 의병이라 즈칭호야 셩군작당
횡힝호니 셩쥬쎄셔 근심호스 조칙을 나려시고 효유안무호 하신들
간신히 만죠호니 셩쥬의 깁흔근심 더러닐자 누가잇나 한시코 익달
을스 기름지고 조흔강토 습쳔리와 슌호고 어진 빅셩이 쳔만어 당

41) 같은 신문, 1905.10.29.

당 대한즈쥬호야 독립국이 못될손가 간휼한 모모디관 져혼몸의 영
욕으로 외국인을 부동호야 토지롤 허급호며 인민을 구츅호니 강토
눈 줄어가고 인민은 도탄이라 인민을 모라다가 화젹당에 너허쥬고
국권을 쎄아셔다 외국인을 맛겨가며 부귀롤 도모호니 인민이 업게
되면 나라이 엇지되며 나라이 업게되면 부귀를 엇지홀가 그런 성
각 못호눈지 망국디죄 즈취호니 가셕코 가통이라42)

② 나라의 흥망성쇠눈 쳔시와 국운이라 인력으로 홀바리오 우
리나라 지금 형편 사롬으로 비유호면 방병 디종병이 들어 편자이
란의로다 그 죄를 의론호면 관민이 일반이라 정부롤 조직호야 시
정기션 못호기눈 쥬부디신 칙임이오 샤회롤 창립호야 일심단쳬 못
호기눈 인민의 칙임인즉 왈시왈비 말을말고 곤히 든 좀 쎄여가며
시졍신을 가다듬어 시왈부왈 강산풍월 그만져져 발여뇨코 긔명국
신학문을 렬심으로 연구호야 니졍을 발쎄호면 외모롤 면호리니 졍
부대관 밋지말고 사롬마다 힘을써서 디한뎨국 쳔만년에 반셕갓치
굿게홉은 인민의 칙임이라 아모타슬 말지어다43)

이 같은 비판은 위에 보인 인용문 ①에서 보는 것처럼, 정부 대관
마저 '져 혼몸의 영욕'과 부귀를 도모하는 망국적 풍조를 개탄하는
데서 더욱 신랄해진다. 태서 각국의 문명인들은 "즈긔돈을 들여가며
문명 정치 발달코즈 각국을 유람호야 지식을 긔도" 하는 데 반해, 우
리 관리들은 외국의 문명제도를 시찰하라고 파견해도 아무런 대책
도 없이 그저 '갓다왓다 하는 것이 직책으로 아는 모양'44)이 가소롭

---

42) 같은 신문, 1905.10.31.
43) 『대한매일신보』, 1905.10.31~11.2.
44) 같은 신문, 1905.11.7.

기까지 하다. 그래서, ①에서 적시(摘示)하고 있는 것처럼, '외국인을 부동(附同)ᄒ야 토지를 허급(許給)ᄒ며 인민을 구축(驅逐)' 하고, 국권마저 외국인에게 맡기면서 자신의 부귀만을 도모하는 세태이기 때문에 더욱 그러하다. 그러나, 이 작품은 심지어 정부의 고관이 매판적(買辦的)인 토지 수탈마저 서슴지 않는 망국적인 현상, '강토는 줄어가고 인민은 도탄' 속에서 허덕이는 현실이지만 '인민이 업게 되면 나아가 엇지 되며 나라이 업게 되면 부귀를 엇지 홀가' 하고 자탄(自歎)하는데 그치지 않는다. 이러한 망국적 풍조는 정부 관리만의 책임이 아니라, 정부 관리와 인민 모두의 잘못이 있음을 내보이고 있는 것이다.

「향긱담화」는 위의 인용문 ②에 보인 대로 시정을 개선하지 못한 것은 정부 대관의 책임이지만, 일심 단체 힘을 모아 관리의 부정을 막지 못한 "인민의 책임" 또한 결코 가볍지 않다는 자기 비판을 서슴지 않는다. 바꿔 말하여, 당대의 사회 현실은 시시비비를 가리거나, 어느 누구에게 그 책임을 전가(轉嫁)할 사안이 아니며, 관민이 하나가 되어 위기를 극복할 방안을 강구하고, 이를 실천하는 일에 힘을 모아야 한다는 것이다. '사룸마다 힘을 써서 딕한뎨국 천만년에 반셕갓치 굿게흠은 인민의 칙임'이라는 지적 또한 그러하다. 여기에서 주목되는 것은 민중의 자각 없이는 반(反)봉건 개화운동이 소기의 목적을 달성할 수 없다는 사실을 분명히 인식하고 있는 점이다. 동학(東學) 농민운동의 성과는 이와 같은 시각이 바탕이 되었다고 볼 수 있다. 주지하는 바와 같이, 동학 농민군의 활동을 계승한 초기 의병 지도부가 유생 중심이었던 데 비해, 1905년 이후에는 평민 출신의 의병장들이 대거 등장하여 새로운 국면을 형성한다.45) 이 작품은 이러한 당대 민중의 의지, 바꿔 말하여 민중이 주체가 되어 근대화를 자주적으로 성취하고자 하는 의지를 드러낸 것이라고 할 수 있다. 여기서 우리는 이 작품의 주제 의식, 문명 강국의 신학문을 열심히 연구하여 내정을 밝게 하면 외모(外侮)를 면할 수 있다는 지평(地平) 제시를 엿볼 수 있다.

「향직담화」가 제시하고 있는, 망국적 풍조를 일신하고 위기 상황을 극복할 수 있는 유일한 방안은 문명 개화에 다름 아니다. 따라서, 체제 개혁은 불가피한 선택일 수밖에 없다. 태서의 문명 강국의 정치체제, 입헌정치·공화정치로의 개혁이 그것이다. 아래의 인용문 ①에서 보는 것처럼, 우리 현실은 서양의 각국에서 행하고 있는 입헌정치·공화정치와는 달리 백성들의 정치 참여가 원천적으로 봉쇄되어 있는 압제(壓制) 정치이고, 당대 사회의 모든 부정과 부패와 비리는 이러한 체제에서 기인한다는 현실 인식이다. 백성은 안중에도 두지 않고, 국가의 크고 작은 정책들을 자의적(恣意的)으로 시행하는 정부 관리들, 뿐만 아니라 '녹을 먹는 관리라도 작위가 낮게 되면 흉중에 비록 장즈방 제갈량의 도략이 잇서도 쓸디없셔' 사장(死藏)되고 마는 정치 현실을 개탄하는 것 또한 체제에 대한 비판에 다름 아니다.

① 쏘 한사롭 강기흐말 변명흐여 가로디 나라흥망은 쳔시와 국운에 잇다흐니 지공무스 한아님이 쳔흐만국 감찰흐스 이증이 업스니 어이 우리 디한만국 운이 쇠횟슬가 쳔시국운 허언이오 국가롤 망흐죄는 관민이 일반이라 흐니 구미 각국덜은 세계립헌정치 공화정치 숭상흐는 문명국은 빅셩이 크다흐되 우리나라 압졔정치 디소

---

45) 이에 대해서는 박성수, 「1907~1910년 간의 의병 전쟁에 대하여」, 『한국사연구』 1, 한국사연구회, 1968 참조.

스를 물론ᄒ고 소위 정부디관끼리 잘되던지 못되던지 마음디로 시
힝ᄒ야 빅성은커니와 한조졍에 별살ᄒ고 한마을에 녹을 먹는 관리
라도 작위가 낫게되며 흉중에 비록 장즈방 졔갈량의 도략이 잇서
도 쓸디업셔 한마더 뭇지안코 한마더 ᄒ지안아 무엇이 무엇인지
젼연이 모로거든 함을며 졍권이 업는 빅셩이야 일너 무엇ᄒ리.46)

② 우리나라 미약홈은 디신이라 협판이라 하는 사롬 슈단으로
만든 것시 지그지츠 국장이니 과장이니 하는 스롬 디신협판 입만
짜라 ᄒ는디 훌쑨인즉 즈유언권 죠금업고 스환나라 다름업셔 가련
하기 측양업네 남의나라 사롬들른 즈긔돈을 들여가며 문명경치 발
달코즈 각국을 유람ᄒ야 지식을 기도하고 우리나라 관인들른 려비
를 쥬어가며 외국계도 시츌하라 파송하면 아모싱각 도시업고 갓다
왓다 하는것이 직책으로 아는모양 가소하고 통탄토다 그런것들른
일즉 죽지도 아니하데 …(중략)… 춤 긔막히고 통곡홀 일이로다 허
며 일장담화가 모다 시극이 잘못되여가믈 한탄허는 말이더라.47)

이와 같은 체제 비판은 인용문 ②에 좀더 분명하게 나타나 있다.
우리의 정치 현실은 일방적인 상의하달(上意下達)만 있을 뿐, 자유
언권(言權)이라는 개방적인 언로가 이루어지지 않고 있고, 그래서
마치 사환(仕宦)의 나라와 다름없어 가련하기 짝이 없다는 지적이
다. 뿐만 아니다. 우리의 관인(官人)은 외국의 문물 제도를 시찰하라
하여도 시찰은 제대로 하지 않고, 외국에 갔다 온 그 자체를 직책으
로 알고 있고, 그래서 나라가 미약(微弱)할 수밖에 없는 잘못되어 가
는 시국을 통탄한다. 이 작품의 현실 비판은 그 같은 우리 관리들은

---

46) 『대한매일신보』, 1905.11.1.
47) 같은 신문, 1905.11.7.

'일즉 죽지도 아니하데' 하고 자탄하는 데서 극명하게 드러난다. 따라서, 이 작품의 날카로운 현실 비판은 일찍이 유길준(兪吉濬)이 경계해 마지않았던 '허명(虛名) 개화', 실속 없는 개화의 허구성에 대한 비판에 다름 아니라 할 것이다.

위에서 살펴본 것처럼, 이 작품의 주제 의식은 '봉건적 구습에 대한 날카로운 비판'과 '문명 개화에 대한 절실한 염원', 즉 '반봉건(反封建)'과 '근대에의 지향(志向)'이라 할 수 있다. 그러나, 이 두 가지는 서로 별개적인 것48)이 결코 아니라, 상호 보족적인 것이라 할 수 있다. 바꿔 말하여, 봉건적 정부의 무능과 관료 사회의 부정·부패를 비판하는 '반봉건' 의식이 보다 중심에 놓여 있고, 문명 개화를 갈망하는 '근대 지향' 의식은 그것을 보완해주는 보족적인 구실을 하고 있는 것이다. 봉건적 구습의 완고함이 여전하던 당대의 우리 사회 상황을 감안할 때, 개화의 구체적인 방안을 마련하는 것도 중요하겠지만, 그것보다는 오히려 봉건적 모순과 그 폐해에 대한 비판에 더 비중을 두는 것이 민중의 염원과 의지에 부합되는 것이라 하겠다. 이런 점에서, 이 작품의 현실 비판은 시대 정신을 정확하게 반영해 보인 것이라 볼 수 있다. 그리고, 「향긱담화」가 이 시기 신문 연재 토론체 소설에 흔히 드러나 있는 반제(反帝)·항일(抗日) 의식을 내보이지 않고, '반(反)봉건', '근대에의 지향'만을 표출하고 있는 것은 이 작품이 을사조약의 강제 체결 이전에 발표된 데서 연유하는 것으로 보인다.

---

48) 기존의 대부분의 연구들은 한 작품에 대해 몇 가지 항목으로 주제군들을 나열함으로써 별개의 주제가 구현된 것처럼 이해케 하고 있다.

3) 反外勢, 自主 志向意識 /「鄕향老로訪방問문醫의生싱이라」

이 작품은 『대한매일신보』 1905년 12월 21일부터 1906년 2월 2일까지 26회에 걸쳐 순국문으로 연재된 소설이다. 표제(表題)에서 시사하고 있는 바와 같이, 시골에 사는 80세 노인이 시국(時局)의 소요(騷擾)함을 듣고 상경하여 약국의 의생(醫生)과 함께 당대 시국의 제반 현상에 대하여 담화하는 내용의 작품이다.

「향로방문의싱이라」는 망국의 위기에 처한 당대의 사회 현실을 구체적으로 예시하고, 일제의 침탈을 합법적으로 용인해준 매국적인 정부 관리와 친일 단체 '일진회(一進會)'를 규탄하는 형식으로 이루어져 있다. 그리고, 당대 사회의 위기 상황을 극복하기 위해서는 교육에 의한 실력 배양이 무엇보다 절실하다는 시국관을 피력한다. 이른바 '교육 구국(救國)'이 그것이다. 물론, 이것은 구호적 외침에 머물고 있기는 하다. 그러나, 이 작품의 주제 의식은 교육으로 실력을 양성, 굴욕적인 을사조약 체결로 실추된 민족적 자존심을 회복하고, 빼앗긴 국권을 되찾아 자주 독립을 성취하자는 '자주자강(自主自彊)'이라고 말할 수 있다. 다시 말하자면, '반봉건', '근대에의 지향'보다는 일제에 대한 비판과 저항 의식을 작품 전면에 등장시킴으로써 '반(反)외세', '자주에의 지향' 의식을 표출, 「향긱담화」와는 다른 주제적 경향을 내보이고 있는 것이다.

이 작품의 주요 인물은 시골 노인으로 대지주이며, 시골에 사는 노인답지 않게 봉건적 구습에 얽매어 있지 않은 개화 인물이다. 그는, 이 작품에서, 3천 석을 할 수 있는 전답(田畓), 2천여 필의 우마(牛馬), 수백만 금의 재화(財貨), 2백여 명의 문하 식객(門下食客), 3백여 간의 가옥 등을 지닌 대지주요 부호로 설정되어 있다. 어떤 사

람이 그에게, 작답(作畓)하면 몇 배의 이익이 생기고, 조상의 묘를
이장(移葬)하면 공명(功名)이 나고, 어떤 산에 기도하면 복록(福祿)
이 무궁하고, 불공을 드리면 자손이 창성(昌盛)하고, 굿을 하면 집안
이 평안하고, 용신경(龍神經)을 읽으면 재앙을 면할 수 있다고 속이
려 하지만, 이 시골 노인은 그것이 재물만 허비하는 부질없는 짓임
을 잘 알고 있다. 개인의 부귀 영화만을 탐하는 일이나, 미신을 신봉
하기 위해 재물을 남용하는 일들에 현혹되지 않는, 봉건적 잔재를
일소할 수 있는 인물로 형상화되어 있는 것이다. 작가는, 이러한 시
골 노인이 상경하여 당대의 사회 현실을 목도(目睹)하게 하고, 이를
통해 1905년의 시대 상황을 사실 그대로 증언하게 한다.

널리 알려져 있는 바와 같이, 1905년 2년여에 걸쳐 벌어졌던 노일
(露日) 전쟁은 일본의 승리로 끝났고, 이후 일본은 한반도에서의 주
도권을 장악하게 된다. 개항 이후, 한국을 식민지로 만들기 위해 중
국·러시아·미국 등 열강들과 각축을 벌이던 일본이 끝내 '을사조
약'을 강압적으로 체결하여 우리의 외교권을 박탈하고, 통감부(統監
府)를 설치하게 된 것이다. 이에 따라, 이른바 '을사오적(乙巳五賊)'
을 비롯하여, '일진회' 같은 친일 세력이 발호하게 된다. 그러나, 한
편으로 '자주'와 '근대'라는 서로 다른 가치를 추구하던 개화파와 위
정척사파 세력이 국권 회복이라는 시대적 명제 앞에서 서로의 힘을
합하게 된다. 이후 1910년 한일합방 때까지 거국적으로 전개된 교육
구국·식산(殖産) 장려 같은 애국계몽운동이나 항일 의병 활동 등이
그것이다. 이 작품에서 시골 노인은 바로 이와 같은 사회 현실을 목
격하게 되고, 망국 직전의 위기에 처한 시대 상황을 구체적으로 파
악하고 인식하게 된다. 이것은 다음의 인용문에서 보는 것처럼 일진
회의 실체를 낱낱이 파헤쳐 그 기만성(欺瞞性)을 고발한 데서 구체

적으로 드러나 있다.

> 의싱왈 일진회의 목뎍을 디강 들은즉 첫지는 독립긔초를 공고
> 케 하고 둘지는 황실존중이 하고 인민의 싱명지산을 보호혼다 하
> 나 근일로 보면 그 목뎍이 변하엿는지 알 슈 업셔오 로인왈 이졔
> 그더 말을 드르니 거의 알겟노라 너나라 외교권리를 남의게 보니
> 노라 신죠약을 셩리혼다 한편으로는 원로디신이 솔빅관졍쳥을 혼
> 다 한편으로는 원로듯신이 잡혀간다 한편으로는 디관이 즈결을 혼
> 다 ㅎ는 판에도 슈슈방관ㅎ야 말 한마디를 아니홀뿐 아니라 도로
> 혀 션언셔인지 무엇인지 하여노코 신죠약을 창도혼 모양이니 그거
> 시 다 독립긔초를 공고케 혼다는 목뎍이며 외교권리 업셔지고 보
> 호감독 밧고 보면 국권이 감삭하고 황위가 미약하니 무엇으로 황
> 실을 존쥬이 혼다 하며 렬도디군 용디로 인민의 가옥과 분묘를 훼
> 파하며 젼답을 쎄아스되 령이 불문안져잇고 렬도목 연션줄에 우쥰
> 혼 쟈 실슈하면 군수상 방희라고 군률로 포살하되 시이불견 누어
> 잇셔 한소리 반마디도 질문 한번 업셧스니 그거시 다 인민의 싱명
> 지손 보호혼다는 목뎍인가.49)

위에 보인 대로 독립 기초를 공고히 하고, 황실을 존중하고, 인민
의 생명과 재산을 보호한다는 일진회의 설립 취지와 목적은 당대 사
회가 지향하는 절대선이요 시대 정신에 다름 아니다. 그러나 주지하
는 바와 같이, 일진회는 이러한 취지와는 달리 매국적 친일 행위를
일삼게 된다. 이 작품의 시골 노인은 일진회의 이와 같은 기만적 행
태를 조목모목 들추어내고 이를 고발하고 있다. 먼저 시골 노인은
을사조약 체결을 반대하는 상소가 산더미처럼 쌓이고, 전국 곳곳에

---

49) 『대한매일신보』, 1905.12.29.

서 을사 오적을 처형해야 한다는 여론이 들끓고 있을 때, 이들은 오
히려 이른바 '일진회 선언서'를 발표하고 매국적 조약 체결을 고무
찬양함으로써 독립 기초를 공고히 한다는 설립 취지를 위반했다고
비판한다. "원로 디신이 잡혀간다 디관이 즈결을 혼다 흐는 판에 슈
슈방관흐야 말 한마디를 아니홀 쑨 아니라 도로혀 선언서인지 무엇
인지 하여노코 신죠약을 창도혼 모양"이라는 지적이 그것이다. '황
실 존중' 취지 또한 마찬가지이다. 조약 체결 후, 이 때문에 마침내
보호 감독을 받지 않을 수 없게 되고, 그 만큼 국권은 실추되고 황위
(皇威) 또한 더욱 미약해지게 되었는데, 무엇으로 황실을 존중하겠
는가 반문한다. 그래서, 「향로방문의성이라」의 시골 노인은 일본이
군사용이라는 명분을 내세워 인민의 가옥과 분묘를 파헤치고, 전답
을 빼앗고, 이에 항의하면 군사상 방해라 하여 군율(軍律)로 포살(捕
殺)하는 현실인데, "시이불견(視而不見) 한소리 반마디도 질문 한번
업셧스니 그거시 다 인민의 싱명 지산 보호혼다는 목덕인가" 하고
일진회의 반(反)민족적 행위를 고발한다. 시골 노인의 이러한 지적
은 일진회의 실체를 적확하게 파악하여 그 설립 취지의 기만성을 폭
로한 것이라 하겠다.

일진회를 비롯한 당대의 친일 세력들은, 당시 신문이 지적한 것처
럼,50) 일본의 위세를 등에 업고 오히려 부일(附日)하지 않는 정부 관
리들에게 사직을 강요하면서 통감(統監) 정치를 승인하는 등 매국적

---

50) 같은 신문, 1905.12.30. "근일에 일반국민이 기왈 국적이라 허는 모모 디신들의
게는 뭇지도 아니허더니 변변치 못허고 만만혼 신임경무스 윤철규시의게는 날
마다 가셔 스직허라고 론박이 즈심허다 허나 그 쥬의는 참 올 슈 업셔요 …(중
략)… 지금 모모 디신들은 이왕에 소위 권고도 만이 당허엿슬쑨 아니라 금번
일로 보게드면 가위 동성상응으로 지긔상합혼터인즉 다시 말홀 것 업시되엿
고"

행위를 서슴없이 자행한다. 그래서,『대한매일신보』는 일진회를 을
사 오적과 같은 매국 집단으로 규정하고 강도 높게 규탄하는데, 이
는 물론 친일 세력의 발호를 견제하고 일본의 침략 행위를 저지하는
데 그 목적이 있었다. 이런 점에서,「향로방문의싱이라」는 일진회
같은 친일 매국 집단과 이들을 뒤에서 조종하는 일본의 정체를 적나
라하게 드러내 보이고, 이들 세력에 대한 국민적 경계를 촉구하는
데 그 작의(作意)가 있다고 하겠다.

「향로방문의싱이라」에서 시골 노인은 매국적 정부 대관과 일진회
로부터 비롯된 당대의 '부당한 병'에 대해 구체적인 전망을 내놓고,
의생(醫生)은 그 처방책으로 식산(殖産)과 흥학(興學)을 주장하고 있
다. 1905년 을사조약 체결 후, 매국적 개화파와 일진회 같은 친일 세
력은 갑신정변과 갑오경장을 통해 전개되어온 개혁이 비로소 조약
체결로 이루어지게 되었다는 괴설(怪說)을 조작 유포하고 있었다.
그래서,『대한매일신보』는 이를 경계, 일본의 침략 정책을 호도하려
는 술책이라고 규탄한다. 수중에 있는 권리를 남의 장중(掌中)에 넣
어주고, 내 국민의 소유권을 남의 인문(咽門)에 넣어주는 것을 가리
켜 개혁이라 함은 괴귀지설(怪鬼之說)에 지나지 않는다는 것이다.[51]
그리고 참된 의미의 개혁, 문명 개화를 정의하여 제시한다. 근대화
를 위한 개혁은 절실한 과제이지만 국권을 담보로 한 개혁이란 있을
수 없다는 것이다. 그러므로 당대의 과제는 일본을 물리치고 실추된
국권을 회복하는 것이며, 이를 위해서는 모든 민족 세력이 한뜻으로
교육과 식산에 힘써 실력을 양성해야 한다고 주장한다. 이 작품에서
일진회의 매국적 행위를 비판하고, 다음에 보이는 것처럼 식산과 흥

---

51) 최해청(편),「魔報鬼說」,『대한매일신보 발췌록』, 청구대학 출판부, 1958, pp.
　　368~369. 조동일,『개화기의 우국문학』, 신구문화사, 1974, p.100에서 재인용.

학(興學) 구국을 강조하고 있는 것은 따라서 당대 사회가 요구하는 개혁 방안을 반영한 것이라고 할 수 있다.

① 국력을 발달코즈 흐게드면 민력을 붓잡아야 될터이오 민력을 붓잡으랴 흐게드면 농공상업 권면흐야 될터이오 농공상업 권면쿄즈 흐게되면 교육에 힘을 써야 될터이오 교육을 힘쓰고즈 흐게드면 학교를 확장하야 될터이오 학교를 확장코즈 하게드면 교스를 퇴용하야 될터이오 교스를 퇴용코즈 하게드면 인지를 슈습하야 될터이오 인지를 슈용코즈 하게드면 경향을 물론하고 친소를 불계하고 귀쳔을 불구하고 쳥촉을 밧지안코 슌젼흔 의국정신 빅졀불회 굿게직혀 물의를 치탐흐여 지식을 시험흐야 젹당흔 쵝임으로 면면이 맛긴 후에 근린션악 감찰흐야 권면홀 즈 권면흐고 죄쥴 즈 죄를 쥬고 샹쥴 쟈 샹을 쥬어 각기 직분다케 흐면 무어시 안이될가52)

② 이 니말을 드러보오 오날날 이 디경에 홀일이 무엇인가 어서 봇비 시급흐게 즈손을 가라치오 한아알고 두리아라 차차 찌여 늘오가면 국권을 회복흐기무엇이 어려우리 …(중략)… 부모는 굼더리도 즈손은 가라치고 부모는 칩더리도 즈손은 가라치오 …(중략)… 즈셔히 궁구흐고 깁히깁히 싱각흐야 가라치어 가라치오 어셔봇비 가라치오 나라는 업셔져도 빅셩은 사라쓰니 잇는 사업 잇는 지죠 그릇흐게 마르시오 빅셩을 교육홈은 흥국흐는 근본이라53)

물론, 위의 인용문 ①에서 의생이 제시한 것처럼, 식산을 장려하

---

52) 『대한매일신보』, 1906.1.23.
53) 같은 신문, 1906.1.11~12.

여 국력을 배양하는 것은 당대 사회가 반드시 이루어내야 할 당면의
과제라고 할 수 있다. 그러나 이러한 방책은 구체적인 것이 아니라,
구호성에 머물고 있는 추상적 방안에 다름 아니다. 왜냐하면, 시골
노인의 반박대로 농·공·상업을 힘써 장려한다고 하지만, 그것에
관계된 이권(利權)은 이미 일제에게 넘어간 상황이고, 따라서 그것
은 오히려 일본에게 이익이 될 수 있겠기 때문이다. 우리 정부는 일
본의 강압적 내정 간섭과 부일(附日) 세력의 농단(壟斷) 때문에 이미
허수아비로 전락한 현실이라는 점에서 더욱 그러하다. 시골 노인의
현실 파악 능력은 다른 사안에 대해서도 그대로 적용되고 있다.54)
그럼에도 불구하고, 일본의 대한(對韓) 정책은 궁극적으로 식민화에
그 목적을 둔 것이었고, 이 같은 현실 속에서 선택이란 제한적일 수
밖에 없다는 점을 감안할 때 식산과 흥학은 유일한 대안이라고 할
수 있다. ②에서 보는 것 같은, 교육으로 실력을 양성하여 국권을 회
복하자는 교육구국론, 교육자강론이 그러한데, '나라는 업셔져도 빅
셩은 사라쓰니' 교육에 힘써, '잇는 사업 잇는 직죠 그릇흐게 마르시
고' 교육으로 나라를 구하자는 호소는 간절하기까지 하다. 이 작품에
서, 다른 작품과는 달리 교육구국론(이러한 주장은 1906년 1월 11일
부터 동년 1월 16일까지 6회에 걸쳐 되풀이되고 있다)을 거듭 강조
하는 것도 이 때문이다. '학문 업셔 무식흐즉 학문 잇는 사람의게 로
예밧게 못되리라 로예가 되고 보면 압계를 면홀손가'라고 보는 현실
인식은 이를 뒷받침한다.55)

---

54) 같은 신문, 1906.1.5. "금번 신죠약으로 보게드면 응당 일본에는 영화롭다 홀여
니와 우리나라예야 그런 낭픠가 어더 잇나 그러케로 미루여 보면 지금 당국주
들이 만일 우리나라에 유용지인 갓흐면 져사람네들이 그져 잇슬터인가 밝셔
면관흐라는 권고도 만이 하엿슬터이오"
55) 같은 신문, 1906.1.14.

'교육'에 대한 새로운 인식, 이른바 교육구국론은 1910년 이후의 신소설을 포함하여 애국계몽기 전 기간에 생산된 소설에 기본적으로 관류하는 시대정신의 하나라 하겠는데, 교육의 중요성은 이미 1890년대에 독립협회(獨立協會) 활동에 참여했던 급진 개화파의 일부 지식인들과 점진 개화파 지식인들에게 분명히 인식된다. 특히, 근대 의식에 민감했던 지식인층은 국권이 상실되어 가는 현실 앞에서 민권(民權) 투쟁의 한계를 깨닫고, '교육 구국' 사상으로 새로운 활로를 찾고자 했다. 이들은 기울어져 가는 국권을 수호하고, 그리고 만약 국권이 상실된다 하더라도 국권을 회복하는 데 가장 필요한 것이 교육이라고 인식했던 것이다. 1905년 이후, 박은식·신채호·김구 등이 '교육 입국', '교육 구국'이라는 기치 아래 전국적으로 사립 교육기관을 설립하는 운동을 활발히 전개, 1910년 한일합병 직전까지 불과 수 년 사이에 전국에 3천여 개에 달하는 사립학교가 새로 세워지고, 1909년 한 해 동안에만도 전국에서 사립학교 설립을 청원한 수가 무려 2,056건에 이르게 된 것은 이 시기의 교육 구국에의 열망을 짐작하게 한다. 특히, 학교 설립기금의 대부분을 민중 스스로가 자발적으로 부담하였다는 점에서 그 당대 민중들의 신교육에 대한 열의를 짐작할 수 있다.56)

그러나, 위에서 살펴본 것처럼, 이 작품에서 제시하고 있는 식산흥학(殖産興學)의 구국운동은 민족적 단결이 없이는 이루어내기 어려운 일이고, 당대에 성취하는 것도 결코 쉽지 않은 일이다. 교육에 의한 실력 양성론 또한, 위의 인용문 ②에서처럼 국권 회복과 자주 독립 의지로 연결될 수도 있겠지만, 교육할 수 있는 여건이 확보되

---

56) 홍일식, 앞의 책, pp. 82~83.

지 않은 상태에서 교육을 강변(强辯)하는 것은 공허한 주장이 될 수 있다. 이 작품에서 시골 노인과 의생 두 사람은 이러한 현실을 정확히 파악하고 있다. 그래서 이들은 그토록 강력하게 '교육에 의한 실력 양성'을 외치지만, 한편으로는 '우리는 죽더리도 청년을 비양ᄒ야 국권을 회복ᄒ고 ᄌ쥬독립'을 이루어내야 하며, 그렇게 될 때 '산쟈도 영화롭고 죽은ᄌ도 영화'롭게 된다고 믿고 있다. 이 작품 말미에 제시된 젊은 세대에게 감계(鑑戒)가 되는 단가(短歌)에도 이 같은 신념이 잘 나타나 있다.

「향로방문의싱이라」는 앞에서 살펴본 대로, 시골에 사는 노인이 상경하여 의생과 담화하면서 일진회의 매국적 친일 행위를 폭로하고, 일본의 침략 정책을 비판하고 있다. 그리고, 이러한 현실을 극복하기 위한 방안으로 산업 장려와 교육에 의한 실력 양성을 강력하게 주장하고 있다. 식산 흥학의 구국 의지가 그것인데, 이런 점에서 이 작품은 '반(反)외세, 자주 국권'이라는 주제 의식을 드러낸다고 할 수 있다.

4) 反封建, 反外勢 志向意識/「쇼경과 안즘방이 문답」, 「車夫誤解」

「쇼경과 안즘방이 문답」은 1905년 11월 17일부터 동년 12월 13일까지 21회에 걸쳐 순국문으로 연재된 소설이다. 이 작품의 주요 등장 인물인 소경과 안즘방이는 공통적으로 전근대적인 직종에 종사하는 사람으로, 갑오경장 이후 행해진 근대화로 인하여 생활의 위협을 받는 부류라고 하겠다. 이 작품은 소경과 안즘방이 두 인물이 시국 전반에 대해 희화적(戱畵的)으로 대화를 나누면서 당대의 과도기적인 사회 현상을 야유하며 비판하는 내용인데, 장면의 부연적(敷衍

的) 서술이나 묘사가 없는 특이한 형식을 보여 준다.57)

이 작품은 복술(卜術)을 하는 소경과 망건을 만들어 파는 안즘방이의 신세 한탄으로 시작한다. 소경은 '돈이 극귀허여 그럿치 신화 한 푼 얻어 보기는 하눌에 별짜기오 구화죠차 구경홀 슈 업'는 형편이다. 지난 시절에는 '문슈 소리를 질으고 도라다니면 이집져집에셔 불너들려 하로 못버러도 숨스십량'이었는데, 요즘에는 '다리에 가리 토시가 셔도록 다여도 숨스푼을 구경치 못' 하고, 그래서 생활이 매우 어렵다. 이런 사정은 망건장이도 마찬가지. 그 또한 '망건 이숩기만 맛허도 미일 스오십량 오륙십량을 버러 고기도 스먹고 슐도 먹엇'는데, 세상이 바뀌더니 '근일 당허여는 돈도 귀홀 쑨 아니라 며리 싹는 스롬 만어셔 졔각금 망건을 파라 먹으려 드는 까닭에 싱이 업'는 곤궁(困窮)으로 하루하루 살아가기가 막연하다. 개화 물결로 문복(問卜)하는 사람들이 급격히 줄어들었을 뿐만 아니라, 단발령으로 모두들 상투를 잘라버려 망건이 팔리지 않게 되고, 이 때문에 소경과 안즘방이는 하루아침에 실업자로 전락하게 되었다는 것이다. 그래서 그들은 신세타령으로 자신들의 무능을 자책(自責)하는 한편, 졸속으로 행해지고 있는 당대 사회의 경제 정책을 신랄하게 비판한다. 특히, 신·구 화폐의 교환으로 인해 재정이 문란해지는 전황(錢荒) 현상에 불만이다. '속담에 상말노 기가 돈이 만으면 멍첨지라 흔다는 말'58)처럼, 전황(錢荒)에 따른 부작용으로 '경제 부랑배'라 할 수 있는 협잡배(挾雜輩)들을 난무하고 있고, 이 협잡배들은 돈으로 벼슬자리마저 좌지우지하는 현실이기 때문이다.

---

57) 이 작품의 '풍자적 희화'에 대해서는, 김춘섭의 「개화기 소설에 나타난 풍자적 희화」(『전남대논문집』 31집, 인문편, 전남대, 1986.) 참조.
58) 『대한매일신보』, 1905.11.18.

「쇼경과 안즘방이 문답」은 다음 인용문 ①에서 보는 것처럼, 당대의 사회가 이렇게까지 혼란상을 띠게 된 것은 무엇보다도 우리 정부의 무능과 봉건적인 관료들의 부패에서 연유한다고 지적한다. 지방에 파견된 관찰사나 군수는 마땅히 '첫지는 츙군이국(忠君愛國)이오 둘지는 위부모쳐ㅈ(爲父母妻子)홀 경륜'59)인데, 우리의 관리들은 선정선치(善政善治)는 하지 않고 오히려 악정불치(惡政不治)를 일삼고 있고, 이러한 포악한 관찰군수의 탐학(貪虐) 때문에 백성들은 '죽을 고싱 다혼다'는 것이다. 그래서 기왕의 가렴주구(苛斂誅求)로 축재한 묵은 관리들은 더 이상 빼앗아가지 않겠지만, 새로 부임하는 관리들에게는 또다시 빼앗겨야 하지 않겠느냐고 자조하며 체념(諦念)할 수밖에 없다. 물론, 이러한 지방 관료들의 부조리와 부패의 근본적 원인은 당대 사회에 만연되어 있던 정부 대신들이 자행한 매관 매직의 소산이라고 할 수 있다. 환언하면 정부 대신들은 돈을 받고 벼슬을 팔고, 뇌물로 벼슬길에 오른 지방 수령들은 '들인 돈 싸이려 흐면 박탈민지(剝奪民財) 아니코는 홀 슈 업'는 구조적인 부패이며, 위로부터의 부패가 아래로의 부패로 연결됨을 보여주는 문자 그대로 '상탁하부정(上濁下不淨)'의 사회인 것이다.60)

이 작품은 이와 같은 정부 대관들의 부정 부패는 당대에 진행되었던 개화의 피상성에서 연유되고 있음을 지적하고, 이를 비판한다. 개화된 세상에서도 정부 관료들의 부패가 만연하고 있는 것은 그 개화가 실질적으로 행해진 것이 아니라 형식적으로 행해졌기 때문이며, 그것은 '고목남기 것흔 셩허나 속은 좀이 먹어 들어가는 모양'이라는 비판이 그것이다. 갑오경장 이후, 개화니 문명이니 개혁이니

---

59) 같은 신문, 1905.11.21.
60) 같은 신문, 1905.11.21.

하며 머리는 잘 깎았지만, '완고(頑固)의 구습(舊習)'은 바뀌지 않고 여전하여 '겉기화'에 그쳤다는 것이다. 바꿔 말하면, 당대의 개혁은 참된 의미의 문명 개화가 아니라 외양만 포장하는 허명(虛名) 개화에 지나지 않는다는 지적이다.

「소경과 안즘방이 문답」에서, 소경과 안즘방이는 이와 같은 형식만의 '겉기화' 시대에 아무것도 할 수 없는 자신들의 처지이지만, 그럼에도 불구하고 ②에서 보는 것처럼 그들의 직업이 여전히 의미 있는 일이라고 믿고, 이를 다투어 자랑한다. 참된 의미의 개화란 옛것 또는 전통을 배척하는 것이 아니라, 그것의 발전적 계승에 있는 것이며, 지극히 평범한 갑남을녀(甲男乙女)의 생활 감각에서도 합당한 의미를 지녀야 하는 것으로 인식하고 있기 때문이다.

① 지금갓치 전황훈 쎅에도 군슈쥬본이 된다허면 스면에도 리왕허는 소리에 귀가 압흐니 …(중략)… 관출군슈롤 죠졍에셔 겄흐로는 틱차흐아 보닌다고 허여도 그 사롬이 그 스람 갓흐여 이젼에는 빅셩들이 션졍불망비를 셰우더니 지금은 악졍불망비가 셔게되얏슨즉 사람마다 불망비 한아식은 다 엇을 모양이지 참 근릭는 관찰군슈의 불망비는 거리거리 만히 셧데 션치를 허여도 비를 셰고 불치를 허여도 비를 셰며 션졍을 흔 자도 원류악졍을 흔 자도 원류허니 그 셈판은 참 알 슈 업셔 그 무엇이 알 슈 업나 션졍을 허던지 악졍을 허던지 빅셩들이 잇지 못홀 일은 한가진즉 이럿턴 져럿턴 불망비는 일반이오 불치를 허던지 션치를 허던지 원류홈은 이사람이나 져스람이나 일반인즉 무근 사람의게는 이왕 만히 먹혀슨즉 다시 더 먹힐 것 업거니와 시로 시사람 오게되면 쏘 먹으려고 혀를 둘너 가진 악졍 다 홀터이니 돈 몟쳔량 쎼앗기랴면 죽을고싱 다흔다네[61]

② ᄌ네 비운 셩인는 업셔져야 나라이 흥왕홀 터일셰 니스람 남
의 말은 시근죽 먹기갓치 잘허네 그러케 홀 말리면 ᄌ니 비운 셩
인는 무어시 유죠흔가 나의 비운바 경문과 복슐은 빈말리라도 축
스나 허고 길흉이나 판단혼다 허지마는 그 망건 갓흔것 무엇허나
안일셰 망건이라 허는것은 례의지국 의관으로 션왕의고풍이니 일
죠에 업지 못홀·것이지 …(중략)… 그 망건의 폐단을 대강 이르리
라 사롭의 머리는 가히 졍신든 쥬먼이라 홀 터인데 그 졍신 쥬먼
이를 잔득 졸나믜여 혈믹이 ᄌ유활동을 못허게 허니 졍신에 유히
무익이오 아모리 밧분일이 잇는 쟈라도 망건을 쓰ᄌ허면 몟시간을
허비허니 스업에 유흔무익이오 …(중략)… 션왕의 고풍이라 칭탁
지 말고 어진졍치와 아름다운 규모를 좀 션왕의 유풍이라고 숭상
흐엿스면 부국기명되련마는62)

그러나, 위의 인용문 ②에 보인 대로 이들 인물이 벌이는 직업 자
랑은 단순히 자기 직업의 우월함을 내세우는 다툼이 아니다. 작가는
이들의 다툼을 통해 '션왕의 고풍'이라는 이유만으로 복슐(卜術)과
망건을 유지하고자 하는 당대의 허위 의식을 지적한다. '선정 선치'
를 선왕의 유풍(遺風)으로 숭상하였더라면 '부국 기명(開明)'되었을
것이라는 자탄(自嘆)은 위민(爲民) 정치의 부재를 안타까워하는 심
정을 토로한 것에 다름 아니다. 바꿔 말하면, 당대 사회가 지향하는
개화·개혁이 참된 의미의 문명 개화로 성공하기 위해서는 일반 '백
성'들의 의식 각성이 무엇보다도 중요한데도 불구하고, 이전 사회의
전통과 구습을 지키려 하는 백성들을 계도하여 개혁의 주체 세력으
로 이끌어내지 못했고, 그래서 '부국 개명'이 이루어지지 않고 있다

---

61) 같은 신문, 1905.11.19.
62) 같은 신문, 1905.11.23~24.

는 현실 인식을 우의적으로 표현한 것이라고 할 수 있는 것이다. 복
술과 망건 같은 봉건적 구습이 없어져야 나라가 흥왕(興旺)할 수 있
다는 이들의 주장은 「소경과 안즘방이」의 주제 의식을 짐작케 하는
단서라 할 수 있다.

이 작품은 우리 정부 대신들의 무능을 강렬하게 비판하고 있다.
주지하는 바와 같이, 이 시기의 개화·개혁운동이 위로부터의 지시
적 개혁이었고, 그래서 백성들이 주체적으로 개혁에 참여할 수 있는
길이 원천적으로 봉쇄되거나 극히 제한될 수밖에 없었다. 백성의 입
장에서 보면, 개화사회의 개화인답게 회사를 설립하여 외국과의 교
역으로 상업을 진흥시키고자 하지만, 경제 사정상 거의 불가능하다.
마지막으로 희망을 걸 수 있는 것은 자녀에 대한 교육뿐인데, 그렇
지만 이것도 마음대로 할 수 없는 것이 현실이다.63) 이 작품에서, 소
경과 안즘방이가 정부 대신들을 거듭 비판하는 것은 그들이 바로 이
같은 현실을 자초한 주범이라고 믿기 때문이다. 정부 대신들은 '한국
에는 역신이오 외국에는 충신이라'는 지적처럼, 일제가 식민지 수탈
의 발판으로 삼을 수 있도록 광산권·삼림권·통신권 등을 넘겨주
는 등 반(反)민족적이고 친일적인 행보로 자신의 부귀 영화만을 탐
해 왔다.64) 행차 때마다 '순검 병정 옹위허고 일헌병 일순사가 좌우

---

63) 같은 신문, 1905.11.26. "정신 서푼어치 업논말 쏘 허네 그 즈식도 기르라면 먹
이고 입혀야 허고 덕을 보랴하면 잘 교육을 하야 셩도를 시켜노코야 홀 말이지
당장 죽을 지경인데 무엇으로 양육허나 공죽이라 납거미 먹고 살가"

64) 같은 신문, 1905.12.8. "나라는 망허든지 도모지 불계허고 져 흔몸의 비긔지욕
만 싱각하야 스스이 낭픠허니 전국의 혈믹되는 지졍긔관은 남의게 양여하야
졍리인지 목둑인지 흔다고 지졍이 탕갈하야 일국싱령이 아사지경을 면치 못허
게 되얏스니 싱령이 다 죽으면 나라이 엇지 되며 나라이 업게 되면 정부는 잇
슬숀가 통곡홀 즈이 것이오 기타 광산이나 삼림이니 어업이니 통신원이니 허
는 전국에 큰 리익되는 것은 스분오렬하야 죠각죠각 써여늬야 외국인을 난와

로 보호' 받는 정부 대신들, 이들은 민중의 고통은 안중에도 없고 오로지 자신들의 안일만을 추구하고 있다는 것이다. 그래서, 소경과 안즘방이는 다음에 보이는 것처럼, 이러한 정부 대신들은 물론, 그들을 뒤에서 조종하는 일제에 대해서도 비판을 가한다.

> 그 신죠약은 우리나라 외교권을 것어다가 일본동경으로 이설ᄒ다 홈이오 그 통감부라는 것은 통감잇슬 쳐소요 통감은 외교권이나 기타 범빅수위롤 모다 감찰허는 관원의 벼살일홈이라네 …(중략)… 우리나라 정부에셔 외교권리를 일본에 쥬고보면 렬강졔국에셔는 무슴 국졔상 일에 디허여 디소를 불계허고 그 외교권리 잡은 일본과 교셥홀 터이니 권리업는 우리 정부와 의론홀 됴리 잇나 그러ᄒ즉 셰계렬강과 디등국이 못되고 남의 나라 속국이나 다름업셔 닉일을 내가 못혀고 남의 손 비러허니 무엇시 ᄌ쥬국이며 무어시 독립국이라 허리오 ᄌ쥬독립 헷말일셰.[65]

「소경과 안즘방이 문답」은 위의 인용에서 알 수 있는 것처럼, 외교권을 빼앗긴 우리나라는 남의 나라 속국이나 다름없고, 따라서 'ᄌ쥬독립 헷말'이라고 경고한다. 물론, 이러한 경고는 비록 미온적이기는 하지만 을사 오적 같은 친일 대신은 말할 것도 없고, 일제의 식민화 책략(策略)을 간파하지 못하고 무주체적으로 대응한 관리들의 무능함에 대한 비판에 다름 아니다. 이 작품에서 이처럼 을사조약 체결 이후 일제의 강압적인 침략에 대한 경계와 비판이 빈번히 표출되고 있는 점은 주목을 요한다. 이는 부당한 현실을 초래한 외세(外勢)

쥬고 텰도디이니 군용지단이니 하야 소중ᄒ 나라강토롤 위협에도 쌔이앗기며 호의로도 쥬어가며"
65) 같은 신문, 1905.12.2.

에 대해 주체적으로 자각하고 있음을 반영하는 것이기 때문이다. 그러나 이 작품에서 특히 주목되는 것은 이러한 경고와 비판이 아니라, 현실 극복의 방법을 구체적으로 제시하고 있다는 점이다. '나랴롤 사랑허고 빅셩을 무휼허며 인지롤 비양허여 교육을 발달허며 농상공업 권면하야 지원을 융통하며 내경을 발게 하야 관리를 틱용하며 외교를 밋게 하야 린방을 친목'66) 하는 것이 그것이다. 여기에서 보듯 소경과 안즘방이는 당대 사회의 위기 현실을 극복하기 위해서는 무엇보다도 자주적인 '위민(爲民) 정치'가 필요하다고 강조한다. 그리고 이들은 자신들은 단지 육신만 병들어 있을 뿐이지만, 정신적인 소경과 안즘방이가 많다고 지적하면서 사회 전반에 통렬한 비판을 가한다. 이른바 완고파(頑固派)·수구파(守舊派)는 귀와 눈이 있어도 민심을 듣지 못하고 백성의 참담한 현실을 보지도 못하는 귀머거리 소경이며, 또 유학자(儒學者)나 선비들은 스스로 도학군자(道學君子)라고 하지만 현실을 직시하지 못하는 '써근 션비'로서 안즘방이나 다름이 없다는 것이다. 그래서 이들은 국난 극복을 위한 방법으로 합작을 제시한다. 서로의 약점을 보완하며 '우리 두리 일신단체(一身單體) 되여 이전에 못하던 일 허게드면'67)이라는 지평 제시가 그것이다.

애국계몽기의 우리 사회는 잘 알려져 있는 것처럼, 근대 지향에는 민감하고 진취적이지만 민족 주체의식이라는 지표(指標)에는 소홀했던 급진개화파, 그리고 민족 주체의식에는 철저하였으나 근대 지향에는 소극적이었던 점진개화파가 첨예하게 맞서 갈등을 일으키고 있었다. 이런 점에서, 안즘방이의 이와 같은 제안, 즉 소경과 안즘방

---

66) 같은 신문, 1905.12.6.
67) 같은 신문, 1905.12.12.

이가 서로의 불구적 결점을 보완하기 위해 '일신 단체'가 되어야 한
다고 한 것은 홍일식의 지적대로,[68] 급진개화파와 점진개화파가 연
합하여 국난(國難)을 극복하고 우리 민족에게 나아갈 지평을 제시한
것이라고 할 수 있다. 따라서, 이 작품은 당대의 위기 상황을 극복하
려는 성숙한 민중 의식, 그리고 개화·개혁에는 무엇보다도 민중의
주체적 참여와 결집된 힘이 긴요함을 표명한 것이라고 할 것이다.

위에서 살펴본 대로, 이 작품은 봉건 관료들의 부패상과 그 원인
을 날카롭게 비판하고 있을 뿐만 아니라, 일제의 침략 정책을 경고
하는 한편 민중들의 대동 단결을 촉구하고, 국난 극복의 지평을 제
시하고 있다. 이런 점에서, 이 작품은 반(反)봉건·반(反)외세의 주제
의식을 내보인다고 할 수 있다.

「車거夫부誤오解해」 또한 반(反)봉건, 반(反)외세의 주제 의식을
강하게 보여주는 작품이다. 이 작품은 1906년 2월 20일부터 3월 7일
까지 11회에 걸쳐 순국문으로 연재된 소설로, 한 무식한 인력거꾼이
'언어 유희'를 통해 의도적인 오해를 유발하면서 당대 사회의 제반
모순을 비판하고 있다. 인력거꾼은 당시 관료 계층이 이용하던 인력
거를 끌었던 계층으로, 조선 사회에서의 기녀들처럼 상류 계층의 생
활상을 직접 옆에서 견문할 수 있었던 하층민들이다.[69] 이 작품은
이들이 나누는 문답 형식의 이야기에서 그들의 무지함을 드러내는
데, 그러나 작의(作意)는 그들의 무지와 오해를 통해 당시 관료들의
무능과 몰주체적인 현실 인식을 효과적으로 풍자하는 데 있다.

---

68) 홍일식, 「개화사상사」, 『한국 현대문화사대계 II』, 고려대 민족문화연구소,
　　1976.
69) 『대한매일신보』, 1906.2.20. 인력거꾼의 이러한 계층적 특성은 다음 예문에서
　　찾을 수 있다. "늬가 인력거로 싱이ᄒᄂᆫ 고로 남북촌 지상가도 만이 가셔 보고,
　　각쳐 연회의나 연셜허ᄂᆫ 곳에도 더러 가셔 들은즉…"

이 작품은, 다음에 보이는 대로, '정부 조직(政府組織)'을 '정부죠
-집'으로 오해한 것에 대한 문답으로 시작된다. 인용문 ①에서처럼,
한 인력거꾼은 '정부(政府)'에 대해서는 이해하고 있지만, '죠직(組
織)'이란 생경한 단어를 말이나 소를 먹이고 지붕이나 담장을 덮는
'죠집(조짚)'으로 오해하고 있다. 이 때문에 좌중은 폭소를 터뜨리게
되는데, 어떤 사람이 '죠-집'이 아니라 '조직'이고, 조직은 '짠다'는
뜻임을 바르게 가르쳐 준다. 그러나, 인력거꾼은 '짠다'라는 말의 의
미를 '흔갓 여러 스룸이 위협으로 남을 졸나 쏜다는 의미'로 다시 오
해하고, 그래서 그 자리에 있던 인력거꾼들은 '우리가 모다 학식이
업셔 이 병문의셔 남의 삭짐이나 져주고'라고 체념한다.

> ① 정부 죠직 정부 죠-집허니 정부의셔 죠-집은 허여 무엇에 쓰
> 려는지 정부란 말은 각 디신네들 모혀 나라일 의론허는 처소로 짐
> 즈거거니와 그 죠-집은 무삼 죠-집인지 알 슈 업데 정부가 마소치
> 는 려각집이 안인즉 말이나 소롤 먹이려고 죠-집을 구흘 것도 아
> 니요 혹 시골셔는 죠-집으로 지붕이나 담깃튼 것을 이기나 허거니
> 와 …(중략)… 정부의셔 민폐롤 싱각허여 일본 군더로 보내려고 허
> 는 일인지 스룸마다 정부 죠-집이 된다 허며 혹 엇던 스룸에 말은
> 정부 죠-집이라는 것시 어어신고 …(중략)… 이 무식흔 놈아 정부
> 죠-집이란 말도 잇던가 정부 죠직이라 흐는 말이지 죠직이라 흐는
> 말은 무론 무엇이던지 쏜다는 말이라 …(중략)… 그런 말을 나는
> 밧헤 심으는 죠-집으로만 싱각흐엿슨즉 그는 무식흔 타시어니와
> 지금 그디의 말을 듯고야 황연이 씨다라도다[70]

---

70) 같은 신문, 1906.2.20~22.

② 사물상으로 비유ᄒ야 말ᄒ게드면 베실이나 무명실 갓튼 것
으로 베나 무명 갓튼 것을 쓴다 ᄒ여니와 정부를 쓴다 ᄒ게드면
각 디신을 갈희여 학문과 지능이 업는 쟈는 면관ᄒ고 지식이 유여
ᄒ야 능히 국ᄉ를 도울 만ᄒ 쟈로 의졍 디신 이ᄒ 각부 디신의 직
임을 맛겨 우흐로 황상 폐ᄒ에 셩춍을 기우며 아리로 졔 관리를
통솔ᄒ야 졍치와 법률을 받게 ᄒ며 디방 관리롤 틱츌ᄒ야 도톤에
든 싱령을 무휼ᄒ며 구졔ᄒ여 나라의 근본을 굿게 홉이니 그 심원
ᄒ 계교와 즁디ᄒ 칙임을 엇지 입으로 다 말ᄒ리오 그러ᄒ즉 졍부
죠직이라는 말을 쉽게 ᄒ면 쉽다 ᄒ려니와 얼엽게 알면 극히 얼여
올지니 엇지 졍부 죠직이 된다 ᄒ리오 목금 소견으로 보게드면 오
빅년을 쏘 지닉도 될는지 맛치 몰을 일이니 그디 말과 갓치 그러
케 싱각ᄒ는 것시 맛당ᄒ니 그디가 진짓 몰으고 ᄒ는 말인가 알고
도 몰으는 쳬ᄒ고 웃노라 ᄒ는 말인지는 알 슈 업스되 엇지 ᄒ엿
던 가히 우슈을 만ᄒ 일이로다71)

이러한 오해는 ②에 보인 것처럼, 조직의 의미를 자세히 설명함으
로써 풀리게 되는데, 결국 한 인력거꾼의 무지함을 통한 해학(諧謔)
은 정부 조직의 원칙론에서 종결되고 있는 셈이다. 정부 조직이란
학문과 재능이 뛰어나 '능히 국ᄉ를 도울 만ᄒ 쟈로 의졍디신 이ᄒ
디신의 직임'을 맡기는 것이고, 따라서 각 대신들은 '도톤에 든 싱령
을 무휼ᄒ며 구졔ᄒ여 나라의 근본을 굿게' 다져야 할 막중한 책임
이 있고, 그래서 '졍부 죠직이라는 말을 쉽게 ᄒ면 쉽다 ᄒ려니와 얼
엽게 알면 극히 얼여올지니' 더없이 신중해야 한다는 것이다. 물론,
당대의 현실에 비추어 볼 때 오백 년을 지나도 정부 조직이 제대로

71) 같은 신문, 1906.2.24.

될지 모를 일이라는 냉소(冷笑)로 끝나지만, 그러나 이것은 민족적 역량과 자긍심에 대한 비하는 결코 아니다. 그것은 시대적 혼란을 틈타 자신의 치부에만 여념이 없는 정부 관리, 당대 사회 지방 수령들의 부패상과 탐학적인 행태에 대한 비판에 다름 아닌 것이다. 따라서, '정부 조직'을 '정부 죠-집'으로 받아들이는 인력걱군의 이해는 '진짓 몰으고 ㅎ논 말인가 알고도 몰으는 체ㅎ고 웃노라 ㅎ논 말인지논 알 슈 업'는 의도적인 오해라 할 수 있다. 다시 말하자면, 정부 조직이 외세와 결탁하여 사욕을 채우는 봉건적 수구 세력으로 이루어질 경우 민중의 소망인 자주적 근대 국가의 건설은 무망(無望)한 것이며, 당대 사회의 시대적 명제(命題)인 문명 개화 또한 반(反)봉건의 과제를 해결하지 않고는 이루어질 수 없다는 주제 의식을 드러내려는 '오해'인 것이다.

'시정기션(施政改善)'을 '시정 개산(市井改散)'으로 오해하고 있는 것도 마찬가지이다. 다음 인용문에서 보는 것처럼, 인력거꾼은 '시정(施政)'을 종로 각 전(廛)의 시전(市廛)으로 받아들이고, '기션(改善)'을 극심한 전황(錢荒) 즉 불경기로 인해 시정배(市井輩)가 방황한다는 말로 알아듣는데, 이와 같은 오해 또한 의도적인 것이라 할 수 있다. 일진회원이며 일본 관인들도 '시정 기산 식힐 목뎍'으로 '권고롤 ㅎ다 충고롤 ㅎ다' 하는데, '소위 우리 나라 유지쟈라 ㅎ논 분네들은 나라일을 되도록 쥬의ㅎ다면셔도 시정이 기산이를 미여 도라단이기를 바라는 모양이니' 한심하고 답답하다는 개탄이 그러하다.

　　시정 기션ㅎ다 시정 기산 된다 ㅎ더니 참 시정 기산은 작년 가
　을 이후로 착실ㅎ 시정 기산이라 ㅎ거날 겻히 잇던 쟈이 무러 갈
　오디 자내는 엇더케 ㅎ는 말인가 시정 기션이 엇지 되얏다 ㅎ눈요

인력거군 왈 시경이라 ᄒᆞ는 말은 종로 각젼 시경이오 긔션이라 ᄒᆞ
는 말은 시경들이 젼황ᄒᆞ야 각쳐로 긔산이를 미여 단닌다는 말이
아닌가 그로 미루허 보게드면 소위 지식이 잇다는 스룹도 시경 긔
산이 되어야 ᄒᆞ다 ᄒᆞ고 일진회원이라 일본 관인이라 ᄒᆞ는 스룹들
도 시경 긔산 식힐 목덕이라고 권고ᄅᆞᆯ ᄒᆞ다 츙고ᄅᆞᆯ ᄒᆞ다 ᄒᆞ니 일
본 스룹이나 일진회원 갓흔 쟈는 시경 긔산이ᄅᆞᆯ 만들여고 흠이 용
혹 무괴ᄒᆞ거니와, 소위 우리 나라 유지쟈라 ᄒᆞ는 분네들은 나라일
을 되도록 쥬의ᄒᆞ다면셔도 시경이 긔산이를 미여 도라단이기를 바
라는 모양이니 무엇이 쾌홀 것 잇스며, 돈이 업셔 상로가 죠잔ᄒᆞ면
무엇이 나라에 유릭ᄒᆞ건디 언필칭 시경긔산이 되어야 ᄒᆞ다고들 ᄒᆞ
는지 급기 시경들이 그러케 긔산이를 미여 이를 써도 하나도 죠흔
일 업스니 무엇이 잘 될지 몰오깃데 신구화 교환으로 돈이 귀ᄒᆞ기
가 극황에 일으러 시경들이 젼문을 친다 출한을 당ᄒᆞ다 도망을 ᄒᆞ
다 빅셩들은 굴머 죽깃다 얼어죽깃다 ᄒᆞ며 심지어 우리들의 여간
돈품버리도 아죠 업셔져서 곤란이 막심ᄒᆞ되 소위 졍부 디관이나
유지쟈라는 분네들이 한아토 그런 것을 구폐홀 싱각은 업고 지금
ᄭᅡ지도 시경 긔산이 되어야 ᄒᆞ다 ᄒᆞ즉 이에서 ᄯᅩ 엇더케 되나 72)

물론, 이것은 화폐 개혁 같은 불요불급(不要不急)한 시정 개선에
대한 비판에 다름 아니다. 바꿔 말하자면, 화폐 개혁에 따른 '신구화
교환으로 돈이 귀ᄒᆞ기가 극황'에 이르러 이른바 전황(錢荒)이 더욱
심해지는 등 경제가 무너지고, 그래서 시정의 백성들은 '출한(出汗)
을 당ᄒᆞ다 도망을 ᄒᆞ다 굴머 죽깃다 얼어죽깃다 ᄒᆞ며' 아우성인 현
실, 그럼에도 불구하고 오히려 '지금ᄭᅡ지도 시정 긔산이 되어야 ᄒᆞ
다'는 정부 대관들의 무능을 고발하고 있는 것이다. '아모죠록 시정

72) 『대한매일신보』, 1906.2.25 및 29.

들을 보호ᄒᆞ야 상업이 흥왕' 하게 하면 백성들은 물론 정부에도 이
익이 될 것이고, 나아가 '전국 인민의게도 리익이 되야 나라 지졍에
얼마큼 효력이 잇슬 터'인데, 다만 '신화 일원에 구화 이원ᄒᆞ는 것을
다행이 아는 모양'이라는 지적이 그것이다. 말할 필요도 없지만, 이
시기의 화폐 개혁은 무능한 정부의 실패한 경제 정책이다. 그러나
그것은 또한 사회적 혼란을 불러일으켜 정부에 대한 불만과 불신을
증폭시키고, 그리하여 을사조약 체결의 불가피성을 널리 알리려는
일본의 치밀한 책략에서 연유하는 계획적인 개혁이기도 하다. 이 작
품에서 일진회나 일본 관리들을 '거져두고 정부를 죠직ᄒᆞᆫ다 ᄒᆞ면 무
어시 죠직이라 홀 터이며 그녜들이 정부 우혜 안져서 시졍 긔션ᄒᆞ깃
다 ᄒᆞ면 무어시 긔션될 터인가' 하고 자문하고 자탄(自嘆)하는 것도
이 때문이다. 따라서, 인력거꾼은 '일본셔 통감이 건너온 후에야 무
슴 결말이 난다 ᄒᆞ'는 한심하고 답답한 정부 관리는 말할 것도 없고,
우리 정부 위에서 내정을 간섭하는 일본, 그리고 일진회 같은 친일
세력을 비판한다고 하겠다.

　「車거夫부誤오解해」의 이와 같은 비판 의식은 '통감(統監)'에 대한
오해에서 보다 분명히 드러난다. 인력거꾼은 1905년 을사조약 체결
에 따라 통감부가 설치되고, 초대 통감으로 부임하는 이등박문(伊藤
博文)을 역사서 '통감(通鑑)'으로 알아듣는데, 이 문답은 일본의 식민
화 책략에 대해 무지한 정부 관리들을 비판하고 있다. 이것은 다음
의 인용문 ①에서 보는 것처럼, 일본에서 '통감'이 건너온다고 하는
데, 우리 정부의 관리들이 새삼스럽게 글을 배우려 하는 것인지, 또
그렇다면 우리 나라에도 '통감'이 있을 터인데 'ᄒᆞ필 일본셔 가져올
것 무어신가'라는 말에서 그 의도를 짐작할 수 있다. 그리고, 이 의도
는 '우리 나라에 만일 통감이 업게드면' 사략(史略)이며 소학(小學)·

대학·맹자·중용 같은 글 배울 만한 것이 허다할 터인데, '그것져것
불계ᄒᆞ고 일본 통감이 젹당ᄒᆞ단 말인가'라는 물음에서 분명해진다.
결국, 인력거꾼의 오해는 일본에서 건너온다는 새 책의 이름이 '통감
(通鑑)'이 아니라, 벼슬 이름인 '통감(統監)'이고, '일본에 유명ᄒᆞᆫ 원로
후작 이등박문씨가 통감'으로 밝혀짐으로써 풀리는데, 그러나 통감
의 실체를 파악하게 된 인력거꾼은 ②에서 보는 것처럼, 가슴이 무
너진다. '통감'이란 '도통 거날여 본다는 말'이고, 이로 미루어 볼 때
'우리 한국에는 굉중굉중ᄒᆞᆫ 칭호와 직권'임이 분명한데, 우리 국민에
게는 '기막키고 한심ᄒᆞᆫ 일'이기 때문이다.

  ① 나는 이쩌것 이러케 그 의미를 효득지 못ᄒᆞ고 오히홈이 주심
ᄒᆞ얏슨즉 당쵸에 글을 비오지 못ᄒᆞ야 무엇이 무슨 말인지 아지못
ᄒᆞ고 다만 음상소오 비스름ᄒᆞ게 듯고 억견으로만 싱각ᄒᆞ얏거니와
아마 졍부 디신네들도 나와갓치 그러케 무식ᄒᆞ야 그 의미를 효히
치 못ᄒᆞᄂᆞᆫ 모양인지 일간에 일본서 통감이 건너온다 ᄒᆞ니 아지못
게라 졍부 관리들이 글을 비오려 홈인가 우리나라에도 통감이 업
슬 것이 아니여던 ᄒᆞ필 일본셔 가져올 것 무어신가 우리나라에 만
일 통감이 업게드면 스략이라도 무방ᄒᆞ고 스학 디학 밍자 즁용이
허다ᄒᆞᆫ데 그것져것 불계ᄒᆞ고 일본 통감이 젹당ᄒᆞ단 말인가[73]

  ② 감안히 혜알여보면 통감이라ᄂᆞᆫ 통즈ᄂᆞᆫ 거나릴 통즈오 통감
이라ᄂᆞᆫ 감즈ᄂᆞᆫ 볼 감즈이니 그 통감 두 글즈를 합ᄒᆞ야 말ᄒᆞ게드면
도통 거날여 본다는 말 아닌가 그러케 미루혀 보게드면 통감이라
ᄂᆞᆫ 칭호와 직권이 우리 한국에는 굉중굉중ᄒᆞᆫ 칭호와 직권이 아닌

---

73) 같은 신문, 1906.2.28.

가 져 스람네들은 운치가 잇게 알 만도 ᄒ고 ᄌ미시럽게 여길 만
도 하거니와 우리 나라 일반 국민에게는 엇지 기막키고 한심ᄒ 일
이 아니리오 ᄌ네 말과 갓치 셔칙 일홈의 통감 갓고 보면 무어시
관계 잇다 하며 무엇이 원통하다 하기는가 ᄒ갓 우스올 만ᄒ 일이
로다 인력거군이 듯기를 다ᄒ고 길이 탄식ᄒ여 왈 속담에 일은 말
로 드르면 병이오 안들으면 약이라는 말이 올토다 나는 그러케 굉
장ᄒ 통감인 줄은 몰오고 다만 공ᄌ왈 밍ᄌ왈 ᄒ는 통감으로만 알
앗더니, 지금 ᄌ셔히 알고 본즉 비록 우쥰ᄒ 마옴이라도 가슴이 무
여지는 듯 피를 토ᄒ 듯ᄒ야 일단 병근이 될 듯ᄒ니 도로혀 아니
ᄒ얏슬 썬만 갓지 못ᄒ도다[74]

따라서, 이 작품에서 '통감'에 대한 인력거꾼의 오해는 일제의 대
한(對韓) 침략 음모에 대해 국민적 경각심을 고취시키는 한편, 일본
의 책략에 대해 아무런 대책도 마련하지 못하는 무능한 정부를 비판
하고, 정부 대관을 비롯한 지배계층에 대한 민중의 분노와 불신을
드러낸다고 할 수 있다. 환언하자면, 이 오해는 기본적으로 매국 행
위를 승인한 정부 관리들에 대한 야유이지만, 궁극적으로는 일제의
부당한 침략 정책에 대한 항변으로 볼 수 있는 것이다.[75]
   위에서 살펴본 바와 같이, 「車거夫부誤오解해」는 인력거꾼의 '경
부 죠집'과 '통감'에 대한 오해를 통해 당시 집권자들의 전근대적 보
수성과 일제의 통감부 설치의 부당성을, 그리고 '시경긔션'에 대한
오해를 통해 경제·사회적 혼란상을 풍자적으로 비판하고 있다. 뿐
만 아니라, 이 작품은 이러한 문제들은 몰주체적(沒主體的)이고 외

---

74) 같은 신문, 1906.3.4.
75) 한강희, 「애국계몽기 신문 연재소설 연구」, 성균관대 석사학위 논문, 1987,
    p.38.

세 의존적인 정부 관리 및 정부 조직에서 연유하는 것임을 은근히 비판한다고 하겠는데, 이런 점에서 인력거꾼의 오해는 작가의 시대의식이 강하게 표출된 '의도된 오해'로서, 반(反)외세·반(反)봉건의 주제 의식을 분명하게 드러낸다고 볼 수 있다.

애국계몽기는 서세 동점(西勢東漸)에 따른 충격과 더불어 서구 문명에 대한 동경이 이미 자리잡은 시기이며, 동시에 을사조약 이후 일제의 침략 음모가 노골화됨에 따라 이에 대한 저항이 조직화되어 가던 시기라 하겠다. 이러한 시대 상황과 관련, 당대의 저널리즘은 원래 '문명 개화'나 '반(反)봉건'에 각별한 관심을 보였으나, 을사조약 체결 이후 '반제(反帝)·항일(抗日)' 운동의 선봉에 서게 된다. 주지하는 바와 같이, 애국계몽기 우리 사회는 일제의 책략을 정확하게 인식하지 못하는 상황이었고, 갑신정변(甲申政變)에서 드러나듯이 오히려 외세, 특히 일본을 등에 업고서라도 개화·개혁하려는 세력조차 적지 않았다. 그러나 1905년 을사조약이 강제로 체결되자 이를 계기로 상황은 급변한다. 비록, 근대 또는 개화란 당대 사회 민중의 절실한 소망이요 시대적 명제이지만, 그러나 그것은 외세 의존의 몰주체적 근대화가 아니라 주체적이고 자주적인 것이어야 한다는 각성이 확산되었고, 그리하여 개화·개혁운동에 반(反)외세의 성격이 더욱 강화되었다.

『대한매일신보』에 연재된 토론체 소설도 애국계몽기의 시대적 과제를 수행하기 위한 실천운동과 밀접하게 관련되어 있다. 토론체 소설은 분량이나 구성 방식에서 다소의 차이를 드러내지만, 얼핏보면 그 주제적 지향은 거의 비슷하게 나타나는 것으로 보인다. 그러나, 토론체 소설의 주제 의식을 세밀히 살펴보면 각 작품마다 미세한 변별적(辨別的) 양상이 구현되어 있음을 알 수 있다. 따라서, 이 미세한 변별적 양상을 포착(捕捉)하고 그것에 의미를 부여하는 것이 중요한 과제라 하겠는데, 토론체 소설의 주제적 경향성은 을사조약부터 일제의 강점(强占)이 있기까지의 5년여의 짧은 기간 동안에 '반(反)봉건', '반(反)외세'라는 두 개의 축이 서로 공존·갈등하면서 변화의 추이를 나타내고 있다.

1905년 10월 29일부터 발표된 「향객담화(鄕客談話)」는 매관 매직에 의한 봉건 관료의 부패와 봉건적 구습에 대해 날카로운 비판을 하고 있다. 물론, 문명 개화에 대한 염원이 없는 것은 아니지만, 그것은 반(反)봉건의 작의(作意)를 표명케 하는데 보족적인 구실을 할 따름이다. 따라서, 이 작품의 주제 의식은 '문명 개화'를 동반한 '반(反)봉건'에 있다고 할 것이다.

1905년 11월 17일부터 연재되기 시작하여 을사조약 이후까지 발표된 「소경과 안즘방이 문답」은 자신의 안위와 축재(蓄財)에 여념이 없는 봉건 관료들의 부패상에 대해 그 원인을 따져가며 날카롭게 비판하고 있다. 이 작품에서 파악한 부패의 원인이란 위민(爲民) 정치의 부재이다. 또한, 이 작품은 실질적인 개화가 아닌 '겉 개화'를 경계하는 한편, 외세 의존적인 '허명 개화'에 대해서도 비판을 가하고 있다. 따라서, 일제 침략의 부당성을 부분적으로 고발하고 있다는 점에서 「향객담화(鄕客談話)」에 비해 '반(反)외세' 의식이 보다 강화되어 있다고 볼 수 있다. 바꿔 말하여, 개화·개혁에 대한 주장은 희석되고, 을사조약 체결에서 비롯된 '반(反)외세'의 시대 의식, 일제에 대한 비판적 시각을 작품 속에 반영하고 있는 것이다. 봉건 관료들의 부패상과 그 원인을 비판하는 데 그치는 것이 아니라, 일제의 침략 정책을 경고하고 민중들의 대동 단결을 촉구하는 한편, 국난 극복의 지평을 제시하고 있는 것이다. 이런 점에서, 이 작품은 반(反)봉건·반(反)외세의 주제 의식을 내보인다고 할 수 있다.

1905년 12월 21일부터 발표된 「향노방문의생이라」에서는 당대 사회의 모순된 현실이 구체적으로 묘사되는 가운데, 일본의 대한(對韓) 내정 간섭을 합법적으로 용인하여 준 매국적인 정부 관리와 일진회에 대해 통렬한 비판을 가한다. 그리고 시대의 난국을 극복하기 위해서는 '교육에 의한 실력 양성'이 무엇보다 중요하다는, 이른바 교육 구국의 시대 의지를 드러낸다. 따라서 이 작품의 주제 의식은 상실된 국권을 '교육에 의한 실력 양성'을 통해 회복하고, 자주 독립을 이룩하자는 '반(反)외세적 자강론(自强論)'이라 하겠다. 반(反)봉건, 근대 지향 의식보다는 일본에 대한 비판이 작품의 전면에 등장하고 있는 것이다.

1906년 2월 20일부터 발표된 「거부오해(車夫誤解)」는 인력거꾼의 '언어 유희(遊戲)'를 통해 '의도적인 오해'를 내보이고, 당대 사회의 갖가지 왜곡되고 모순된 현실을 비판하고 있다. 인력거꾼의 '경부 죠집'과 '통감'에 대한 오해를 통해 당시 집권자들의 전근대적 보수성과 일제의 통감부 설치의 부당성을 지적하고, '시경긔션'에 대한 오해를 통해 경제·사회적 혼란상을 풍자하고 있는 것이다. 뿐만 아니라, 이 작품은 이러한 문제들은 몰주체적(沒主體的)이고 외세 의존적인 정부 관리 및 정부 조직에서 연유하는 것임을 비판한다고 하겠는데, 이런 점에서 인력거꾼의 오해는 작가의 시대 의식이 강하게 표출된 '의도된 오해'로서, 반(反)외세·반(反)봉건의 주제 의식을 분명하게 드러낸다고 볼 수 있다.

이상과 같은 토론체 소설의 주제적 경향성과 그 변이 양상을 살펴볼 때, 을사조약을 전후로 하여 외세 의존적인 '친일(親日) 개화'가 아닌 '반(反)봉건 문명 개화'로, 그리고 '보수(保守) 반동'이 아닌 '반(反)외세 국권 수호'의 수구(守舊) 의식으로 전이되고 있음을 알 수 있다. 바꿔 말하자면, '중도적 개화에서 중도적 보수'로 중심이 이동하고 있는 것이다. 토론체 소설이 보여주는 이 같은 주제의 전이는 이 시기에 애국계몽운동을 전개한 선구적 지식인들의 현실 인식의 변모 추이와 동기적 관련이 있다고 할 수 있다. 그들의 현실 인식은 애국계몽기 사회의 시대적 과제를 고정된 것으로 보지 않고, 변화·운동하는 시대 상황에 맞추고자 하는 '운동성적(運動性的)' 성격을 지니고 있다하겠는데, 이 시기 신문 연재 토론체 소설이 애국계몽운동과 상통하는 점이 많은 것은 이 때문이다. 이렇게 볼 때, 애국계몽기의 신문 연재 토론체 소설은 단순히 당대적 사회상을 반영하는 데서 그치는 것이 아니라, 실천적 행위로 연결된 '운동적 이념의 생산'과 밀접한 관련이 있다고 말할 수 있다.

IV. 신소설의 開化意識과 親日的 順應主義

1. 「夢潮」와 「血의 淚」의 創作背景

애국계몽기의 시대적 명제(命題)는 앞에서도 지적한 바와 같이, 일본을 비롯한 외세에 어떻게 대응할 것인가, 실추(失墜)된 국권을 어떻게 되찾고 민족의 전통을 수호할 것인가 하는 문제였다. 2차 의 병운동으로 불리는 1905년 이후의 민중 봉기는 민권(民權) 투쟁을 벌이던 이전과는 달리, 국권 수호를 내세운 항일 투쟁이었다. 그러나, 이 시기의 일부 집권층은 일제와 야합(野合)하여 일신상의 영달을 꾀하는 매국(賣國) 집단으로 전락해 버렸다. 뿐만 아니라, 개화파 인사들이 절대 명제라고 주창해 온 개화는 일부 위정자들의 매국 행위와 일제의 침략 행위를 합리화시켜 주는 명분으로 변질되고, 결과적으로는 일제에 동조하고 봉사하는 역사적 과오를 저지르게 되었다.[1]

주지하는 바와 같이 개항(開港) 이후 일본과 서구 열강은 대한(對韓) 침략을 위해 서로 치열한 각축(角逐)을 벌여왔고, 이에 대응하는 우리의 입장은 개화와 수구(守舊) 두 가지 양상으로 나뉘어 나타났다.2) 개화주의(開化主義)와 척사위정(斥邪衛正)이 그것이다. 전자는 개화란 서구화요, 서구화는 근대화와 자주 독립을 위한 최선의 선택이며, 외세에 의존해서라도 개화를 성취해야 한다는 입장이다. 그리고 후자는 개화보다는 국태민안(國泰民安)의 방책을 먼저 세워야 한다는 입장이다. 따라서, 이들 서로 다른 입장 사이의 첨예(尖銳)한 갈등과 충돌은 불가피했다. 그러나, 개화주의자의 의식의 밑바닥에는 '서양에 대한 선망(羨望)과 전통 내지 대중에 대한 무시'3)가 도사리고 있었다. 따라서 이들은 무지한 백성을 교육시키고 각성시켜야 한다는 착각에서 벗어나지 못한다. 이 시기 대부분의 신소설들이 교육이나 신학문을 강조하고 있는 것도 이 때문이다. 신소설 작가들은 우리 민족의 역사는 고작 '사천 년의 꿈'에 지나지 않고, 남에게 '의지하기 좋아해서 상전 없이는 견디기 어려운'4) 매우 한심한 백성이라는 현실 인식을 가지고 있었다. 그러나 이미 영·정조 이후 우리 사회는 봉건체제의 모순을 비판하고 자생적으로 근대화하려는 움직임이 있었다. 다만 기존 체제가 이런 긍정적인 움직임을 받아들이지 않았고, 오히려 시대의 흐름에 역행한 것이다. 조선조 후기 판소리계 소설에서 드러나는 바와 같이, 적극적이고 역동적인 민중의 역량

---

1) 2차 의병 항쟁에 참여한 의병들은, 김옥균과 박영효·서재필 등 개화파 인사들을 이완용·송병준·박재순 등 매국적 인사와 마찬가지로 매국노(賣國奴)라고 규탄했다. 이에 대해서는 신태식, 「창의가」참조.
2) 김영호, 「침략과 저항의 두 가지 양태」,『신동아』, 1970.6. 참조.
3) 김영호, 「개화사상」,『한국현대사』 6, 신구문화사, 1971, p.39.
4)『독립 신문』, 1896.5.16. 논설.

을 창조적으로 활용하지 못한 것이다. 개화파의 근대 지향(志向)은
외세(外勢)에 의존하는 한계는 있지만, 궁극적으로 근대화를 통해
민족적 역량을 기른다는 점에서 그 의의를 인정할 수도 있다. 특히
기존의 봉건 체제가 여전히 현실을 왜곡하고 있는 상황에서, 상대적
으로 기존 체제에서 소외당했던 개화파 지식인들은 친외세적(親外
勢的)인 방법으로 자신들의 이념을 받아들이지 않는 수구(守舊) 세
력에 대항하고자 하였다. 그러나 이들의 개화의식이란 민족에 대한
불신과 비하(卑下), 개화에 대한 맹목적인 선망과 서양에의 추종에
다름 아니었다. 그래서 일부 급진적 개화주의자들은 일본의 세력을
등에 업고 정변(政變)을 일으키는 등, 급격한 개혁을 추진하는 데 수
단과 방법을 가리지 않았다. 서양 또는 서양화한 일본을 추종(追從)
하는 것은 참된 의미의 개화가 아니라 모방이며, 이것은 곧 노예가
되는 길이라는 경고5)에도 불구하고, 이들은 개화지상주의에 매몰되
어 있었던 것이다.

1905년 이후, 을사조약의 강제 체결로 망국의 위기 상황이 눈앞의
현실로 다가옴에 따라, 일부 친일적 위정자나 개화주의자들을 제외
한 모든 세력들은 거족적(擧族的)으로 애국계몽운동을 전개한다. 의
병들의 항일 투쟁을 비롯하여, 교육구국운동, 식산(殖産)장려운동과
같이 민족의 자강(自强)을 도모하고 이를 바탕으로 국권을 회복하려
는 반일(反日) 저항운동이 전국적으로 벌어진다. 그리고 이 애국계
몽운동에는 1890년대의 급진적 개혁을 주도했던 개화파 인사들까지

---

5) 당시의 신문 사설이나 논설에는 국수(國粹)를 전제로 하지 않는 개혁, 민족의 전
   통을 부정하고 서양 문명을 수입하려는 것은 민권 획득이 아니라 서양의 노예가
   되게 하는 일이라는 감계(鑑戒)가 빈번하게 게재되었다.(『대한매일신보』, 1909.
   9.10. 사설 및 같은 신문 1910.1.13. 논설 참조.)

도 대부분 동참한다. 또한 1905년을 기점으로 새롭게 재편되는 의병 운동과 함께, 지식인 유생들이 반(反)외세를 강조한 데 반해, 농민들은 반(反)외세와 함께 반(反)봉건의 과제를 동시에 실현하고자 했다. 하지만 이 시기에 이르러서까지도 개화를 위해서라면 무엇이든 담보(擔保) 할 수 있다고 보는 개화주의자들 또한 적지 않았다. 특히 이들 중에서 친일 세력들이 개화파 인사로 위장(僞裝), 자신의 매국적이고 반민족적인 친일 행위를 미화하기도 했다.

애국계몽기 신문 연재소설은 앞에서도 지적한 바와 같이, 이 시기의 사회 상황을 서로 다른 양상으로 형상화하고 있다. 이것은 물론 당대 현실에 대한 작가의 인식의 차이에서 연유한 것인데, 이렇게 서로 상이한 현실 인식은 매우 중요한 의미를 지닌다. 애국계몽기라는 역사·사회적으로 특수한 시대, 특수한 사회 현상의 경우 작가의 시대 의식은 특별한 의미를 지니는 것이기 때문이다. 당대 사회를 객관적·구조적으로 파악하고 있는가, 추상적·부분적으로 인식하고 있는가에 따라 작품 속에 구현되는 사회상(社會相)은 판이하게 달라진다. 1905년 이후 수년 동안 전국 방방곡곡에서 반상(班常) 차별 없이 거족적으로 전개된 의병운동은, 일본의 침략 정책에 막대한 영향을 끼칠 만한 대일(對日) 항쟁이었음에도 불구하고 「혈의 누」에서는 그것을 국가에 재앙을 가져오고 국민에게 해독을 끼치는 폭도(暴徒)라고 규정한 것은 그 한 예가 될 수 있겠다.

이런 관점에서 「몽조(夢潮)」와 「혈의 누」의 주제 의식을 대비적으로 고찰함으로써, 애국계몽기 신문 연재소설에 나타난 작가 의식을 당대 사회의 시대 정신에 조응하여 해명하는 일6)은 이 시기 소설

---

6) 이에 대해서는 정덕준, 「자의적 순응과 패배의식-개화기 소설에 나타난 작가의식」, 『한국언어문학』 제19집, 한국언어문학회, 1980 참조.

을 온당하게 이해하고 평가하는 데 매우 중요하다고 할 수 있다. 바꿔 말하여, 이것은 현실과 괴리(乖離)된 작가 의식의 실체를 구명(究明), 이들 소설이 애국계몽기라는 특수한 역사·사회적 현실에서 어떠한 의미로 받아들여져야 하는지 그 사회적 의미와 문학사적 의의를 밝히는 데 도움이 되는 것이다.

2. 僞裝된 開化, 敗北的 作家意識

1) 「夢潮」, 위장된 開化意識

필명 반아(槃阿)의 「몽조(夢潮)」는 1907년 8월 12일부터 24회에 걸쳐 『황성신문』에 연재된 소설로서, 반아가 누구의 필명인지는 아직 밝혀지지 않고 있다. 이 작품은 개화주의자 한대흥의 일대기를 다룬 것인데, 그는 큰 꿈을 실현하기 위해 일본에 건너가 정치학을 공부하고 귀국한 후, 사회 개량(改良)과 정치 개혁을 시도하다가 대역죄로 몰려 사형을 당한다. 이 작품은 주인공 한대흥이 철저한 개화주의자이며 우국지사로 형상화된 점으로 보아 당시의 개화 지상주의자들을 옹호한 것으로 보인다. 이것은 그가 고난과 역경 속에서도 개화운동을 펼친다거나, 그의 가족이 겪게 되는 갖가지 수난(受難)들이 구체적으로 묘사되고 있는 데서도 짐작된다. 특히, 기독교 전도사가 작품 속에 등장하는 것이나 기독교적 구원의 문제는 우선 관심을 끈다. 구체적으로 살펴보면, 한대흥의 부인 정부인은 그의 남편이 옥중에서 희생당하자 아들 증남을 키우며, 결국에는 성서에 의지하여 마음의 평안을 얻는다. 또한 성서 누가복음에 대한 해설과 문답이 17회에서 23회에 이르기까지 무려 7회에 걸쳐 장황(張皇)하게 진술되고 있다. 이런 점에서 이 작품을 종교소설(宗敎小說)[7]이라고 규정짓기도 했다. 그러나 「몽조(夢潮)」는 대부분의 개화기 소설이 그러하듯이 "극적인 갈등이나 긴장 또는 복합성이 없이 평면적이고 직선적인 전개로 일관하고 있는 데다가 인물들의 개성적인 성격마저 훨씬 거세(去勢)"[8]되어 있어, 소설 구조면에서 볼 때 당시의 다른 소설에 비해 결코 두드러진 작품으로 볼 수는 없다. 또한 마치 기독교 교리 강습 같은 설교 위주의 건조한 전개는 기독교 사상을 처음으로 작품화한 의의는 있으나, 이 작품의 소설적 가치를 더욱 약화시킨다. 무려 전체 분량의 3분의 1 정도가 기독교 교리 해설처럼 되어 있다.

물론 허두(虛頭)가 '화설(話說)' 또는 '각설(却說)'로 시작하지 않고, "세상이 꿈인지 꿈이 세상인지 꿈과 세상은 도무지 알기 어려운 일"[9]이라 하여, 이 작품의 비극적 성격을 드러낸다거나, 또는 줄을 따로 바꾸어 부호(「 」)로써 지문과 대화를 구분하고 있는 점들이 이전 소설과 달리 진일보(進一步)한 측면[10]이다. 이외에도 생략 부호(……)의 사용, 사실적인 환경 묘사, 그리고 단순히 외국 유학에 그치지 않는 것이 아니라 보다 구체적으로 개화운동을 전개하는 과정을 그리고 있다. 「몽조」는 이러한 설정을 통해 당대 사회의 왜곡(歪曲)된 인간상과 제도적 모순을 비판하는 데 초점을 모으고 있다.

「몽조」에서 주인공 한대흥이 바라는 것은 정치 개혁과 개화의식

---

7) 송민호, 『한국 개화기소설의 사적 연구』, 일지사, 1986, p.121.
8) 이재선, 『한국 개화기소설 연구』, 일조각, 1972, p.53.
9) 「몽조」, 『황성신문』, 1970.8.12.
10) 송민호, 앞의 책, p.123.

을 고취하는 것이다.11) 이것은 다소 길지만, 다음의 인용문에서 쉽게 짐작할 수 있다.

　세상의 풍죠를 부러오는 디로 동으로 불면 동으로 구부러지고 서으로 불면 서으로 구부러져 물결 처 오는 디로 바람 부러 오는 디로 수양 버드나무 갓치 물우에 써잇는 나무닙시 갓치 되는 디로 모지는 일과 목덕 잇고 주지 잇는 일은 아모조록 되도록 살살살 피흐면셔 날찻거던 나업다고 눈가리고 등 쏘부리고 이도령 어스줄 도홀 졔 운봉영장의 톄격(體格)으로 무슨 일이던지 잇실 쎠에 죽어 가는 형용이라도 그려 피흐는 스룸은 이 셰상에 웃듬가는 뎨일류(第一流)의 힝복가(幸福家)가 되야 드나 나나 부귀가 쌍젼흐야 집 안에 들고보면 지물은 엇덧턴지 살살살 남의 눈을 긔구라도 히마다 계량홀 만흔 논밧던디는 물길좃코 가져오기 편흔 곳에 장만흐야 놋코 쳡두고 줄등 쎄고 큰체흐고 비문지으고 크게 트름흐며 집에 나고보면 사린교장도교에 외임 아니면 니직으로 장쎠갓흔 긴 담벗디 멱사리갓흔 큰 쌈지와 요강망테 갓추어셔 젼후좌우에 오륙 인이 지나는 하인을 거나리고 교즈 속에 안진 것이 나무로만 그려 노은 목상갓치 쑤부렁 쏫쏫흐게 안져 힘 업셔 들 수 웁는 것갓흔 손을 들어 득득연흔 모양으로 수염을 어르만지면셔 이 셰상에 날 만흔 스룸은 쏘다시 업시려니 흐는 힝복가(幸福家)가 되고 그 다음 힝복가는 시비선악 구별 업시 미친 톄흐고 쎡고리 짝에 업두러지 는 격으로 예도 덥젹 제도 덥젹 물덤벙 술덤벙 크나 져그나 굴구 나 가느나 나의게 리되는 일만 잇고보면 그 스룸은 샹뎐으로 알고 네네 흐지마는 그 스룸의게 이 리되는 일을 다 가져온 이후에는 간다보아라 혹 부러셰거 쏘다시 다른 곳에 가셔 이와 갓흔 일을

---

11) 이재선, 앞의 책, pp.54~56.

다시 경영(經營)ᄒ야 엇덧턴지 남은 죽던지 살던지 나만 조면 고만
이지 ᄒ는 방법(方法)으로 지물모고 디위(地位)으든 스룸이 이 셰
상에 뎨이류(第二流)의 힝복가가 되야 지물은 자룡이 흔창씨듯기
싱쩌여 첩치가에 양권연 쇘죽발로 득득연 분쥬ᄒ야 이 셰상에 영
웅호걸은 나밧게 쏘 업거니 ᄒ야 다 각각 권모슐수가 잇셔 이 셰
상의 풍죠로 더브러 이리져리 기우는 디로 바람부는 디로 물결치
는 디로 갓치 놀아 득득연혼 힝복가를 이르지마는 이 셰상에 뎨일
험모(欽慕)홀 만ᄒ고 불상ᄒ고 가얍신 스룸은 뜻이 잇셔 이러혼 뎨
일류 이류의 스룸과 갓지 아니ᄒ야 자긔의 잡은 싱각을 이르기 위
ᄒ야 이 세상의 이러혼 풍조를 거슬너 노는 스룸이라 이 사룸만
공연히 불힝혼 디경에 쌰질 쑨 아니라 그 스룸의게 쌰러 잇던 스
룸도 모다 다 그 스룸과 갓흔 디경에 쌰질는도다 갓흔 디경에만
쌰질 쑨읿가 쏘한칭 더 불상혼 디경에 쌰지는도다 이 한디홍씨의
집은 실로 이 디경을 당ᄒ고 실로 이 디경에 쌰진 집이로다[12]

위의 인용문에서 우리는 한대홍의 현실 인식, 다시 말해서 작가
반아의 시대 의식을 분명히 알 수 있다. 시대의 부정적인 현실에 영
합하는 무리들과 달리 개화의지를 드러내고 있는 인물들에 대한 편
애(偏愛)가 그것이다. 기법 면에서 보더라도 이 작품은 인물 형상화
측면에서 다른 작품과 구별된다. 한대홍의 처 정 부인을 묘사하는
구절, 예를 들면 '부인은 나희가 셜혼 디여섯즘 된 아직 륵지도 아니
ᄒ고 즘다고 홀 수 업는 갸루룸혼 얼골, 강파레혼 테격(體格), 얼골
볏은 금다고 ᄒ기도 어렵고 쏘 과연 희다고 ᄒ기 어려온 육식(肉色),
엇지 보면 지미잇고 간졀ᄒ고 쥬밀ᄒ고 자셔ᄒ기도혹 쏘 엇지 보면

12) 「몽조」, 1907.9.17.

믿고 쓰는 듯ᄒ고 쓸쓸ᄒ 듯ᄒ고 꽁ᄒ나, 그 가운ᄃᆡ를 들어 말ᄒ홀진
ᄃᆡ 웃덧턴지 령리(怜悧)ᄒ고 쏙쏙ᄒ고 얌잔ᄒ 한 부인이오.'13)와 같
은 서술은 이 소설이 개화기 작품으로서는 보기 드물게 상투적(常套
的)이고 단순한 묘사를 넘어서 사실적이고 구체적인 묘사로 나아가
고 있음을 보여준다.

그러나, 「몽조(夢潮)」에서 무엇보다도 주목해야 할 점은 작품에
드러난 작가 의식이다. 작가는 한대흥과 그 가족의 불행한 삶을 통
해 근대화를 위한 개혁의 필요성과 함께 이를 거부하는 이기적인 사
회 풍조를 비판한다. 작가는 이 시대의 개화주의자가 그의 신념 때
문에 세상의 풍조에 맞서다 불행해지긴 하였지만, 이런 사람이야말
로 세상에서 가장 흠모(欽慕)할 만한 사람이라고 찬양함으로써 개화
주의자를 이 시대의 바람직한 인간형으로 내세우고 있다. 동시에 개
화운동에 거리감을 가지고 있는 일반 민중을 비판적으로 묘사하면
서, 당시로서는 가장 이상적 인간형인 한대흥의 '개화구국(救國)'의
지가 봉건적인 유습에 의해 좌절되었다고 본다. 즉 작자는 한대흥과
같은 개화 지상주의자의 입장을 일방적으로 옹호한다. 그러나 한대
흥은 개화를 반대하는 보수 위정자들의 닫힌 시각으로 말미암아 이
른바 '부국강병(富國强兵)'이라는 명분에도 불구하고 억울하게 사형
을 당하고 만다. 보수 위정자들은 자기 안보만을 위해 청국과 결탁
하여 개화를 반대한 것이다. 개화가 지상(至上)의 과제라면 이는 한
개인의 문제라기보다 전체 사회의 발전을 위한 것이다. 한대흥이 자
신의 행복보다도 전체 사회의 발전을 염두에 두고 일본에 유학을 간
것이나, 귀국 후 세계에 태극기를 날려 나라의 빛을 드높이려 했던

---

13) 「몽조」, 앞의 신문, 제1회분.

것은 반(反)봉건·반(反)식민이라는 당시의 시대 의지를 잘 반영하고 있는 것으로 볼 수 있다. 그러나 한대흥의 개화의식이 근대화와 자주 독립을 지향한 시대 정신에서 비롯되었다고 보는 것은 억지스러운 측면이 있다. 그가 그 당시 민중의 국권 수호 의지를 봉건적 유습으로 파악한 것이 그것이다. 그에게 자주(自主)란 오직 청국의 간섭에서 벗어나는 것일 뿐, 일제를 비롯한 모든 외세로부터의 자주를 뜻하는 것은 아닌 것이다.

　　옥속에셔 여러 희포를 지니는 동안에 부인의게 근심과 걱정을 날로 더ᄒ게 ᄒᆫ 일은 이졔에 일으러 싱각ᄒ니 도모지 흘너가는 물거품과 사라지는 봄눈과 갓치 되얏도다 일직히 바다 밧게 놀아 우리 나라이 청국에 속방이 되야 귀반을 밧지 못ᄒ고 셰계에 병신구실ᄒᆷ을 분이 녁여 동양에 몬져 열인 이웃나라와 서로 손을 이끌고 셰계 여러 나라 틈에 드러가 한 가지 반렬에 참녜ᄒ기 위ᄒ야 정치를 기혁ᄒ야 국가의 긔초를 든든히 ᄒ고 터쳐 신셰계의 문명을 드리여 인민 동포 형뎨의 지식 뎡도를 널이고져 ᄒ얏더니 셰상에 조흔 일은 마가 만타 ᄒᆷ과 갓치 하날의 리치와 스롬의 일이 어그러짐이 만아 일은 이루지 못ᄒ고 도로혀 한갓 죄의 일홈만 씨고 욱속에셔 여러 희를 지니는 동안에 이로 말ᄒ기 어려온 형벌과 이로 말ᄒ기 어려온 고싱을 다 지니다가 박는 날은 스형의 집힝을 당ᄒ야 다시 이 세상에 잇슬 수 업는 황텬긱이 되깃시니 실푸다 스롬의 죽는 일은 은졔라 죽지 아니ᄒᆷ을 귀약ᄒ리오마는 뜻잇고 일우지 못ᄒᆯ 쑨 아니라 도로혀 죄의 일홈을 씨고 도라가니 진실로 어엿쑤다 이 스롬의 일이로다 다힝이 이 스롬이 살아잇서 일이 일우고 공이 서서 텬하가 틱평 ᄒ거던 부인은 외교관의 부인이 되고 이 스롬은 외교관이 되야 법국 파리셩이나 영국 론돈이나 미국 화

승돈에 젼권딕사로 딕사관에 틱극긔를 넙히 달고 부인의 민활ᄒᆞᆫ
도움을 의지ᄒᆞ야 나라의 빗을 세계에 날이고져 ᄒᆞ얏더니 부인은
외교관의 부인이 되지 못ᄒᆞ고 쯧 잇ᄂᆞᆫ 사룹은 쯧을 일우지 못ᄒᆞ니
하날이 망케 ᄒᆞ심인지 사룹의 꾀흠이 부족흠인지 용용ᄒᆞᆫ 한강 물
은 낫과 밤으로 흘너 다ᄒᆞ지 아니ᄒᆞ고 낙낙ᄒᆞᆫ 남산 솔은 ᄒᆡ마다
푸르러 쇠ᄒᆞ지 아니ᄒᆞᄂᆞᆫ도다[14]

  옥중에서 쓴 편지에서, 그는 조선이 청국의 속국(屬國)처럼 되는
것을 개탄하고, 동양에서 먼저 개화한 일본과 제휴(提携)하여 정치
를 개혁하고 국민의 지식 수준을 높여야 한다고 주장하는데, 이런
점은 친일 경향을 보이고 있는 「혈의 누」의 주제 의식과 매우 흡사
하다. 한대흥의 개화사상은 개화를 위해서라면 민족의 자주권도 희
생시킬 수 있다는 생각에 바탕을 두고 있다. 외세의 도전에 맞서 국
권 수호를 위해 투쟁을 벌이던 당시의 민중운동[15]을 무시하고, 국가
의 기틀은 개혁을 통해서만 든든해질 수 있다는 한대흥의 생각은 당
시 급진적 개화주의자들의 개화지상주의와 상통하는 측면이 있다.
물론 근대화는 당시 민중의 간절한 소망이었다. 그러나 이것은 자주
독립을 전제로 한 것이었다. 그럼에도 불구하고 개화는 곧 자주 독
립이라고 착각한 한대흥은 자신의 개화의지가 구국을 위한 것이라
고 옥중 서신을 통해 거듭 천명(闡明)한다. 그러나 그의 자주 개화는
잘못된 현실 파악으로 인해 결과적으로 일제에 동조하는 결과를 빚
게 된다. 자주적인 힘에 의해서가 아니라 외세의 힘을 빌어 얻게 될
자주 독립이란 과연 가능한 것인가는 너무나 명백했다. 이러한 사실

---

14) 「몽조」, 앞의 신문, 1907.8.13.
15) 박성수, 「1907~1910년 간의 의병 전쟁에 대하여」, 『한국사 연구』 1, 한국사연
   구회, 1968 참조.

을 간과(看過)하고 동양에서 가장 먼저 개화한 일본의 도움을 받아
세계 열강 대열에 동참해야 한다는 한대흥의 현실관은 일제의 대한
(對韓) 식민화(植民化) 정책을 대변한 것밖에는 되지 않는다. 개화는
서구화이며, 서구화는 근대화·문명화라는 인식에서 한대흥의 시대
의식의 허약성이 드러난다. 여기에는 당연히 아서구화(亞西歐化)한
일본 문명에 대한 선망이 내포되어 있는 것이다. 이를 두고 부국강
병(富國强兵)의 길이라고 주장하는 것은 허황한 사이비 개화의식에
다름 아니다.

근대화는 개화기의 중요한 시대적 사명이며 주된 과제였다. 그러
나 근대화를 위해 국망의 위기에 처한 민족의 현실을 외면해서는 안
된다. '근대화(近代化)'와 '민족 자주권(自主權) 수호'는 어느 것 하나
유보할 수 없는 이 시대의 과제이기 때문이다. 따라서 국가의 존립
을 위협하던 일제의 도움을 받아서라도 개화를 실현해야 한다는 한
대흥의 개혁 의지는 이 시대의 과제와 거리가 있는 것이었다. 이 작
품이 추구하는 개화는, 국난(國難) 극복을 외면하고 개화에만 집착
함으로써 진보(進步)와 자주(自主), 민권(民權)과 국권(國權)의 조화
회복에 실패하고, 마침내 국망(國亡)의 비극을 서둘러 초래했던 개
화 지상주의자들의 개화의식과 정확히 일치한다.

2) 「혈의 누」, 親日的 敗北意識

「일념홍(一捻紅)」에서도 나타났던 외세(外勢)에 대한 굴욕적인 태
도는 「혈의 누」에서는 더욱 심화되어 패배적(敗北的) 양상을 드러내
게 된다. 대부분의 신소설 작가들은 봉건사회 질서를 비판하고 철저
하게 부정함으로써 개화를 당시 사회의 필연적 귀결로 파악하고 있

다. 그러나 이러한 자기 비하적(自己卑下的)인 개화 지향 의식은 궁
극적으로 서양과 일본에 대한 우리 민족의 대응력을 약화시킬 뿐 아
니라, 개화의 이면에 놓인 침략의 야욕에는 애써 눈감아버릴 위험이
존재하고 있었다. 서양의 문화를 적극적으로 수용하여 국력을 기른
후 '서구의 충격(衝擊)'에서 벗어나겠다는 논리는 자칫 순환 논리에
빠져 자기 상실(自己喪失)로 나아갈 수 있기 때문이다. 여기에서 외
래 문화를 비판적으로 볼 수 있게 하는 잣대인 전통의 소중함이 재
삼 확인된다. 더욱이 개화 의지가 일제와 야합하여 일신의 영달(榮
達)을 얻으려는 야심에서 비롯한 것이라면 그 폐해는 명약관화(明若
觀火)한 것이다.16) 한일합방 직전, 작가들의 이러한 시대 인식은 한
국의 식민지화 과정을 촉진시켜 주는 데 결정적으로 작용하게 되었
다. 이인직(1862~1916)의 경우, 이런 현상은 더욱 두드러지게 드러
난다. 그는 의도적으로 우리 민족의 열패감(劣敗感)을 조장(助長)하
고 일본을 미화(美化)시켜 민중의 일제에 대한 반감(反感)과 경각심
(警覺心)을 둔화 내지는 해소시키려 했다. 그의 이력을 살펴보면, 그
는 38세 무렵인 1900년 2월 대한 제국 정부의 관비 유학생으로 일본
에 건너가 동년(同年) 9월에 동경 정치 학교의 청강생으로 3년 간 수
학하였으며, 러일 전쟁 때는 일본 육군성 한어(韓語) 통역관으로 제1
군 사령부에 배속받아 종군(從軍)하던 중 동년(同年) 5월에 해고된
후, 1906년 귀국하게 된다. 귀국 후, 1906년 2월에 일진회의 기관지
『국민신보(國民新報)』의 주필을 거쳐 1906년 6월에 『만세보(萬歲
報)』의 주필로 옮겼으며, 1907년 7월에는 『만세보(萬歲報)』를 인수
하여 『대한신문(大韓新聞)』을 창간한 후 사장에 취임하기도 했다.

---

16) 이에 대해서는 홍일식, 『한국 개화기의 문학사상 연구』, 열화당, 1980 참조.

그는 한일합방의 막후 인물로서 영향력을 발휘했고, 일본 천황 즉위식 때 헌송문(獻頌文)을 지어 바치는 등 친일 행위를 노골적으로 벌였는데, 그는 위기 의식의 불식(拂拭)과 반일(反日) 저항 의식의 약화 내지 무산을 자신의 사명으로 인식하고 있었다. 당시 민족의 대변지로서 항일 언론의 총본산이었던 『대한매일신보』는 이인직의 이와 같은 현실관을 날카롭게 비판 공격한 바 있다.17) 그의 이러한 패배적 굴종과 자기 모멸(自己侮蔑)은 그의 첫 작품 「혈의 누」에 투영되어 나타난다.

「혈의 누」18)는 발표 연대의 조사나 판본(板本) 확정 등 주로 서지(書誌) 작업에 비중을 둔 초창기 연구19)와 달리, 그 주제 의식이 면밀하게 검토될 필요가 있다. 「혈의 누」는 일본에서 출간된 다수의 '혈의 누'라는 작품들의 표제(標題)를 표절(剽竊)하고는 있으나, 내용은 번안(飜案)이 아닌 독창적인 창작품이다.20) 특히 「혈의 누」는 '신소설'이라는 명칭을 지니고 나온 첫 작품으로, 이후 신소설 전반에 표본적(標本的)인 역할을 한다. 흔히 신소설의 특징으로 지적되는 내용, 즉 사회와 정치의 개혁, 남녀 평등사상의 고취, 신교육 사상과 유학의 장려, 자유 연애사상과 신결혼관의 문제, 조혼 폐지 및 재가

---

17) 이 신문 1908.11.8.에 실린 「연극계지이인직(演劇界之李人稙)」은 그 한 예이다.
18) 「혈의 누」는 『만세보(萬歲報)』23호~88호(1906.7.22~1906.10.10)에 연재된 이후, 약간 개작되어 광학서포에서 발행한 1907년 3.17일 본과 3.27일 본이 있다. 그 후, 판본(板本)은 확인할 수 없으나, 1913년 이전에 '모란봉'이라는 제목으로 개재되어 동양서원에서 출간되었다. 「혈의 누」 끝에 있는 '상편 종'이라는 기록과 하편 격인 「모란봉」이 '작가의 사정'으로 중단된 것을 염두에 둘 때, 모두 미완의 작품이다.
19) 김하명, 「신소설과 '혈의 누'와 이인직」, 『문학』 제22호, 1950.
  송민호, 「신소설 '혈의 누' 소고」, 『국어국문학』 제14호, 1955.
  전광용, 「혈의누」, 『사상계』 제32호, 1956.4.
20) 이재선, 앞의 책, pp.108~142 참조.

(再嫁) 허용 등이 「혈의 누」에서도 그대로 드러난다. 또한 언문 일치 (言文一致)가 이루어지고 있으며, 구성상 서술적(敍述的) 역전(逆轉) 이 시도된 점, 개화사상의 여러 요인이 나타나 있는 점 등이 지적되 기도 했다.21)

「혈의 누」는 당대 조선 민중들이 청일 전쟁으로 수난을 당하는 모 습을 생생하게 그리고 있다. 작품 초반부에서 평양성 내(內)의 민중 들의 참상을 사실적으로 묘사함으로써 봉건 지배 체제의 무능함과 봉건 지배 계급에 대한 증오를 강하게 드러내고 있다. 그러나 「혈의 누」의 주인공 옥련은 일본인의 도움을 받아 위기에서 벗어난다. 적 십자 간호원의 도움은 물론이고, 우리 민족의 행동을 감시하고 규제 하던 일본 헌병까지도 선의(善意)의 구출자(救出者로) 윤색되어 등 장하고 있다. 그리고 옥련은 개화한 일본 문화 풍물(風物)에 압도당 하고, 일본에 유학시켜 준 일본 헌병의 양녀가 되기도 한다. 문명국 에 유학시켜 준 일본 헌병은 옥련에게는 절대적 존재로 군림한다. 옥련에게는 1884년 갑신정변(甲申政變) 때의 배신과 1895년의 을미 사변(乙未事變)으로 불리는 민비 시해(弑害) 사건, 그리고 을사조약 체결은 한갓 남의 나라 이야기에 불과하며, 따라서 주권 박탈 등 야 만적 비인도적 침략을 자행해 온 일본이 옥련에게는 평화를 사랑하 는 인도주의의 나라로 받아들여지고 있다. 여기서 우리는 개화 지상 주의자 이인직의 개화의식을 보게 된다.

　　그러ᄂ 옥연이는 갈곳이업ᄂᄂ아히라 어리고 병원에셔 옥년의
　집을물은즉 평양복문안이라하니 병원에셔옥년이가 ᄂ히어리고 쏘
　한정경을불상케녀겨서　통ᄉᆞ를안동하야 옥년의집에가셔보라ᄒᆞᆫ즉

---

21) 송민호, 앞의 논문, pp.201~206 참조.

그써는 옥년의모친이뎌동강물에 싸저죽으려고 벽상에 그 수졍써
셔붓치고간후이라 통변이그글을보고 옥년을불상이여겨셔 도로다
리고 야젼병원으로가니 군의 졍승 소좌가 옥년의 졍경을 불상히
여기고 옥년의 자픔을 긔이ᄒ게 여겨 … 네가 닉 집에 가셔 잇스
면 너를 학교에 보니여 공부ᄒ도록 ᄒ여 줄 것이니 네가 아모조록
공부를 잘ᄒ고 잇스면 닉가 너의 나라에 탐지ᄒ야 너의 부모가 살
아거든 너의 집으로 곳 보닉 쥬마 … ᄒ면서 귀국ᄒ는 (病傷兵)병
상병의게 부탁ᄒ야 일본 디판으로 보니니 옥년이가 교군밧탕을타
고 인쳔ᄭ지가셔 인쳔셔륜션을타니 등뒤에는 부모소식이묘연ᄒ고
눈압헤는 타국순쳔이 싱소ᄒ다[22]

이인직은 "애국자 김옥균을 제재(題材)로「혈의 누」,「귀의 성」을
초(草)"[23]할 정도로 일본의 개화운동에 깊이 빠져 있었다. 그러나 그
에게 있어 개화는 우리 현실이 아니라 서구나 일본이 모델이었다.
그 결과 그는 서양 문명을 척도로 삼거나 일본을 개화의 준거(準據)
로 인식할 수밖에 없었다.「혈의 누」에서 살길을 찾을 수 없는 현실
적 장벽 앞에서, 옥련은 그것을 주체적으로 극복하지 못하고 일본인
의 도움을 받고 구원된다. 여기에서 이인직은 수단 방법을 가리지
않고 정권을 장악해 개화운동을 전개하려 했던 몰주체적(沒主體的)
개화의식을 드러낸다. 이것은 자신의 반민족적 친일 행위에 대한 합
리적 명분은 될 수 있으나, 그렇다 하더라도 그가 일본에 대한 민중
의 적개심이 절정에 달해 있던 현실과 의병 봉기나 언론 활동을 통
해 항일 저항운동을 벌이던 현실을 고의적으로 외면한 것은 사실이

---

22)「혈의 누」, pp.33~34 참조.
23)「문단 귀거래」,『삼천리』, 1935.8, p.150.

다. 옥련의 눈에 비친 일본, 즉 '항구에는 비돗비가 삼쩌 두려쳐듯
ᄒ고 쳐자 거리에는 이칭삼칭 집이 구름 속에 드러곤 듯ᄒ고 전예갓
치 긔여가는 귀차는 입으로 연긔를 확확 쑴으면서 비에는 쳔동지동
ᄒ듯 구르며 풍우갓치 다라는[24]' 모습은 조선의 상황과 비교하게 만
드는데, 이는 민족적 자긍심이나 민중의 역량 등을 부정하고 일본을
긍정하게 하는데 효과적인 방법이었다. 민중으로 하여금 좌절과 열
패감(劣敗感)에 빠져들게 하는 자기 비하와 부정은 이 작품 곳곳에
서 찾아볼 수 있는데, 이는 일제의 조선 합방의 명분을 세워주고 여
기에 야합했던 자신의 행위를 구국 차원으로 격상시킨다.

(1) 쌍도죠션쌍이오 사름도죠션사름이라 시우싸홈에고러등터지
드시 우리나라사름들이 남의나라싸홈에이럿케 참혹ᄒ일을당ᄒ는
가 우리 마누라는디문밧게ᄒ거름 나가보지못ᄒ던 사름이오 내쌀
은일곱살된 어린아히라어더셔. 볼펴쥭엇는가 슬푸다 저러ᄒ송쟝들
은 피가시내되야 디동굥에흘러들어 여울목치는쇼리 무심이듯지말
지어ᄃ 평양빅셩의 원통ᄒ고 셔른소리이아닌가 뮤죄히죄를밧는것
도 우리나라사름이오 무죄히목숨을지키지 못ᄒ는것도우리 나라스
름이라 이것은 하날이지ᄒ신일이런가 스름이 지흔일이런가 아마
도스름의일은 스름이진는거시라 우리나라 스름이 제 몸만 위ᄒ고
제 욕심만 쳐우려 ᄒ고 남은 죽던지 스던지 나라가 망ᄒ던지 흥ᄒ
던지 제 벼슬몬 잘ᄒ야 제 살만 쩌우면 제일로 아는 스름들이라[25]

(2) 평안도 빅셩은 염나디왕이 둘이라 ᄒ나는 황쳔에 잇고 ᄒ는
는 평양 션화당에 안졋는 감스이라 황쳔에 잇는 염라디왕은 나 만

---

24) 「혈의 누」, p.37.
25) 같은 작품, p.12.

코 병드러셔 세상이 귀치 안케 된 스롬을 잡아가거니와 평양 션화
당에 잇는 감스는 몸 성ㅎ고 지물 잇는 스람을 낫낫치 즈바가니
인간 염라디왕으로 집집에 터주까지 겸ㅎ 겸관이 되얏는듸 고스를
잘 지니면 탈이 업고 못지내면 왼 집안에 동토가 나셔 다 죽을 지
경이라 제손으로 버러노흔제지물을 마음노코먹지못ㅎ고 쳔싱타고
는제목숨을 놈의게미여노코 잇는우리ㄴ라 빅셩들을 불상ㅎ다ㅎ깃
거던 더구나남의나라스람이와셔 싸홈을ㅎㄴ니 질알을ㅎ나니 그러
흔셔슬에 우리는뭐가ㅎ고사롬죽난 것이 드우리나라강ㅎ지못흔탓
이라 오냐죽은사롬은ㅎ릴업드 사라잇는사롬들이나 이후에이러흔
일을 쏘당ㅎ지아니ㅎ게ㅎ는 것이 제일이라 졔졍신졔가 추려셔우
리나라도 남의나라와갓치불근셰상되고 궁흔나라되야 빅셩된우리
덜이 목슘도보젼ㅎ고 지물도 보젼ㅎ고ㄱ도션화당과 ㄱ골동헌우에
아귀아귀신갓튼 손 염나디왕과 손 타주도못오게ㅎ고 범갓고곰갓
튼 타국사롬덜이 우리나라에와셔 곱히싸홈할싱ㄱ도아니ㅎ도록흔
후이라야 사롬도사롬인듯십고 사라도손듯십고 지물잇셔도 졔지물
인듯ㅎ리로드26)

이인직은 당대 사회의 모든 병리 현상을 봉건적 사회 구조, 바꿔
말하여 개화하지 못한 사회 체제에서 찾고 있다. 물론, 개화는 민중
의 소망이요 의지일 뿐 아니라, 극기(國基)를 공고히 하는 측면에서
보더라도 반드시 필요한 것이었다. 그러나 1905년 이후 우리 사회의
당면 과제는 자주 국권의 수호였다. 따라서 시대를 왜곡시킨 근본적
인 원인은 오히려 외세, 특히 일본의 대한(對韓) 침략이었다는 점을
감안할 때, 이 작품에 나타나 있는 이인직의 현실 인식은 그 허약성
을 여지없이 드러내는 것이라고 말할 수 있다. 이 작품에서 이인직

---

26) 같은 작품, pp.12~13.

은 조선이 청일 전쟁의 전장(戰場)이 되어 고통을 당하고 있는 것은
개화하지 못한 탓이라고 보고 있다. 제 욕심만 채우려는 백성, 백성
의 안위와 국가의 흥망 문제보다 일신의 영달만 탐하는 관리들, 염
라대왕 같은 벼슬아치에게 뇌물을 바쳐야만 목숨을 보전할 수 있는
봉건적 사회 구조 등이 그것이다. 조선은 어느 것 하나 제대로 되어
있는 것이 없으며, 청일 전쟁의 참화(慘禍)는 자업자득(自業自得)의
업보이다. 따라서 그는 (1)에서처럼, 우리 민족을 노골적으로 비하하
고 무시한다. 그런데 (2)에서는 봉건 질서에 대해 비판하고 있는데,
이것은 작가의 근대적 국가관에서 연유한 것이다. 특히 봉건 지배층
에 대한 고발과 비난이 이 시기의 신소설류 작품에 집중적으로 등장
하고 있는데, 이 점을 감안할 때 이인직은 봉건적 주종(主從)의 관계
를 철폐(撤廢)하고 근대적 시민 사회를 추구하는 것을 이 시대의 절
대 이념으로 파악하고 있음을 알 수 있다. 이런 의미에서 이인직을
"당시의 가장 핵심적인 사회 문제를 주제로 삼았"[27]던 작가라는 평
가가 가능하다.

민족 자존(自存)을 저해(沮害)하는 의도적 부정이나 위선적 비판
은 수용되기 어렵다. 자기의 이익만을 탐하는 백성, 구국의 의지가
없는 부패한 관리는 언제나 고발, 규탄되어야 하고, 마땅히 응징(膺
懲) 받아야 한다. 그리고 이러한 비판과 응징이 민족의 위기 극복을
위한 측면에서 이루어져야 함도 물론이다. 따라서, (1)에서 나타난
작가의 자기 부정에는 국난(國難) 극복의 의지가 첨가되어야 하고,
(2)에서는 봉건적 사회 구조에 대한 저항과 비판뿐 아니라, 일제의
침략에 대한 경각심(警覺心)도 아울러 제시되었어야 마땅하다. 그러

---

27) 전광용, 『한국 소설 발달사』, 한국 문화사 대계 5, 고려대 민족문화연구소,
　　1967. p.1191.

나 「혈의 누」는 이인직의 다른 소설, 즉 「은세계」의 후반부와 「귀의
성」 등의 친일적 패배주의와 마찬가지로,28) 이 점에 대해서는 전혀
언급하지 않고 있다. 김관일이 "범 같고 곰 같은 타국 사람들이 우리
나라에 와서 감히 싸움할 생각도 아니하도록" 나라가 부강해져야 한
다고 믿었지만, "나라의 큰 일"을 하기 위해 외국 유학을 떠나는 피
상적이고 도피적인 구국책만 제시되어 있을 따름이다. 또한 이인직
의 인물들은 개화한 선진국처럼 밝은 세상을 만들고 강국을 만들어
사람 사는 것처럼 살기 위해 봉건 사회구조도 근대화시키고 자주 국
권도 확립해야겠다는 말29)과는 달리 '도피성(逃避性) 유학'에 만족한
다.

　애국계몽기 의병 전쟁과 구국운동을 염두에 두면, 이인직이 내세
우는 개화의 한계는 분명히 드러난다. 「혈의 누」가 발표된 5월에 민
종식·정재호 등의 의병장들은 일제에 선전포고를 하고 대일(對日)
항전을 벌였고,30) 박은식·김구 등은 산간 벽지에까지 사립학교를
세우는 등 교육 구국운동과 『대한매일신보』를 중심으로 한 국채(國
債)보상운동31)이 전개되었다. 국채보상운동은 1907년 1월 31일 대구
광문사 회장 김광재 등이 「국채 1천 3백만 환 보상 취지서」를 전국
에 발송한 데서 시작되었는데, 인력거꾼까지 단연(斷煙) 동맹에 참
여하여 의연금을 기부하는 등 국권 수호를 위한 거족적(擧族的)인
민족운동으로 전개되었다. 『대한매일신보』는 물론 심지어는 일진회

---

28) 이에 대해서는 홍일식의 「신소설의 사상적 배경」(앞의 책), 신동욱의 「신소설
　　과 서구 문화 수용」(『한국 현대 문학론』, 박영사, 1972) 참조.
29) 「혈의 누」, p.13 참조.
30) 조지훈, 「한국 민족운동사」, 『조지훈 전집』 6, 일지사, 1973. pp.50~56.
31) 이에 대해서는 최준, 「국채 보상운동과 프레스 캠페인」, 『한국신문사논고』, 일
　　조각, 1967, pp.106~131 참조.

(一進會) 기관지인 『국민신보(國民新報)』에도 의연금을 접수하겠다고 밝힐 정도로 대성황을 이루었다. 현실은 식민지화가 기정 사실화되어 가는 상황이었지만, 민중은 아직까지도 국망(國亡) 위기를 극복할 수 있다는 신념과 희망을 갖고 있었던 것이다. 그 많은 수의 사립학교 설립에 대한 청원서를 생각한다면 민중들의 국권 회복에 대한 열의가 어느 정도였는지 충분히 짐작된다. 그럼에도 불구하고, 이 같은 당대 사회의 주체적인 노력에 대해서는 한 마디의 언급도 없이, "제 나라 형편을 모르고 외국에 유학한 소년 학생" 옥련과 구완서는 이러한 민중의 염원(念願)과는 달리, '우리나라를 독일국갓치 연방도로 삼으되 일본과 만쥬를 혼더 합ᄒ야 문명한 큰 국을 맨들'[32]자고 서슴없이 주장한다. 백인(白人)이 주도하는 제국주의적 판도(版圖)에서 일본을 정점으로 동양의 평화를 지키며, 일제가 주도하는 연방국의 한 도(道)로 편입하는 것, 이것이 그들이 강구한 최선의 구국책(救國策)이었다. 사실 당시 일진회 조종세력인 우찌다 료오헤이 등은 일진회의 간도(間島) 이주를 선동하여(1908년 경) 만주 개척, 만몽(滿蒙) 독립의 기초 작업을 구상하고 있었다.[33] 옥련과 구완서가 볼 때 개화하지 못한 "야만되고 용렬한" 우리 민족은, 스스로의 힘으로는 도저히 "길을 찾을 수 없"으며 또 문명국으로 도약할 수 없다는 패배 의식이 뿌리 깊이 박혀 있는 것으로 묘사된다. 작가는 청일 전쟁을 배경으로 중국인을 비하하고 일본인을 미화함으로써 반청(反淸), 친일(親日) 사상을 고취하기도 한다. 그는 미국에 대한 환상은 물론이고, 청일 양군이 외세(外勢)라는 사실을 정확히 인

---

32) 위의 작품, pp.85~86 참조.
33) 양문규, 「애국계몽기의 서사 문학」, 『민족문학사 강좌 (하)』(민족문학사연구소 엮음), 창작과비평사, 1995, p.44.

식하지 못했으며, 오히려 청일 전쟁을 통한 일본의 개입이 근대화에 도움이 되는 것으로 생각한다. 옥련의 모친도 일본 군사가 구해 주며, 옥련도 총에 맞은 후 일본인 적십자 간호수의 도움으로 살아나게 된다는 설정은 작가의 이 같은 생각을 잘 보여준다.

이인직의 자기 비하적 패배의식은 청일 전쟁의 참화(慘禍)에 대한 책임 문제에서 극명하게 드러난다. 그는 청일 전쟁의 책임을 당사국인 일본이나 청나라에 묻지 않고, 부패한 관리 또는 자신의 이익만을 추구하는 민족의 용렬함 탓으로 전가(轉嫁)시킨다. 이 같은 친일적 현실 인식은 결국 일제의 속방(屬邦)으로 전락하는 연방국 건설안(建設案)으로 귀착된다. 그가 제시하는 연방국 안(案이)란 일제가 식민지 정책을 합리화하기 위해 내세운 것으로, 일본이 맹주(盟主)가 되는 한국·만주·일본의 연합국가를 의미한다. 이인직은 '이천만 동포 일심단결, 백 번 넘겨져도 굴하지 않고 만 번 죽어도 두려워하지 않고 왜노(倭奴)를 토멸하면 국권은 곧 회복할 것이다.'[34)와 같은 국권 회복의 의지를 외면한다. 그는 일반 민중들이 일제에 침략의 기회와 구실을 만들어 준 개화주의자들의 급진적인 개혁운동을 매국적 행위로 규탄(糾彈)한 것에 대해서는 무관심하다. 이는 의병 항쟁을 촉구하는 격고문(檄鼓文)이나 창의가(倡義歌), 그리고 『대한매일신보』의 사회등(社會燈) 가사에서 잘 나타나는데, 여기에서는 김옥균과 이완용 등을 일제와 동일시하여 비판하고 있다. 그리고 일제를 '왜노(倭奴)'라고 당당히 매도하고 죽음으로써 왜노를 토멸(討滅)하자던 민중의 외침을 부정한다.

요약하자면, 이인직은 자주적 근대화를 성취하고자 하는 성숙한

---

34) 『대동공보』 제44호, 1910.6. 최영희, 「민족 항일운동의 주류」, 『일제하의 민족 운동사』, 민중서관, 1971, p.45에서 재인용.

민중 의식과 민족의 역량을 비하하고 외세(外勢)와 야합(野合)함으로써 자신의 안보를 유지하려 하는 패배주의적이고 기회주의적인 태도를 보인다. 민중의 의지와 괴리(乖離)되어 있는 이인직의 패배주의적 작가 의식은 일제의 합병 정책이 효과적으로 전개되는 데 오히려 이바지하게 된다. 이 같은 작가 의식은 그의 소설들이 당시대의 다른 소설들에 비해 소설 미학적 측면에서 두드러짐에도 불구하고 긍정적 평가를 받을 수 없게 하는 원인이 되고 있다.

이해조가 온건한 양반 계층 출신으로서 상대적으로 봉건 사회에 대한 비판이 소극적인 데 반해, 이인직은 반(反)봉건 문명 개화의식이 투철한 반면 외세(外勢) 지향적인 한계를 노정(露呈)하고 만다. 반(反)봉건의 정점에 놓인 그의 작품 「은세계」가 이를 잘 말해 주고 있다. 「은세계」는 갑신정변 이후에서 한일합방 직전까지를 시대 배경으로 하고 있는데, 주인공 최병도는 19세기 말에 성장한 '평민 부농층(富農層)'으로서 봉건 지배층의 수탈(收奪)에 항거하는 인물이다. 그는 김옥균 등의 급진 개화파 입장을 대변한다. 그런데 민중 지향적인 판소리 '최병도타령'을 개작(改作)한 전반부와 달리 후반부는 외세(즉 일본) 의존적 경향을 보인다. 미국으로 유학간 옥남이 1907년 정미 7조약과 일제에 의해 강제로 자행된 고종의 양위(讓位)를 조선의 근대적 개혁과 국가 부강(富强)의 기회로 생각하는 것, 그리고 옥남이 강원도 의병(義兵)을 '무뢰한(無賴漢)'이라며 질타(叱咤)하는 것이 그것이다. 김옥균이나 최병도나 모두 봉건체제 자체의 변화를 수행할 만한 역량도 갖추지 못한 상태에서, 더욱이 하층 농민들의 개혁 역량에 대한 신뢰도 없이 외세에 기대어 근대화를 수행하고자 한다. 그러나 그나마도 1910년 한일합방 이후의 신소설은 대부분 시정(市井) 세계에 몰입하며 통속적·오락적 성격을 띠는데, 「혈의 누」의 속편격인 「모란봉」35)도 예외는 아니다. 이 소설은 미국에서 돌아온 옥련이·구완서·서일순의 삼각 관계를 중심으로 한 '애정 소설'로 전락해 버린다. 그것도 간교(奸巧)의 매개(媒介)로 인하여 오히려 구소설(舊小說)로 퇴행(退行)하게 된다.36)

애국계몽기는 우리 역사상 그 유례를 찾아보기 어려운 절박한 상황이었다. 위기에 처한 이 시대의 민중은 자주 독립하여 다른 나라에 의존하지 않고 '자수(自修)로 정법(政法)을 행함'이 일제의 제국주의적 침략을 극복하는 길이라고 천명하면서,37) 옛 법을 모두 고쳐 개화하기 시작한 갑오경장 자체가 일제가 이룬 '매국 개혁(改革)'이라 규탄한다. 그러나 이 시기에 발표된 이인직 등의 신소설 작품들은 이와 같은 민중의 염원을 제대로 파악하지 못한다. 「몽조(夢潮)」와 「혈의 누」는 개화를 절대 가치로 인식하며, 봉건적 사회구조와 집권층을 부정하고 개화주의자를 구국(救國)의 인간형으로 미화시키는 등 개화 지상주의적 현실 인식(「夢潮」의 경우)을 비롯하여, 「혈의 누」에서 보는 것처럼 자신의 매국 행위와 일제의 한국 병합(倂合)을 합리화하기 위해 스스로 투항해 버린다. 개화 지상주의적이고 패배주의적인 작가 의식은 궁극적으로 일제의 대한(對韓) 침략을 합리화·정당화시키는데 귀착되고 만다.

그러므로 기존의 대부분의 평가처럼 이들 작품에 표면적으로 드

---

35) 「모란봉」, 『매일신보』 2194호~2292호, 1913.2.5~6.3.
36) 이에 대한 주요 논의로는 다음 연구들이 있다.
　　전광용, 「모란봉」, 『사상계』 제33호, 1956.4.
　　＿＿＿, 『신소설 연구』, 새문사, 1986.
　　이주형, 「'혈의 누', '모란봉'의 시대적 성격 검토」, 『국어국문학논총』(이숭녕 선생 고희논총간행위원회), 1977.
37) 의정부 편, 「中樞院議官安駒壽等疏」 上疏存案, 제5책, 1898.2.21일 조, '自主而不依於他國 自修而行政法於一國'

러나 있는 근대적 국가관이나 시민 의식, 자주독립 사상 등을 반(反)봉건·반(反)식민으로만 보는 것은 무리이다. 이는 오히려 작가의 반민족적(反民族的) 현실 인식을 위장하기 위한 방책에 지나지 않는다. 이 소설의 한계는 이 시기의 신소설이 모두 노정(露呈)하고 있는 한계이기도 했다.

V. 愛國啓蒙期 新聞 連載小說의
文學史的 意義

언론은 어느 시대에나 공공 영역의 형성이라는 사명을 감당하게
된다. 이런 신문의 사명은 시대의 격변기일수록 더욱 요구된다. 우리
의 구한말도 예외는 아니다. 내부적으로는 주자학적 질서의 와해와
아래로부터의 변혁 욕구가 거세지고, 외부적으로는 서구 제국주의의
동점(東漸)에 편승한 일본의 침략 앞에, 당대 지식인들은 큰 위기에
직면했다. 따라서 당대의 지식인들은 이런 위기의 원인을 정확히 인
식하고 대응 방안을 마련하기 위해 언론을 수단으로 삼았다. 신문
잡지를 통해 새로운 지식을 전파하고 '문명개화(文明開化)'와 '부국
강병(富國强兵)'을 설파한 것이다. 그들의 궁극적인 목적은 애국계몽
기의 지상(至上) 명제라고 할 수 있는 자주 독립 국가의 건설이었다.
즉 당대의 언론을 담당한 지식인들이 현실 인식과 대응 방식의 차이
로 인해, 위정척사파(衛正斥邪派), 급진개화파(急進開化派), 온건개
화파(穩健開化派) 등으로 구분되지만, 근대 국가의 건설이 그들의

궁극적인 목적이었던 것이다. 그 결과 문학의 효용성이 강조된 것은 필연적이었다.

특히 우리의 경우, 근대적 의미의 신문 잡지의 간행은 근대화의 과정에 직결된다. 애국계몽기의 신문들은 당대의 정치 문화적 질곡을 총체적으로 드러내면서 개화 계몽에 주력함은 물론이고, 을사보호조약으로 인한 국권 침탈과 서구 문화의 침투에 대응하고자 했다. 이런 자세는 우리 나라 최초의 신문인 『한성순보(漢城旬報)』(1883, 순한문체)1)에서부터 두드러진 특성이다.『한성순보(漢城旬報)』는 관보(官報)의 성격을 띠며 서구 문명 국가의 정치·경제·사회 제도를 소개하고 나라의 형편을 알리는 일을 감당하였다. 그런데 신문 발달 면에서 볼 때, 국민의 견문을 넓히고 안보 의식을 강화하고자 한『한성순보(漢城旬報)』가 '상의하달(上意下達)'식이었다면,『독립신문(獨立新聞)』(독립협회 기관지, 1896, 순국문체)은 최초의 민간 신문으로서 상하의 언로(言路)를 열어 주는 역할을 하였다.『독립신문(獨立新聞)』은 신흥하는 민권(民權)을 반영하여 자유평등사상의 고취 등 민중 계몽의 사명을 충실히 감당하였는데, 이런 인식 전환은 소설의 발흥에도 영향을 미치게 된다. 특히『독립신문(獨立新聞)』등의 신문이 연재소설의 길을 열어 줌으로써 장편소설의 발표 무대가 되었다는 점은 주목할 만하다. 이후『황성신문(皇城新聞)』(1898, 주간 신문, 국한문혼용체),『매일신문(每日新聞)』(1898, 최초의 일간 신문, 순국문체),『뎨국신문』(1898, 순국문체),『대한매일신보(大韓每日申報)』(1905, 국한문판),『만세보(萬歲報)』(1906),『중앙신보(中央申報)』(1906),『경남일보』(1909, 최초의 지방 신문) 등이 계속해서 발간된

---

1)『한성주보』는『한성순보』의 속간으로, 1886년 1월에 첫 호를 발행했다.

다. 그러나 갑오경장 이후 일본인의 신문 발간이 늘어난 것은 식민
정책의 일환으로 볼 수 있다.2)

이 중에서 『대한매일신보(大韓每日申報)』와 『황성신문(皇城新聞)』
은 개화(開化) 사상과 국권(國權) 사상의 고취라는 뚜렷한 기치 아래
각종 논설과 작품을 싣고 있는데, 을사보호조약을 계기로 민족의 자
주성을 대변하면서 일본의 국권(國權) 침탈을 통박(痛駁)하는 논조
로 일관하고 있다. 그 일환으로 구미 각국의 근대 사상을 소개하고,
풍자적인 신문 연재소설을 게재하였다. 『황성신문(皇城新聞)』이 '풍
간(諷諫)'과 정책적 대안의 모색에 적극성을 보인데 반해, 『대한매일
신보(大韓每日申報)』는 대안 제시보다 비판이 우선되는 경향을 보인
다. 그것은 개선을 통한 개혁의 가능성이 있었던 상황을 반영하는
『황성신문(皇城新聞)』과 달리, 『대한매일신보(大韓每日申報)』는 그
만큼 상황이 절박했기 때문이다. 『대한매일신보(大韓每日申報)』의
논객인 박은식(朴殷植), 신채호(申采浩)는 영국인 사장의 비호 아래
현실의 부조리를 날카롭게 비판할 수 있었다. 그러나 항일 투쟁의
일환으로 가장 비판적인 논조를 보였던 이 신문조차 한일합방 이후
일본의 통감부가 매수하여 자신의 기관지인 『매일신보(每日申報)』
로 바꾸고 친일의 도구로 이용하게 된다. 즉 을사보호조약 이후, 일
본은 정치적으로는 통감부의 설치와 외교권의 장악 등 본격적인 내
정 간섭을 심화시키며, 문화적으로는 상업주의를 강화시키는 경향
을 보이게 된다. 특히 일본인이 발간한 『독매신문(讀賣新聞)』과 『국
민신문(國民新聞)』은 상업성을 강하게 내세우는데, 이것은 결과적으
로 신소설의 대두를 촉진하고 소설의 발표 무대가 되기도 한다.

---

2) 일본인이 발간한 신문으로는 『한성신문』(1898)를 비롯하여, 『대동신보』, 『대한
   일보』 등이 있다.

따라서 애국계몽기 신문 연재소설은 이 시기 신문 발간의 배경과 정황을 이해할 때보다 정확한 의미 파악이 가능할 것이다. 이 시기 신문은 사실의 보도, 문명 개화와 교화의 수단만이 아니라 상업적인 성격까지 띠고 있었기 때문이다. 상업적인 성격이 강화되었다는 것은 작품을 수용할 수 있는 독자층의 대두를 의미하기도 한다. 「혈의 누」를 비롯한 대부분의 소설이 신문에 발표되었으며, 또한 대부분의 신문이 연재소설을 실음으로써 소설의 장편화 경향을 촉진시키고, 언문일치(言文一致)를 주장하고 있는 것도 주목되는 현상이다. 신문에 발표된 많은 논설들도 초보적이지만 서사(敍事)의 양식을 띠면서 현실 문제에 접근하고 있으며, 1906년을 전후하여 신문 지면이 확대되면서 토론체 소설 등 많은 소설이 게재되기 시작한다. 특히 애국계몽기 토론체 소설은 대내외적으로 급변하는 현실 속에서 공공(公共)의 장을 마련한 신문을 통해 문학적으로나마 현실의 모순을 타개하고자 하였다. 그런데 토론체 소설이 '작자(作者) 무서명'으로 시대의 계몽 구국 의지를 강하게 드러내고 있었던 데 비해, 「혈의 누」 이후에는 문학의 상업성과 독자성이 더 강조되기 시작한다. 그리고 이런 경향은 일본의 조선 지배가 노골화하는 한일합방 이후 더욱 강화된다.

따라서 신문은 이 시기 소설 발생에 절대적인 영향을 미치고 있다고 하겠다. 특히 이후 문학사의 전개 과정에서 이 당시 박은식, 신채호 등이 순국문체로의 전환을 의도적으로 실행한 의의는 자못 크다고 하겠다. 이들 비판적인 지식인들은 여전히 전근대적인 생활 습관이 존속하고 있는 상황에서, 다양한 독서 대중을 의식할 수밖에 없었고, 효과적인 개화 계몽을 위해 국문을 선택한 것이다. 그 결과, 내용 면에서 당대 개화의 과제를 반영하며 변화된 모습을 보이지만 여전히 전통적인 형식을 고수하고 있는 한문 소설을 비롯하여, 한문 소설에서 신소설로 넘어가는 과도기적인 성격을 보이는 작품, 항일 투쟁 의지를 강하게 드러내는 작품, 마지막으로 친일 개화의지를 드러내는 작품 등 다양한 층위의 작품들이 공존하고 있는 무대가 바로 애국계몽기 신문이었다. 그리고 작품의 수준에서도 많은 차이가 있다. 그러나 애국계몽기 신문 연재소설은, 「혈의 누」로 대변되는 신소설 전반의 친일 경향의 작품 외에도 다양한 주제 의식, 신구 소설의 형성과 변화 과정, 그리고 시대의 모순에 대한 주체적인 대응 의지를 다양한 방식으로 표출하고 있다는 점에서, 하나의 문화 현상에 대한 이해에 버금가는 문학사적 의의를 지닌다.

VI. 결 론

애국계몽기(1905~1910)는 을사보호조약에 따른 국권(國權) 실추
(失墜)와 서구 열강의 논리에 입각한 일본 제국주의의 침략이 본격
화되는 시기이다. 따라서 이 시기에는 수구적(守舊的) 입장에서는
보수적 반동과 반외세(反外勢) 국권(國權) 수호의 지향이, 개화의 입
장에서는 반봉건(反封建) 자주 개화와 친일 개화의 지향이 복잡하게
얽혀 있었다. 그만큼 안팎으로의 어려움에 직면한 이 시기의 민족문
학의 주체적인 대응 자세가 요구되었던 것이다. 그런데 이 시기의
문학은 신소설과 역사 전기체(傳記體) 소설이 양대 축을 이루고 있
었지만, 한문 소설·몽유록계 소설 등 이질적인 서사 문학 양식도
여전히 공존하고 있었다. 역사·전기체 소설 중에서도 외국의 역사
나 영웅의 전기를 번역한 것이 아니라 우리 나라 영웅의 일대기를
창작한 역사·전기체 소설은, 구시대의 '전(傳)' 양식에 입각한 과도
기적 문학 양식에 불과했지만 투철한 민족 의식을 주제로 하고 있
다. 이에 반해 신소설은 상업주의적 성격을 강하게 띠고 있었는데,

특히 이 시기 신문 연재소설들은 독자들을 확보하는 방안으로 당대의 생활을 사실적으로 다루는 소설을 게재하였다.

이처럼 이 시기에 전통적인 양식이 잔존하고 또 한 작가의 작품 내에서도 '전근대와 근대'의 다양한 의식 편차를 보이는 이유는, 영·정조 때부터 싹트기 시작한 자생적인 근대화의 움직임을 우리 스스로 심화 발전시키지 못한 상황에서 일본 및 서구 열강의 간섭이 강화되었기 때문이다. 그 당시 가장 진취적인 의식을 보여 주었던 동학 농민군은 신소설 여러 부분에서 작품의 장식적 요소로 취급될 뿐이었다. 이는 내부적으로 여전히 수구(守舊) 세력의 저항이 완강했으며, 더욱이 이런 상황을 의도적으로 이용한 일제의 책략이 크게 작용하고 있었기 때문이다. 그러므로 애국계몽기 한문 소설의 경우, 단순히 전대(前代) 한문 소설과의 차이뿐만 아니라 내용과 형식적 측면의 특수성을 심도 있게 분석하는 작업이 필요하며, 나아가 몽유록계 소설·역사전기체 소설·신소설 등의 상호작용 관계를 규명하는 작업이 요구된다. 이 시기 문학을 두고, 전대(前代) 문학과의 차별성을 지나치게 강조하거나, 이 시기 문학이 후대(後代) 문학보다 못하다는 단순 비교는 애국계몽기 소설의 실상을 밝히는 데 오히려 장애가 될 것이다. 미비하더라도 작품의 긍정적 가치를 포착(捕捉)하려는 태도를 가지고 이 시기 문학에 접근하는 것이 바람직할 것이다.

본고는 이런 문제 의식 하에 기존의 연구 성과를 반성적으로 검토해 보았다. 그 결과 애국계몽기 한문 소설이나 국한문 혼용체 소설에 대한 기존 연구가 이 시기 문학의 총체적인 모습을 파악하는 데 한계가 있음을 확인하였다. 애국계몽기 한문 소설은 발표 지면의 확대로 신문이나 잡지에 장기간 게재된 한문 또는 현토(懸吐) 한문으로 서술된 회장체(回章體) 소설을 말한다. 이들 작품은 현토(懸吐)

한문체 문장 외에도 작가의 서술적 우언(寓言), 서사 구조와 서술 방법 면에서 고소설적 요소가 뚜렷하지만, 내용상 부패한 관리에 대한 폭로와 고발, 외국 유학, 신교육, 실업 진흥, 남녀 평등 등 개화 계몽을 주장하고 있다. 그러나 어떤 작품은 형식적으로 한문체 문장의 전통을 강조하면서 오히려 내용상 고소설보다 후퇴하는 경우도 있다. 「용함옥(龍含玉)」과 「잠상태(岑上苔)」는 고소설의 전통을 답습하고 있는 예이며, 「신단공안(神斷公案)」은 애국계몽기 현실을 작품 속에 수용하면서 기법의 변모를 보이고 있다. 따라서 대부분의 이 시기 한문 소설은 유학(儒學)이나 한학(漢學) 소양을 지닌 독자층을 염두에 두고 조선시대 한문 소설의 전통을 이어받으면서도 고소설에서 신소설로 연결되는 교량 역할을 하고 있다. 한편, 「일념홍(一捻紅)」은 지금까지 발견된 자료 중에서 가장 오래된 것으로 자료적 가치가 크며, 「혈의 누」를 중심으로 한 신소설에 표출되어 있는 친일 문학적 성격의 전범(典範)을 보여주고 있었다. 따라서 본고는 이 시기 한문 소설 또는 국한문 혼용체 소설의 변하지 않는 측면과 변화하는 측면, 그리고 그것이 초래된 원인과 그 의미를 구체적으로 분석함으로써 전대(前代) 소설과의 계기적인 관계를 검토해 보았다.

이런 관점에서 신문에 연재된 토론체 소설도 재검토해 보았다. 애국계몽기 토론체 소설을 통해 당대의 사회 정치적 질곡(桎梏)에 대한 현실 대응 의식이 어떠한 양상으로 구현되어 있는지 뿐만 아니라 그 변이(變異) 양상도 아울러 살펴보았다. 이러한 변이 양상에 대한 규명을 통해, 토론체 소설이 변화하는 시대적 과제에 충실하려 했던 민족의 주체적 저항 의지를 표출한 문학임을 입증하기를 기대했다. 동시에 토론체 소설이 왜곡된 정치 상황 하에서 과도하게 이념을 표출한 작품이라는 관점을 극복하고자 했다. 특히 토론체 소설의 통시적인 검토를 위해, 애국계몽기 토론체 소설이 나타나기 이전 시기인 조선 중기 몽유록의 주제 의식을 간단히 살펴보았다. 조선 중기 몽유록은 작품 내에 '토론적 삽화'를 담고 있을 뿐만 아니라 애국계몽기 지식인과 마찬가지로 격심한 혼란기를 겪어야 했던 조선 중기 지식인의 현실 의식을 구체적으로 형상화하고 있기 때문이다.

애국계몽기 한문 소설 작품은 현토(懸吐) 한문 문장이라는 문체적 특징을 갖는다. 「신단공안(神斷公案)」과 「잠상태(岑上苔)」는 중국의 백화(白話) 문체에 가깝고, 「용함옥(龍含玉)」은 이 두 작품에 비해 정통 한문체에 가깝지만, 이상 세 작품들 모두 순수 한문체가 아니라 현토(懸吐) 한문의 국한문 혼용체라는 점에서는 동일하다. 애국계몽기 한문 소설의 발표 지면이 신문 같은 대중 매체라는 사실은 이 시기 한문 소설의 형식적 특징, 즉 회장체(回章體) 형식이나 장편 소설화 경향과 밀접한 관련이 있다. 이 시기 한문 소설은 「신단공안(神斷公案)」처럼 단편들을 묶은 것이라 하더라도 그것들을 장편 형식으로 발표하고 있다. 그리고 내용 면에서도 애국계몽기 한문 소설은 전근대적인 특성을 지닌다. 이 시기 신소설 작품이 표면적으로나마 자유연애라든지 근대 교육과 근대 문물에 관한 예찬, 남녀 평등 같은 문제들을 소재로 하여 개화사상을 고취하려고 한 것과는 달리, 애국계몽기 한문 소설은 소재와 내용 면에서 고소설의 테두리를 벗어나지 못하고 있다. 그러므로 이 시기 한문 소설은 전기(傳奇) 소설에서 출발하여 조선 후기까지 이어져 온 한문 소설의 전통을 마감하는 성격을 지닌 작품이라 할 수 있다. 그러나 한편으로는 이들 작품은 전기(傳奇) 소설의 구조적 특성을 계승하여, 그 내용이나 성격에 있어 다분히 전통 양식에 의거하고 있다는 점에서 한문 소설사의 전통을 확

인하는데 좋은 자료가 된다. 이 점이 애국계몽기 한문 소설이 지니
는 중요한 소설사적 의의라고 할 수 있다. 또한 이 시기 한문 소설의
문학사적 의미를 전통 양식의 한문 소설을 국한문 혼용의 현토(懸
吐) 한문으로 변형시킴으로써 결과적으로 신소설의 등장에 가교(架
橋) 역할을 담당한 점에서 찾을 수도 있다.

「일념홍(一捻紅)」의 주인공들이 내 보이는 현실 인식은 패배적인
개화의식으로 요약된다. 「일념홍(一捻紅)의 현실 인식은 이 시대가
요구하는 정신과는 거리가 있다. 작품 발표 당시 의병 전쟁이 왕성
하게 일어났음에도 불구하고 이 작품에서는 일본의 후원에 의한 개
화운동을 제창(提唱)하였으며, 일본의 대한(對韓) 정책의 본질이 제
국주의적 침략 정책임을 꿰뚫어 보지 못하고 그것을 문명 개화국의
호의적인 지원과 선린(善隣) 우호적인 보호정책으로 의도적으로 왜
곡하고 있다.

애국계몽기 토론체 소설은 그 담화 양식에 따라 대화체 소설 양식
과 연설체 소설 양식으로 크게 나눌 수 있다. 대화체 소설은 소외된
계층의 대화나 양반과 평민 사이의 대화를 통해 당대 개화정책의 본
질과 허상(虛像)을 비판하고 있으며, 연설체 소설도 대화체 소설과
동일하게 인간과 동물, 정상인과 비정상인 남자와 여자의 갈등 구조
속에서 소외된 자의 입장에서 당대 사회의 모순을 문제삼고 있다.
대화나 토론의 형식적 특징은 우리 문학사에서 오랜 역사를 지니고
있다. 특히 조선 중기 몽유록계 소설은 시대의 혼란상(混亂相)이나
작가의 현실 태도 면에서 애국계몽기 몽유록계 소설과 유사한 측면
이 많다. 예를 들자면 '몽유(夢遊)'의 형식을 빌려 시대에 대한 불만
을 우회적으로 토로하는 방식이 그것이다. 물론 애국계몽기 소설에
나타나는 대화나 토론이 모두 '몽유(夢遊)'의 형식을 빌리는 것은 아

니나, '토론'의 양식을 차용하고 있다는 점에서 이 역시 전대(前代) 소설의 영향권에서 자유로운 것은 아니다. 특히 우화(寓話)의 형식 은 전대 몽유록 소설의 '우의(寓意)' 전통을 확대 심화한 것이다. 등 장한 동물들간의 갈등보다 각 동물이 순차적으로 등장하여 자신의 심정을 토로하는 것 또한 인물들간의 갈등이 희박한 전대(前代) 몽 유록계 소설의 토론 양상과 일치한다. 다만 등장 인물들이 자신의 이념을 내면화(內面化)하지 않고 직설적인 이념 토로로 일관한다는 점이 애국계몽기 소설에서 보이는 토론의 특징이다. 특히 「자유종」 에서는 등장 인물들이 각자 자신의 의견을 밝힌 후 '꿈'이라는 장치 를 이용하여 끝맺고 있는데, 이는 토론과 몽유 양식의 현대적 변용 (變容)을 보여 주고 있다는 점에서 주목된다.

「자유종」보다 앞선 시기에 『매일신보』에 발표된 「향객담화(鄕客談 話)」, 「쇼경과 안즘방이 문답」, 「향로방문의생(鄕老訪問醫生)이라」, 「거부오해(車夫誤解)」 등은 애국계몽기 역사 전기 소설의 저자이자 신문의 논객인 작가가 몽유(夢遊) 양식에 기대지 않고 토론을 통하 여 반제(反帝) 반(反)봉건의 이념을 강하게 드러내고 있다. 애국계몽 기에는 서세동점(西勢東漸)에 따른 충격과 더불어 서구 문명에 대한 동경이 생겨나고 있었고, 일제의 노골적인 침략에 대한 저항이 있었 던 시기였다. 이 같은 시대적 상황에 처한 저널리즘은 원래 '문명 개 화'나 '반(反)봉건'에 주된 관심을 보였으나, 을사조약을 맺고 난 후 에는 '반제(反帝) 항일'로 돌아서고 있었다. 사실 을사조약 이전에는 일제의 침략 야욕을 정확하게 인식하지 못했으며, 갑신정변에서 드 러나듯이 오히려 외세(外勢)를 이용하여 개화하려는 시도도 있었다. 그러나 1905년 을사조약을 계기로 상황은 급변하였다. 막연한 근대 화가 아니라 자주적인 근대화 문제가 제기되고 반(反)외세의 성격이 강화되었다. 『대한매일신보』에 연재된 토론체 소설도 애국계몽기의 시대적 과제를 수행하기 위한 실천운동과 밀접하게 관련되어 있다. 토론체 소설은 분량이나 구성 방식에서 다소의 차이를 갖는데, 그 주제적 지향(主題的 志向) 또한 각 작품마다 다르다. 토론체 소설의 주제적 경향성은 을사조약부터 일제의 강점이 있기까지의 5년여의 짧은 기간 동안에 반봉건(反封建) 반외세(反外勢)라는 두 개의 축이 서로 공존 갈등하면서 변화하는 모습을 나타내고 있다. 토론체 소설의 주제적 경향성은 을사조약을 전후로 하여 '친일 개화'에서 '반(反) 봉건 문명 개화'로, '보수 반동'에서 '반(反)외세 국권 수호'의 수구(守舊) 의식으로 전이(轉移)되고 있다. '중도적 개화'에서 '중도적 보수'로 그 중심이 이동하고 있는 것이다. 이러한 토론체 소설의 주제적 경향성의 변이 양상은 바로 이 소설의 작가인 애국계몽 운동가들의 당대 상황에 대한 현실 인식의 변모와 일치한다.

그러나 이 시기에 발표된 이인직 등의 신소설 작품들은 대부분 민중의 염원을 제대로 파악하지 못하고 있다. 오히려 민중을 외면하거나 무시하고 있다. 「몽조(夢潮)」와 「혈의 누」는 그 대표적인 예이다. 이들 작품에서 개화는 절대 가치로 인식된다. 「몽조」에서는 봉건적 사회 구조를 부정하고 개화주의자를 구국(救國)의 인간형으로 미화시키는 등 개화 지상주의적 현실 인식이 나타나고, 「혈의 누」에서는 작가 자신의 매국(賣國) 행위와 일제의 한국 병합(倂合)을 합리화하기 위해 일제에 스스로 투항해 버리는 패배주의적 사고가 드러난다. 개화 지상주의적이고 패배주의적인 작가 의식은 일제의 조선 침략을 합리화·정당화시키는데 귀착되고 만다. 따라서 기존의 평가에서처럼 이들 작품 표면에 드러나 있는 근대적 국가관이나 시민의식, 자주독립사상 등을 반봉건(反封建)·반식민(反植民)으로 보기는 어

렵다. 오히려 작가의 반(反)민족적 현실 인식을 위장(僞裝)하기 위한
방책으로 보는 것이 정당하다.

　애국계몽기 소설을 연구할 때, 근대 소설을 연구하는 방법을 가지
고 근대 소설과의 차이점을 드러내는 방식으로는 그 전모를 파악하
기 힘들다. 애국계몽기 문학을 연구할 때에는 국가 존폐의 위기에
처한 당시 지식인들의 상황을 고려하는 것이 정당하다. 본고는 이
점을 염두에 두고 애국계몽기 소설이 갖는 주제의 사회적 의미를 밝
히고자 했다. 또한 이 소설들이 고소설과 어떠한 관계에 놓여 있으
며, 후대의 소설과 어떤 관련을 맺고 있는지 밝히고자 노력했다.

참고 문헌

1. 기본 자료

임명덕 편,『한국 한문 소설 전집』권 3('몽환, 몽유록', 중국문화학원
　　　　출판부).

김기동 편,『필사본 고전 소설 전집』권 3(아세아문화사).

　　　　『활자본 고전 소설 전집』권 1, 권 6(아세아문화사).

　　　　『구활자 소설 총서』1차 분, 민족문화사.

　　　　『한국 고전 문학 대계』3권, 4권(교문사).

　　　　『당대 전기 소설선』(정범진 역, 범학도서).

　　　　『한국 개화기 문학 총서』1～10권(아세아문화사).

　　　　『삼국유사』(일연).

　　　　『금오신화』(김시습, 을유문화사).

　　　　「전등신화」(구우, 을유문화사).

　　　　『구운몽』(완판본).

　　　　「금수회의록」(안국선).

　　　　「자유종」(이해조).

　　　　「경세종」(김필수).

　　　　「병인간친회록」(꿩소생).

　　　　「천중가절」(작자 미상).

「몽배금태조」(박은식).

「몽견제갈량」(유원표).

「혈의 누」(이인직).

「모란봉」(이인직).

『황성신문』, 『대한일보』, 『대한민보』, 『소년한반도』, 『대한매일신보』, 『독립신문』, 『매일신보』, 『대동공보』, 『서우학회월보』.

2. 연구 논저

강영주, 「애국계몽기의 전기 문학」, 『전환기의 동아시아 문학』, 창작과비평사, 1985.

권영민, 「개화기 소설의 문체 연구」, 서울대 석사, 1975.

_____, 「개화기의 소설관과 신소설의 변모 양상」, 『관악어문연구』 제1집, 1976.

_____, 「한국 근대 소설론 연구」, 서울대 박사, 1984.

芹川哲世, 「한일 개화기 정치 소설의 비교 연구」, 서울대 석사, 1975.

김대현, 「수이전 일문과 수신기의 비교 연구」, 『중한인문과학연구』 1집, 국학자료원, 1996.

김동인, 「조선 근대 소설 고」, 『조선일보』, 1929.7.28-8.16.

김영호, 「침략과 저항의 두 가지 양태」, 『신동아』, 1970.6.

_____, 「개화사상」, 『한국 현대사』 6, 신구문화사, 1971.

김용직, 「개화기 문인의 의식 유형」, 『한국 문학 연구 입문』, 지식산업사, 1982.

김윤규, 「개화기 단형 서사 문학 연구」, 경북대 박사학위 논문, 1992.

김윤식,「정치 소설의 결여 형태로서의 신소설」,『한국학보』 31,
　　　1983.

＿＿＿,「개화기 소설의 문제점」,『한국 현대 소설사 연구』, 민음사,
　　　1984.

김원규,「개화기 토론체의 담론 연구」, 부산대 석사, 1994.

김종철,「판소리의 근대 문학 지향과 '은세계'」,『민족문학과 근대
　　　성』(민족문학사연구소 엮음), 문학과지성사, 1995.

김주현,「개화기 토론체 양식 연구」, 서울대 석사학위 논문, 1989.

김중하,「개화기 신문 소설 '거부 오해' 소고」,『수련어문논집』 부산
　　　여대, 1975.

＿＿＿,「개화기 토론체 소설 연구」,『관악어문연구』 3, 서울대 국어
　　　국문학과, 1978.

＿＿＿,「개화기 단형 소설 연구」,『인문론총』 20, 부산대, 1981.

＿＿＿,「개화소설의 문학 사회학적 연구」, 경북대 박사, 1986.

김춘섭,「개화기의 소설 인식 태도」,『용봉논총』(인문과학 연구 제12
　　　집), 전남대, 1982.

＿＿＿,「개화기 소설에 나타난 풍자적 희화」,『전남대학교 논문집』
　　　제31집, 전남대, 1986.

김춘섭·송효섭·정병헌,「한국 소설의 서사 구조와 변이 양상 연구
　　　(1)」,『고소설 연구 논총』, 1988.12.

＿＿＿,「조선조 후기 소설의 서사 구조와 변이 양상」,『용봉논총』
　　　제17집, 전남대 인문과학연구소, 1989.12.

김하명,「신소설과 '혈의 누'와 이인직」,『문학』 제22호, 1950.

민병덕,「한국 근대 신문 연재소설 연구」, 성균관대 박사학위 논문,
　　　1989.

박성수,「1907~1910년 간의 의병 전쟁에 대하여」,『한국사 연구』1, 한국사 연구회, 1968.

박성의,「비교 문학적 견지에서 본 금오신화와 전등신화」,『문리논 집』3집, 고려대 문리대, 1958.

박종철,「개화기 소설의 언어와 문체」,『개화기 문학론』, 형설출판 사, 1978.

박철희,「개화기 시가의 구조」,『신문학과 시대 의식』, 새문사, 1981.

박태상,「안국선의 '금수회의록' 연구」,『연세』제16호, 1982.

박희병,「한국 고전 소설의 발생 및 발전 단계를 둘러싼 몇 가지 문 제에 대하여」,『관악어문연구』17집, 서울대 국문과, 1992.

백상기,「담론 양식의 특질과 사적 전개 양상」, 경남대 석사학위 논 문, 1992.

서대석,「몽유록의 장르적 성격과 문학사적 의의」,『한국학논집』3 집, 계명대학교 한국학연구소, 1975.8.

서종택,「근대 전환기 소설의 이념과 미학적 기반」,『근대 전환기의 언어와 문학』, 고대 민족문화연구소, 1991.

성현자,「양계초와 안국선의 관련 양상」,『인문과학』48, 연세대 인 문과학연구소, 1982.

송기한,「개화기 대화체 가사 연구」, 서울대 석사, 1988.

송민호,「신소설 '혈의 누' 소고」,『국어국문학』제14호, 1955.

송현호,「한국 근대 소설론 연구」, 서울대 박사, 1987.

신동욱,「신소설에 반영된 신문화 수용의 태도」,『동서문화』4집, 계 명대 동서문화연구소, 1970.

_____,「신소설과 서구 문화 수용」,『신문학과 시대 의식』(신동욱 편), 새문사, 1981.

신용하, 「한국 근대사와 사회 발전」, 『한국 근대사와 사회 변동』, 문
　　　학과지성사, 1980.

신재홍, 「몽유록의 유형적 고찰」, 서울대 석사, 1986.

신해은, 「개화기 신문 소설 연구」, 국민대 석사 학위 논문, 1982.

양문규, 「애국계몽기의 서사 문학」, 『민족문학사강좌 (하)』(민족문학
　　　사연구소 엮음), 창작과비평사, 1995.

양승민, 「우언의 서술 방식과 소통적 의미」, 고려대 석사, 1996.

우쾌제, 「구한말 잡지 소설 연구」, 『국어국문학』 78 · 79호 합집,
　　　1979.

유병석, 「한국 문사의 이명 연구」, 『문학사상』, 1974.3.

유양선, 「개화기 서사 문학 연구―유형별 작품 분석을 중심으로」,
　　　서울대 석사학위 논문, 1979.

_____, 「신소설」, 『한국 근현대 문학 연구 입문』(한길문학 편집위원
　　　회 편), 한길사, 1990.

유우선 · 김춘섭, 「개화기 소설에 수용된 고대 소설의 구조 유형」,
　　　『용봉론총』 12집, 전남대학교, 1982.

유영은, 「개화기 단형 서사체 연구」, 서울대 석사, 1989.

윤명구, 「개화기의 문학 장르」, 『한국사학』 2, 한국정신문화연구원,
　　　1980.

_____, 「신소설의 전통 계승 여부」, 『한국 문학사의 쟁점』, 집문당,
　　　1986.

은찬기, 「개화기 토론체 소설의 구조」, 『한양 어문 연구』 5, 한양대
　　　한양어문연구회, 1987.

이내종, 「태평통재 일고」, 『대동 한문학』 제6집, 1994.

이상경, 「'은세계' 재론」, 『민족문학사연구』 5, 창작과비평사, 1994.

이재선, 「개화기 서사 문학의 두 유형」, 『국어국문학』 68·69호, 1975.9.

_____, 「신소설의 비교 문학적 연구」, 『한국 개화기 소설 연구』, 일조각, 1975.

_____, 「개화기 소설 연구의 현황과 방향」, 『한국 문학의 해석』, 새문사, 1981.

이재수, 「금오신화 고」, 『한국 소설 연구』, 형설출판사, 1966.

임 화, 「조선 신문학사론 서설」, 『조선중앙일보』, 1935.10.19-11.13.

_____, 「소설 문학의 20년」, 『동아일보』, 1940.4.12-20.

_____, 「신문학사의 방법」, 『문학의 논리』, 학예사, 1940.

장덕순, 「몽유록 소고」, 『동방학지』 4, 연세대 동방학연구소, 1959.6.

장효현, 「몽유록의 역사적 성격」, 『한국 고전 소설론』, 새문사, 1990.

전광용, 「신소설 연구」, 『사상계』, 1955.10-1956.11.

_____, 「이인직 연구」, 『서울대학교 논문집』 제6집, 1957.

_____, 「한국 근대 소설의 역사적 전개」, 『한국 현대 소설사 연구』, 민음사, 1984.

정덕준, 「자의적 순응과 패배 의식―개화기 소설에 나타난 작가 의식」, 『한국언어문학』 제19집, 한국언어문학회, 1980.

_____, 「개화기 소설의 시간, 과거―미래의 구조」, 『우석어문』 2집, 우석대, 1985.

정선태, 「신소설의 서사론적 연구」, 서울대 석사, 1994.

정학성, 「몽유록의 역사 의식과 유형적 특질」, 『관악어문연구』 2, 서울대, 1977.

_____, 「전기 소설의 문제」, 『한국 문학 연구 입문』, 지식산업사, 1982.

정한모, 「개화기 시가의 제 문제」, 『한국학보』 제6집, 1977 봄.

정한표, 「몽유록의 장르 규정」, 『한국 문학사의 쟁점』, 집문당, 1986.

조남현, 「구한말 신문 소설의 양식화 방법」, 『학술지』 24, 건국대 학술연구원, 1980.

_____, 「개화기 소설의 변이 양상」, 『개화기 문학의 재인식』, 지학사, 1987.

조동일, 「영웅의 일생, 그 문학사적 성격」, 서울대 동아문화연구소, 1971.

조연현, 「개화기 문학 형성 과정 고」, 『한국 신문학 고』, 문화당, 1966.

조지훈, 「한국 민족운동사」, 『조지훈 전집』 6, 일지사, 1973.

차용주, 「몽유록과 몽자류 소설의 동이(同異)에 대한 고찰」, 『논문집』 3, 청주여사대, 1974.6.

최서해, 「조선문학 개척자 : 국초 이인직 씨와 그 작품」, 『중외일보』, 1927.11.15.

최영희, 「민족 항일운동의 주류」, 『일제하의 민족운동사』, 민중서관, 1971.

최원식, 「은세계 연구」, 『창작과비평』 48호, 1978.

_____, 「장한몽과 위안으로서의 문학」, 『민족문학의 논리』, 창작과비평사, 1982.

_____, 「제국주의와 토착 자본」, 『전환기의 동아시아 문학』, 창작과비평사, 1985.

_____, 「민족문학의 근대적 전환」, 『민족문학사강좌 (하)』(민족문학사 연구소 엮음), 창작과비평사, 1995.

최 준, 「국채보상운동과 프레스 캠페인」, 『한국 신문사 논고』, 일조각, 1967.

_____, 「신문의 지폭의 확대와 연재소설」,『한국 신문사』, 일조각, 1978.

표언복, 「단재의 문학관 형성에 미친 양계초의 영향」,『목원 어문학』, 목원대학교, 1980.

한강희, 「애국계몽기 신문 연재소설 연구－<대한매일신보> 게재 '토론체 소설'의 분석」, 성균관대 석사학위 논문, 1987.

한기형, 「한문 단편의 서사 전통과 신소설」,『민족문학사연구』4, 창작과비평사, 1993.

한길문학 편집위원회 편,『한국 근현대문학 연구 입문』, 한길사, 1990.

한원영, 「한국 개화기 신문 연재소설의 연구」, 청주대 박사학위 논문, 1989.

홍신선, 「한국 근대문학 이론 형성 과정에 관한 연구」, 동국대 박사학위 논문, 1987.

홍일식, 「신소설의 사상적 배경」,『한국 소설 발달사』, 한국문화사대계 5, 고려대 민족문화연구소, 1967.

_____, 「개화사상사」,『한국 현대 문화사 대계』2, 고려대 민족문화연구소, 1976.

3. 단행본

강재언,『한국의 개화사상』(정찰열 역), 비봉출판사, 1981.

김교봉·설성경,『근대 전환기 소설 연구』, 국학자료원, 1991.

김대현,『조선 시대 소설사 연구』, 국학자료원, 1996.

김영민,『한국근대소설사』, 솔, 1997.

김윤식·김현,『한국문학사』, 민음사, 1973.

김윤식,『한국 근대 문학 양식 논고』, 아세아문화사, 1980.

김준오,『한국 현대 장르 비평론』, 문학과지성사, 1990.

김태준,『증보 조선소설사』, 학예사, 1939.

문성숙,『개화기 소설론 연구』, 새문사, 1994.

민병수 외,『개화기의 우국 문학』, 신구문화사, 1974.

민족문학사연구소 엮음,『민족문학사강좌(하)』, 창작과비평사, 1995.

_____,『민족문학과 근대성』, 문학과지성사, 1995.

박성의,『한국 고대 소설사』, 일신사, 1948.

백 철,『신문학사조사』, 산구문화사, 1986.

설중환,『금오신화 연구』, 고려대 출판부, 1983.

성현자,『신소설에 미친 만청 소설의 영향』, 정음사, 1985.

송민호,『한국 개화기 소설의 사적 연구』, 일지사, 1975.

신동욱 편,『신문학과 시대 의식』, 새문사, 1981.

신기형,『한국 소설 발달사』, 창문사, 1960.

신재홍,『한국 몽유 소설 연구』, 계명문화사, 1994.

신해진,『조선 중기 몽유록의 연구』, 박이정, 1998.

안 확,『조선 문학사』, 한일서점, 1922.

엽건곤,『양계초와 구한말 문학』, 법전출판사, 1980.

유종국,『몽유록 소설 연구』, 아세아문화사, 1987.

윤명구,『개화기 소설의 이해』, 인하대출판부, 1989.

이선영 외,『한국 근대 문학 비평사 연구』, 세계, 1989.

이재선,『한국 개화기 소설 연구』, 일조각, 1975.

_____ 외,『개화기 문학론』, 형설출판사, 1978.

임형택,『한국 문학사의 시각』, 창작과비평사, 1984.

임 화,『개설 신문학사』, 형륭문화사, 1976.

장덕순 외,『한국 문학사의 쟁점』, 집문당, 1986.

전광용,『한국 소설 발달사(하)』(한국 문화사 대계 5), 고대 민족문화
　　　연구소, 1967.

전광용 외,『한국 현대 소설사 연구』, 민음사, 1984.

＿＿＿,『신소설 연구』, 새문사, 1986.

정덕준 외,『한국문학개론』, 새문사, 1992.

정선태,『개화기 신문 논설의 서사 수용 양상』, 소명출판, 1999.

정주동,『고대 소설론』, 형설출판사, 1969.

조동일,『신소설의 문학사적 성격』, 한국문화연구소, 1973.

＿＿＿ 외 편,『한국 문학 연구 입문』, 지식산업사, 1982.

＿＿＿,『한국 문학 통사』 4, 지식산업사, 1986.

조윤제,『한국문학사』, 동국문화사, 1953.

조연현,『한국 신문학 고』, 문화당, 1966.

주왕산,『조선 고대 소설사』, 정음사, 1950.

주종연,『한국 근대 단편 소설 연구』, 형설출판사, 1979.

천관우,『한국사의 재발견』, 일조각, 1975.

최원식,『민족문학의 논리』, 창작과비평사, 1982.

＿＿＿,『한국 근대 소설사론』, 창작사, 1986.

최 준,『한국 신문사』, 일조각, 1978.

＿＿＿,『한국 신문사론고』, 일조각, 1981.

홍일식,『한국 개화기의 문학 사상 연구』, 열하당, 1980.

N. 프라이,『비평의 해부』(임철규 역), 한길사, 1982.

부 록

燕巖 朴趾源의 思惟體系에 대한 反省的 考察

1. 서 언

한 인물에 대한 역사적 평가는 온당하게 이루어져야 하며, 그 인물이 지닌 역사적 면모를 왜곡(歪曲)하거나 과장해서는 안 된다. 정당한 역사적 평가는 객관적 사실에 대한 정확한 인식의 전제일 뿐아니라, 타당한 미래에 대한 전망까지도 담보(擔保)하기 마련이다. 그러나, 조선 후기를 연구하는 연구자들 가운데 민족 정신의 근대적 각성이란 측면에서 실학자(實學者)들을 평가하고자 하려는 경우를 흔치 않게 본다. 연암(燕巖)의 경우 특히 그러하다. 연암에 대한 연구는 그를 온전한 근대정신의 소유자란 측면에서 조명(照明)함으로써 실상을 적확(的確)하게 이해하려는 시도를 원천적으로 차단(遮斷)하는 경우가 적지 않은 것이다.

철저한 근대정신을 구유(具有)한 인물로 연암을 소묘(素描)하거나 근대정신의 화신(化身)으로 그를 인식하려는 것은, 우리 민족적 전통에 대한 강한 자부심과도 일정한 정도 관련되어 있다. 중세적 사유 체계를 탈각(脫殼)하고 근대정신으로 무장한 선각자로 연암을 내세움으로써, 근대에 대한 민족적 자각의 시기를 끌어올릴 수 있다고 믿기 때문이다. 이런 암묵적(暗默的) 의도로 인하여 연암이 지닌 중세적 사유 방식의 면모가 애써 축소되거나 외면되곤 했다. 하지만, 이처럼 실상을 과장하는 것이 우리 민족의 자부심을 드높일 수 있는 것은 결코 아니다. 오히려, 정당한 역사적 현실에 대한 이해를 차단하고 허구적 우월감(優越感)에 도취될 수도 있다.

그렇다고 연암이 자리하고 있는 정신사적·문학사적 위상(位相)을 억지로 폄하(貶下)하자는 것은 물론 아니다. 연암이 살았던 시대적 배경을 고려한다면, 그는 진보적인 사유 방식을 지녔던 인물이었고, 엄정한 현실비판주의자였다고 할 수 있다. 그는 당시 지배층이 지녔던 강고(强固)하고 보수적인 이념의 틀에서 벗어나 자유롭고 비판적인 세계 인식의 태도를 보였다. 이런 점에서, 그의 정신사적·문학사적 위상은 소중한 민족적 자산으로 받아들여야 한다. 특히, 연암이 보였던 근대적 사유의 단초(端初)들은 당대로서는 획기적인 면이 없지 않았다. 지전설(地轉說)에 바탕한 우주관, 중세적 보편주의의 세계관에서 벗어나 대상을 상대적으로 인식하고자 하는 상대주의적 세계인식 태도, 실용주의적이고 휴머니즘적인 면모, 당대 현실에 대한 냉엄한 비판 의식 등이 바로 그렇다. 이렇듯, 그가 지녔던 근대적 사유 방식의 단초들은 결코 과소 평가될 수 없는 것이다. 그러나, 이런 모든 측면에도 불구하고 그에 대한 평가는 좀더 객관적이고 냉정할 필요가 있다. 연암은 어디까지나 중세적인 사유 방식에 바탕하고 있는, 그러면서도 남달리 근대적인 사유의 단초를 보이는

인물로 인정해야 하는 것이다.[1)]

이에, 본고에서는 연암의 사유 체계에 대한 반성적 검토를 통하여 연암의 사유 체계가 보이는 면모를 적실(的實)하게 파악하고자 한다.[2)] 특히, 중세적 사유 체계의 근간이라고 할 수 있는 신분제적 사회 구조에서 사(士)의 역할에 대한 그의 인식 태도, 탈중화주의적(脫

---

1) 연암의 사상 및 문학에 대한 연구는 多大하여 연구사만도 여러 번 정리되었다. 그에 대한 문학사적·사상사적 연구 경향은 이를 통해 볼 수 있다. 민병수의「박지원 문학의 연구사적 검토」(『한국학보』13, 일지사, 1978), 임형택의「실학과 문학과 한문 단편」(『한국학연구 입문』, 지식산업사, 1982), 차용주 편, 『연암연구』(계명대 출판부, 1984), 강동엽의「80년대 이후 연암문학의 연구 경향과 그 전망」(『한국한문학연구』11, 한국한문학연구회, 1988)은 그 대표적인 예이다. 하지만, 거의 대부분의 연구자는 연암을 근대적 정신의 소유자로 묘사하고 있어 반성적인 평가가 절실하게 요구된다.

2) 연암의 사유 방식, 사상 등과 관련되어 특히 주목되는 논문을 보이면 다음과 같은 바, 사상론의 핵심적 범주는 이가원과 이동환에 의해 주로 제기되었다고 할 것이다.

이가원, 『연암소설 연구』, 을유문화사, 1965.

이우성, 「실학과의 사회관과 한문학」, 『한국고전소설』, 계명대출판부, 1974.

이동환, 「연암의 사상과 소설」, 『고전문학을 찾아서』, 문학과지성사, 1976.

조동일, 「박지원」, 『한국문학사상사시론』, 지식산업사, 1978.

조동일, 「18세기 인성론 혁신과 문학의 사명」, 『문학과 철학사의 관련 양상』, 한샘, 1992.

이종주, 「열하일기의 인식논리와 서술방식」, 『근대문학의 형성과정』, 문학과 지성사, 1983.

최신호, 「연암의 문학론에서 본 사물 인식과 창작의식」, 『한국한문학 연구』8, 한국한문학회, 1985.

이동환, 「연암의 사유방식」, 『한국한문학연구』11, 한국한문학회, 1988.

임형택, 「박연암의 인식론과 미의식」, 『한국한문학연구』11, 한국한문학회, 1988.

김명호, 「북학론과 그 사유구조」, 『열하일기 연구』, 창작과 비평사, 1990.

박희병, 「연암 사상에 있어서 언어와 명심」, 『한국의 경향과 한문학』, 죽부이지형교수정년기념논총 간행위원회, 1996.

신재홍, 「연암 소설에서 형성된 대상 인식문제」, 『한국고전소설과 서사문학』 (상) 양포이상택교수환력기념 간행위원회, 1998.

中華主義的) 성격과 민족주의적 면모의 실상, 탈주자주의(脫朱子主
義)와 상대적 세계인식 태도 등을 중심으로 연암의 사유 체계를 반
성적으로 검토함으로써, 그의 사유방식이 내포하고 있는 당대적 의
미를 온당하게 지적하고자 한다.

2. 士의 정체성(正體性) 확립과 중세적 신분제의 고수(固守)

연암의 사유 체계가 지닌 근대적 면모를 밝힘에 있어 가장 흔히
지적되곤 하던 것으로 양반에 대한 냉혹한 비판의식과 사회적으로
소외받는 계층에 대한 적극적 관심의 표명을 꼽는다. 특히, 당대의
지배계층인 양반을 통렬하게 비판하는 그의 태도는 신분제에 대한
비판으로 인식되어, 그의 근대적 사유 체계를 대변하는 것으로 받아
들여졌다. 그러나, 연암의 신분제에 대한 인식태도는 좀더 꼼꼼하게
살필 필요가 있다. 그가 지녔던 양반에 대한 비판의식의 태도가 어
떤 의식 지향과 맞물려 있는지 고려하지 않고, 비판적 의식 태도를
그대로 신분제에 대한 부정으로 인식하려 든다면 작위적(作爲的)이
고 편의적(便宜的)인 인식 태도라는 혐의를 벗어날 수 없기 때문이
다. 다음을 보기로 하자.

그러나 士의 學은 실제로는 農工商의 이치를 포함하고 있으니,
이 三者의 업은 반드시 士를 기다린 후에야 이루어질 수 있다. 대
개 明農, 通商, 惠工의 밝히는 것, 통하게 하는 것, 은혜를 베푸는
것이 모두 士가 아니면 그 누구리오. 그러므로 오늘날 농공상이 실
업 상태에 있는 것은 士가 실학을 갖지 못한 데에 그 책임이 있다.

(然而士之學實兼包農工賈之理 以三者之業 必皆待士而後成 夫所謂
明農也 通商而惠工也 其所以明之通之惠之者 非士而誰也 故臣窃以
爲 後世農工賈之失業 卽士無實學之過也.)[3]

위의 글에서 연암은 신분제적 사회 구조 하에서 사(士)의 역할이
얼마나 중요한지를 지적하고 있다. 사(士)의 학(學)이 농(農)·공(工)·
상(商)의 이치를 포함하고 있고, 농업을 밝히려 하는 것, 상업을 유
통시키는 것, 공업의 은혜를 베푸는 것이 모두 사(士)에 의하여 이루
어진다고 말하고 있다. 때문에 그는 사회적인 지도적 위치에 서있는
사(士)의 정체성(正體性)이 제대로 확립되지 못할 때, 그 이하의 계
층은 실업(失業) 상태에 놓이게 됨을 지적하였던 것이다. 이렇게 볼
때, 그의 사회 구조에 대한 인식은 군건한 중세적 신분제를 기반으
로 하고 있음을 분명하게 알 수 있다.

이러한 연암의 태도가 반영된 문학작품이 바로 「양반전(兩班傳)」
이다. 「양반전」에는 양반을 도둑놈이라고 말할 정도로 강하게 비판
하고 있는 한편, 양반은 돈으로 살 수 있는 것도 또는 팔 수 있는 것
도 아니라는 견해가 제시되어 있다. 모순된 것처럼 보이는 양반에
대한 이러한 인식태도는 진정한 의미의 양반(즉 士)을 갈망한 데서
비롯된다. 다시 말하자면, 그의 양반에 대한 냉혹한 비판은 실재하
던 부유(腐儒), 자기의 정체성을 확립하지 못한 사(士)에 대한 비판
에 다름 아니며, 중세 사회의 골간(骨幹)이라 할 수 있는 신분제 자
체를 부정하는 것과는 거리가 멀다고 할 수 있다. 부패한 현실, 타락
한 양반을 질책(叱責)함으로써 새로운 사회로 나가고자 했던 것일
뿐, 중세 사회의 질서체제인 신분제를 부정하는 데까지 나간 것은

---

3) 燕巖集 卷之十六, 課農小抄, 諸家總論, 景仁文化社, 1978, p.344.

아닌 것이다. 이는 「양반전」에 붙인 그의 자서(自序)에 보다 분명하게 드러난다.

士는 하늘이 내린 爵位로 士의 마음은 뜻이 되니 그 뜻이 어떠해야 하는가? 勢利를 꾀하지 말 것이니 몸이 비록 顯達하여도 士에서 떠나지 말아야 할 것이며, 몸이 비록 곤궁하여도 士의 본분을 잃어선 안 된다. 지금의 士들은 明節 닦기엔 힘쓰지 않고 다만 門閥과 世德을 팔고 사고자 하니 장사치에 비해 무엇이 다르리오, 이에 양반전을 쓴다. (士迺天爵 士心爲志 其志如何. 不謀勢利 達不離士 窮不失士 不飭名節 徒貨門地 酤鬻世德 商賈何異 於是述兩班.)[4]

그는 사(士)는 하늘이 내린 작위라고 전제하고 있다. 이는 양반(士) 계층의 사회적 책무를 강조한 것임과 동시에 양반 계급에 대한 강한 자부심을 드러낸 말이다. 이런 계층적 자부심은 엄정한 사회적 책무를 동반한다. 사(士)는 세리(勢利)를 꾀하지 말고, 현달(顯達)하여도 그 본분을 지켜야 하며, 곤궁하여도 본분을 잃지 말아야 한다고 주장하고 있다. 그러나, 현실의 양반은 그렇지 못하였다. 문벌과 세력까지 팔고 사고 할 정도로 부패해 있었고, 문벌과 세력에 붙어서 고절(高節)함을 잃은 선비들이 편만(遍滿)해 있었기에 「양반전」을 입전(立傳)한 것이다. 이것은 그가 지닌 중세적 신분제에 대한 인식 태도를 간명(簡明)하게 보이는 것이다. 다만, 연암의 '전(傳)'에는 당시 한양의 시정(市井)을 중심으로 새롭게 부각되고 있는 인간상에 대한 주목을 보이고 있는 작품이 존재한다는 점이 특기할 만하다. 이것은 양반 이외의 계층에 대한 적극적 긍정으로 나아가고자 하는

---

4) 燕巖集 卷之八 別集, 放璚閣外傳 自序, 景仁文化社, 1978, p.114.

시도, 범속한 인간의 내면에서 인간적인 각성을 발견케 하는 감동5)
을 주는 시도와 관련되기 때문이다. 즉, 「민옹전(閔翁傳)」, 「예덕선
생전(穢德先生傳)」, 「마장전(馬駔傳)」 등이 모두 새로운 인간형, 즉
현실적으로는 비속하다고 여기는 계층의 인물에서 범상치 않은 측
면을 발견하여 주목하고 있음을 볼 때 이를 잘 알 수 있다. 그러나,
이 모든 것이 중세적 사유 기반을 완전히 탈각(脫殼)한 것이라기보
다는 새롭게 태동하고 있는 근대적 기운을 비교적 일찍 감지하고 이
를 소설로 적극 입전(立傳)함으로써 변화하는 당대 현실에 적극 수
응(酬應)한 것임을 알아야 한다. 여기까지가 연암이 나아간 자리라
고 할 수 있다.

　이는 연암이 정체성을 상실한 당시의 현실에 비춰봤을 때 진정한
선비의 모습을 구유(具有)하고 있는 '허생(許生)'이란 인물에서도 확
인할 수 있는 바이다. 가난했음에도 자신의 뜻을 굽히지 않고 독서
에 열중하는, 이른바 곤궁해도 사(士)의 본분을 잃지 않고 세리(勢
利)를 꾀하지 않는6) 인물인 것이다. 즉, 연암은 '허생'을 통해 과다한
부의 축적은 양반(士)의 행위가 아니라는 인식태도를 표방하고 있
다. 결국, 연암은 현실의 부유(腐儒)에 대한 비판 의식에서 사(士)의
정체성을 확립하고자 했던 것이지, 존재 자체를 부정하고자 했던 것

---

5) 황패강, 「양반전 연구」, 이상택·성현경 편, 『한국고전소설연구』, 새문사, 1983,
　p.394.
6) 許生은 독점적 상거래를 통하여 막대한 富를 취하지만 그것은 자신의 뜻을 시험
　한 것이지, 富를 누리기 위한 것이 아니니 자신을 장사치로 대접하지 말라고 말
　하며, 卞氏에게 의식을 위한 최소한의 경제적 지원을 요구할 뿐이다. (許生大怒
　曰 君何以賈竪視我 拂衣而去 卞氏潛踵之 望見客向南山下入小屋 … 明日悉持其
　銀 往見之 許生曰 我欲富也 棄百萬而取十萬乎 我從今得君而活矣 君數視我 計口
　送糧 度身授布 一生如此足矣. 燕巖集 熱河日記, 玉匣夜話, 景仁文化社, 1978,
　p.299.)

은 아니다. 이것은 「마장전」이 우도(友道)에 대한 비판에서 비롯하여 입전(立傳)된 사실에서도 또한 확인할 수 있는 바이다.

3. 탈중화주의(脫中華主義)와 민족주의적 인식의 실상(實相)

주지하는 바와 같이, 기존의 연암 연구 대부분은 연암이 탈(脫)중화주의적 면모와 함께 민족주의적 인식 태도를 보이고 있음을 빈번하게 지적하고 있다. 실제로, 연암은 민족적 특성이 구유(具有)한 문학의 창작을 이덕무(李德懋)에게 권하고 있다. 또한, 그의 문집에는 조선인으로서의 특징적 면모가 확연하게 드러나는 표현과 내용이 다양한 형태로 들어 있다. 이런 점에서, 연암이 민족주의적 면모를 지녔다는 점은 결코 부정될 수 없는 사실이 분명하다고 할 수 있다. 「연암집」이나 「열하일기(熱河日記)」에 나타나는 구어적 특징, 토속어의 구사와 표현 등은 문장의 감각 내지 의식이 전아(典雅)한 문투를 벗어나 있어 조선적인 면을 여실하게 보여주고 있다. 다음의 인용을 보기로 하자.

지금 懋官(李德懋)은 조선 사람이다. 山川風氣로는 지리가 중국과 다르고, 언어와 민요·풍속은 漢·唐 시대의 그것이 아니다. 만약 이에 중국의 문장법을 본받고 漢唐의 문체를 蹈襲한다면 우리는 한갓 문장법이 고상하면 할수록 뜻은 기실 鄙陋하게 되고, 문체가 漢唐과 근사하면 할 수록 말은 더욱 거짓이 되는 현상만 볼뿐이다. 우리 나라가 각기 그 文字로 그 민요를 운율로 하여 자연스럽게 문장이 이루어지고 진실이 발현되었던 것이니, 이전 것의 도

습을 일삼지 않고 서로 빌려주지 않았다. 從容히 현재를 따른 즉
森羅의 모든 일이 이로써 詩가 되는 것이다. (今懋官朝鮮人也 山川
風氣地異中華 言語謠俗 世非漢唐 若乃效法於中華 襲體於漢唐 則
吾徒見其法益高而意實卑 體益似而言益僞耳 左海雖僻國 亦千乘 羅
麗雖儉 民多美俗 則字其方言 韻其民謠 自然成章 眞機發現 不事沿
襲 無相假貸 從容現在 卽事森羅惟此詩爲然.)[7]

연암은 이덕무가 조선사람이기 때문에 중국과 산천 풍기(風氣)가
다르고, 언어·민요·풍속이 한(漢)나라나 당나라 때의 것과 다르다
고 전제하고, 자국의 언어와 문화에 기반한 시(詩)의 창작을 권하고
있다. 즉, 중국의 문체를 도습(蹈襲)하여 그와 근사하면 할수록 뜻이
비루(鄙陋)하고 거짓이라고 말하고, 우리의 운율로 자연스럽게 진실
을 발할 수 있도록 조용히 현재를 따르라고 권하고 있다. 이러한 연
암의 시 창작에 대한 인식태도는 분명히 민족주의적 색채를 띠고 있
다고 할 수 있다. 그러나, 이런 인식을 연암의 세계인식, 민족주의적
인식태도의 전부로 치부해서는 안 된다. 이런 주장 못지 않게 주목
되는 사실은, 연암이 문학 창작에 있어 조선의 언어와 문화를 강조
했음에도 불구하고, 그는 여전히 언문(諺文 즉 國文)도 못 읽는 인물
이었음을 상기(想起)해야만 하는 것이다.

연암이 이덕무에게 창작의 방법론으로 제시하고 있는 '우리 나라
의 문자로 그 민요를 운율로 하여 자연스럽게 문장이 이루어지고 진
실이 발현되었던 것'은 한문(漢文)으로의 창작 방법이라는 중세적
보편 문어(普遍文語)에 의한 문학 창작이라는 대전제에서 결코 벗어
나지 못하고 있다. 이것은 다만 현실적 감각에 맞는 문학 창작 방식

---

7) 燕巖集 卷之七, 嬰處稿序, 景仁文化社, 1978, p.107.

의 다변화란 측면에서 이해할 수 있을 따름이다. 즉, 문체적 전범(典範)으로 고문(古文)을 강조하던 당대 고문론자(古文論者)들과는 정반대의 위치에 서는 정도의 민족주의적 색채라는 점을 인정해야 할 것이다.

이런 정도의 민족주의적 색채나 민족 문화의 전통에 대한 자부심은 「열하일기」 '도강록(渡江錄)'에서 평양과 패수(浿水)에 대한 위치 문제를 중심으로 한 고조선(古朝鮮)의 강역이나 한사군(漢四郡)의 위치 문제에 관해 종래의 통설에 대한 반론을 제기하고 실지(失地) 회복의 당위성을 시사하는 발언이나,[8] '망양록(亡羊錄)'에서 조선에 남아 있는 아악(雅樂)의 전통을 과시하는 대목에서도[9] 충분히 찾아볼 수 있다. 하지만, 이것만으로 그가 탈(脫)중화주의적 사고에 기반한 근대적 사유체계의 소유자라고 규정짓거나, 근대적 민족주의 정신의 소유자로 전일(全一)하게 규정지을 수는 없을 것이다. 그는 병자호란 때 청(淸)과의 화의(和議)를 결사 반대하던 김상헌(金尙憲)의 호(號)만 들어도 '머리카락이 쭈빗거리고 맥박이 요동한다(髮動脈跳)'고[10] 술회하고 있을 정도이고, 명나라 멸망의 역사를 다룬 책으

---

8) 燕巖集 卷之十一 別集, 渡江錄, 景仁文化社, 1978, p.149.

9) 先君 장헌왕은 성덕이 계시와 상서롭게도 검은 기장과 고옥을 얻어서 아악을 제정했습니다. 그러나 당시 중국의 악기가 모두 고율에 맞았는지는 알 수 없으나 토산인 기장알로써 헤아려보아 과연 옛날 기록에 전하는 바에 차책이 없었던가 합니다. 했더니 亨山은 의자에서 일어나 몸을 굽히면서 참으로 동방의 성덕이 있는 임금이십니다. 귀국의 노래 몇 장을 들을 수 없을까요 한다. (先君莊憲王有聖德 獲黑黍古玉之端 以定雅樂 第未知當時中國樂器 盡合古律 而以土出秬黍準之則 果無差謬於書記所傳 亨山離椅俯躬曰 東方聖德之君 願聞貴邦樂歌數章) 燕巖集 卷之十三 別集, 亡羊錄, 景仁文化社, 1978, p.243.

10) 우리나라 三學士와 淸陰의 사적이 응당 淸太宗의 실록에 실렸을 터인데 아무런 기록도없음은 무슨 까닭일까 대체 외국의 신하로서 중국을 위하여 춘추의 대의를 지킨 일은 천고에 없었던 것으로 건륭은 천하만대를 위하여 스스로 공

로 금서(禁書)였던 초사(樵史)를 구해 읽고는 눈물이 흐르는 것을 알
지 못했다(不覺涕零)고[11] 한다. 따라서, 연암의 민족주의적 성향은
결국 일정한 정도 중화주의적 세계관에 견인(牽引)되어 있으며, 허
구적 이데올로기인 소중화(小中華) 의식과 관련된 민족주의적 인식
태도를 보인다고 볼 수 있다.

그럼에도 불구하고, 그의 민족주의적 색채만을 일방적으로 강조
하는 것은 그의 인식태도가 지닌 또 다른 측면을 간과한 결과라고
할 수 있다. 이런 점에서, 그의 인식태도가 보이는 양가적(兩價的)
태도를 균형있게 조망(眺望)할 때 비로소 연암의 사유 방식의 실체
에 보다 가깝게 접근할 수 있을 것이다.

정을 표방하면서 다만 우리나라의 여러 賢臣들에 대하여는 조금도 보인 데가
없으니, 그 일이 외국에 관계 되었다하여 미처 정리하지 못한 것인가. … 그의
大節이 일월과 더불어 빛을 다툴만한 것은 하나도 듣지 않았으니, 이것은 또한
우리나라와의 講和가 실상 關外에 있었을 때의 일이고 보니 중국사람들로서는
아직 이 사적을 자세히 알지 못한 때문일까. … 내가 매양 淸陰 두글자를 들을
때마다 미상불 머리털이 움직이고 맥이 뛰어 아무도 모르게 목 속에서 배회하
는 말을 입밖으로 감히 내지 못하지만, 거의 왕곡정이 말한바와 같이 체증이
생기려고 있으니 어찌 할 것이냐. 어찌 할 것이냐. (我國三學士(士)及淸陰事
蹟 當載淸太宗實錄 而漠然 無聞何也 夫陪臣之爲中國尊攘 千古所未曾有也 乾
隆爲天下萬歲 自附公正之論 而獨於我東諸賢不少槪見者 以其事系外國 而未及
修學耶. … 其大節之爭光日月 未有擧似者 抑吾東講和 實在關外之時 則中國未
之詳知歟 … 余每聞淸陰二字 未嘗不髮動脈跳 雖闇自喉裏徘徊 而未敢發諸齒外
幾成王鵠汀痞證 奈何奈何) 燕巖集 卷之十五 別集, 銅蘭涉筆, 景仁文化社, 1978,
p.323.
11) 이 樵史 한 권은 누가 지은 것인지 모르겠으나 明의 황실이 망한 연유를 기록
하여 그 비분한 생각을 붙인 것이다. … 언어에 비절한 곳이 많아서 正使와 함
께 읽으니 눈물이 저절로 떨어짐을 깨닫지 못하였다.(樵史一卷 不知何人所著
記明室亂亡之由 以寓悲憤… 言多悲切 與正使讀之 不覺涕零) 燕巖集 卷之十四
別集, 口外異聞, 樵史, 景仁文化社, 1978, p.288.

4. 脫朱子主義와 相對的 世界認識 態度

연암의 민족주의적 사유 태도와 함께 흔히 근대적 정신의 소유자로 稱해지던 것은 바로 그가 이미 견고한 性理學的 이념의 틀에서 벗어나 상대적 세계인식의 태도를 보이고 있다는 점 때문이었다. 실제로 연암은 대상을 상대적으로 인식하려는 태도를 견지하고 있으며, 理氣에 기반하고 있는 絶對에 대해 부정적 태도를 보인다. 흔히 인용되는 다음의 象記가 바로 絶對主義에 대한 부정의 표현으로 나타난다.

아아 世間 사물 중에 털끝같이 작은 것이라도 하늘이 내지 않은 것이 없다고 한다. 그러나 하늘이 어찌 다 명령해서 냈을까 보냐 하늘은 형체로 말한다면 天이요, 성질로 말한다면 乾이요, 주재하는 이는 上帝요, 행동하는 것은 神이라 하여 그 이름이 여러 가지요, 또 일컫는 명색이 너무 친밀하다. 허물이 없이 말하자면 理와 氣로써 화로와 풀무로 삼고, 生長과 稟賦를 造物이라 하여 하늘이 마치 재주 있는 공장이에 비유하여 망치·도끼·끌·칼 같은 것으로 쉬지 않고 일한다고 한다. 그러므로 易經에 말하기를 하늘이 草昧를 지은 것이라 하였는데 초매란 것은 그 빛이 검고 그 형태가 안개 긴 듯하여 마치 동이 틀 무렵 같아서 사람이나 물건을 똑바로 분간할 수 없다고 하니, 나는 알지 못하겠다. 하늘이 캄캄하고 안개 긴 듯 자욱한 속에서 만들어 낸 것이라면 무엇일까. 맷돌은 밀을 갈 때에 작고 크거나 가늘고 굵거나 할 것 없이 뒤섞여 바다에 쏟아지는 것이니 무릇 맷돌의 작용이란 도는 것뿐인데 가루가 가늘고 굵은 데야 무슨 마음을 먹었겠는가. 그런데 說者들은 말하기를 뿔이 있는 놈에게는 이를 주지 않았다 하여 만물을 창조하는

데 무슨 결함이라도 있는 듯이 생각하나 이것은 잘못이다. (噫世間事物之微 僅若毫末莫非稱天 天何嘗一一命之哉 以形體謂之天 以性情謂之乾 以主宰謂之帝 以妙用謂之神 號名多方稱謂太褻 而乃以理氣爲爐鞴 播賦爲造物 是視天爲巧工 而椎鑿斧斤不少間歇也 故易曰 天造草昧 草昧者其色皂 而其形也霿 譬如將曉未曉之時 人物莫辨 吾未知天於皂霿之中 所造者果何物耶 麵家磨麥細大精粗雜然撒地 夫磨之功轉而已 初何嘗有意於精粗哉 然而說者曰 角者不與之齒 有若爲造物缺然者 此妄也.)[12]

위의 인용에서 보는 것처럼, 보편적 주재자(主宰者)로서의 천(天)의 존재에 대한 부정에서 시작되는 그의 언술(言述)은 가히 혁명적이라 할 만하다. 주지하듯이, 중세적 사유는 보편·유일한 주재자로서의 천(天)을 인정하고, 그 그물에서 벗어남이 없다는 사유에 기반하고 있다. 그러나, 연암은 이를 철저히 부정한다. '맷돌은 밀을 갈 때에 작고 크거나, 가늘고 굵거나 할 것 없이 뒤섞여 바닥에 쏟아지는 것이니, 무릇 맷돌의 작용이란 도는 것일 따름이고, 가루가 가늘고 굵은 것과는 아무런 상관이 없다'는 진술이 바로 그렇다. 이는 하늘(天)의 작용을 맷돌의 도는 것에 비유, 만물의 생성과 성질의 품부(稟賦)에 아무런 작용도 하지 않음을 지적한 것으로, 따라서 하늘은 보편·유일의 주재자로의 의미와 자격을 상실한다. 연암의 이와 같은 하늘(天)의 작용에 대한 부정은 당대 현실과 연결시킬 때 그 의미를 제대로 이해할 수 있다. 연암은 현실에 대한 적극적 문제 제기와 해결의 책무를 짊어지고 있는 사(士)가 그 책무를 제대로 수행하지 못했기 때문에 현실은 타락하고 부패했다고 보고, 그럼에도 불구하

---

12) 燕巖集 卷之十四, 熱河日記, 象記, 景仁文化社, 1978, p.271)

고 성리학적 관념론에 매몰(埋沒)되어 입만 열면 하늘과 이기(理氣)
만을 논하고 있던 당대의 선비들을 통박하고 있는 것이다. 환언(換
言)하자면, 코끼리와 같은 동물을 만듦에 있어, 절대적 주재자인 하
늘(天)이 일일이 간섭함이 없다는 연암의 주장은 당대의 주자주의
(朱子主義)와 성리학적 이기론(理氣論)의 틀에 갇혀 있는 구유(苟儒)
에 대한 맹렬한 비판에 다름 아닌 것이다. 이러한 연암의 절대주의
에 대한 부정은 곧 상대적 세계인식 태도와 밀접하게 관련된다. 다
음의 인용을 보기로 하자.

> 林白湖가 말을 타려고 할 때, 종이 나와 말하기를 선생님 취하
> 셨군요. 한 쪽은 가죽신을 신고 한 쪽은 짚신을 신었습니다. 백호
> 가 꾸짖어 말하기를 오른쪽 길로 오는 자는 내가 가죽신을 신었다
> 고 여길 것이고, 왼쪽 길로 오는 자는 내가 짚신을 신었다고 말할
> 것이니, 내가 무엇을 그릇 하였으리오. 이로써 논하건대, 천하에
> 보기 쉬운 것으로 말한다면 발 만한 것이 없으되 그 보는 방향이
> 같지 않으면 가죽신과 짚신도 구분할 수 없도다. (林白湖將乘馬 僕
> 夫進曰 夫子醉矣 隻履鞾鞋 白湖叱曰 由道而右者 謂我履鞾 由道而
> 左者 謂我履鞋 我何病衣 由是論之 天下之易見者 莫如足 而所見者
> 不同 則鞾鞋難辨矣.[13]

이것은 인식의 주체가 가진 조건에 따라 대상에 대한 인식이 달라
짐을 말한 것이다. 즉, 임백호가 술에 취해 말을 타면서 좌우에 각기
다른 종류의 신을 신었으나, 그것을 보는 사람의 위치에 따라서 가
죽신 혹은 짚신을 신었을 것이라고 생각할 것이라는 연암의 발언은

---

13) 燕巖集 卷之七, 蜋丸集序, 景仁文化社, 1978, p.104.

관점의 상이함이 대상에 대한 인식을 바꾸게 하고 있고, 천하의 모든 것이 어떤 입장에서 대상을 보느냐에 따라 다르게 받아들여짐을 지적한 것이다. 연암의 이러한 사고 방식은 燕巖集의 도처에서 확인할 수 있다. 「초정집서(楚亭集序)」의[14] 내용도 그러하고, 「민옹전(閔翁傳)」에서 민옹이 보이는 태도 역시 상대적 세계인식과 대상 인식의 태도를 보이고 있다[15]고 할 수 있는데, 이것은 특히 연암의 경험주의적 세계인식 태도는 과학적 세계인식 태도와 관련되며, 연암의 사유체계의 특징적 단초를 보인다 할 것이다. 이는, 앞서 지적한 것처럼, 주자학의 형이상학적 독단에 대한 공격의 위치에 서는 것으로, 종래의 폐쇄적이고 절대적인 위치를 차지하고 있던 주자주의(朱子主義)의 세계관에서 벗어남을 의미한다고 볼 수 있다.[16]

그러나, 또 한편으로는 연암집(燕巖集) 도처에서 발견되는 주자(朱子)에 대한 존상(尊尙)을 어떻게 이해해야 하는가라는 점에 있어서는 여전히 의문이 남는다.[17] 즉, 절대주의적 관점의 탈피와 상대

---

14) 이렇게 볼 때 天地가 비록 오래 되었으나 끊임없이 生生하고 日月이 비록 오래 되었으나, 光輝는 날마다 새로우며, 서적에 실린 것이 비록 넓으나 요체가 각기 다른 까닭에 날고, 헤엄치고, 달리고, 뛰는 것 가운데 어떤 것은 이름이 드러나지 않았으며, 산천초목에 반드시 신비로운 영이 있어, 썩은 흙에서 영지가 나고, 썩은 풀이 반딧불이 되며, 예에는 訟樂의 논의가 있고, 글은 말을 다하지 못하고, 그림은 뜻을 다하지 못하니 어진 이는 이를 보고 어질다하고, 지혜로운 이는 이를 보고 지혜롭다 하는 것이라네 (由是觀之 天地雖久 不斷生生 日月雖久 光輝日新 載籍雖博 旨意各殊 故飛潛走躍 或未著名 山川草木 必有秘靈 朽壤蒸芝 腐草化螢 禮有訟樂有議 書不盡言 圖不盡意 仁者見之謂之仁 智者見之謂之智) 燕巖集 卷之一, 楚亭集序, 景仁文化社, 1978, p.12.

15) 신재홍, 앞의 논문.

16) 이와 관련한 논의로는 이동환의 「연암의 사유양식」(『한국한문학연구』 11, 한국한문학연구회, 1988)이 있는데, 이는 연암의 사유방식에 대한 많은 시사점을 주는 논문이라 할 수 있다.

17) 아아, 주자의 도덕은 마치 해가 중천에 떠 오른 것과 마찬가지여서 세계 만국이

적 세계인식 태도의 단초(端初)가 곳곳에서 보이는 동시에, 주자(朱子) 존상의 언술(言述) 또한 상당수 볼 수 있는 바, 이런 상반된 인식 태도를 어떻게 이해해야 하는 문제가 발생한다. 이 양가적(兩價的) 태도에 대한 정당한 이해와 온당한 평가만이 연암의 사유체계를 합리적으로 가늠하는 요로(要路)가 될 것이다. 이와 관련하여 「심세편(審勢編)」의 논의를 좀더 보기로 하자.

> 다만 (淸나라에서) 천하 士大夫의 思想을 억누를 방법이 없는 만큼 姑息的으로나마 朱子의 학문을 높여서 虛浪한 선비들의 마음을 크게 위안시킨다면, 그들 중에 호걸은 감히 노여워할지언정 말은 할 수 없을 것이며, 그 중 야비하고 야유하는 자는 자신만을 위하여, 개인적인 이익을 꾀할 것이다. … 그럼에도 불구하고 우리 나라 사람들은 이 뜻을 짐작하지도 못하고 잠깐 중국 선비를 접견할 때에 대수롭지 않은 말이라도 약간만 朱子에 관계된다면 곧 당연히 놀라서, 문득 그들을 상상의 무리라고 배격하고는 돌아와 국내의 사람들에게 이르되, 중국에는 陸學이 한창 성하여 사곡한 學說이 쉴 날이 없더구먼 한다. 그러면 듣는 이도 역시 이에 대한 始末도 연구해보지 않은 채 이런 말을 듣자 마음에는 노여움이 먼저 생기고 만다. 아아 슬프도다. 사문난적의 성토는 비록 먼 중국에까지 미치지는 않을지라도 異端을 용납한 과오는 실로 사람에게 용서받기가 어려운 것이다. … 훗날 중국에 놀러 가는 이로 하여금

모두 우러러 보는 바이거늘 저 황제가 사사로이 숭배했다 한들 주자에게는 아무런 누가 될 것이 없는데도 불구하고, 중국의 선비들은 이다지 부끄러워하는 것은, 대체로 그들이 거짓 높여서 세인을 억누르려 하는 자구로 쓰는 데에 격분했을 따름이다. (噫 朱子之道如日中天 四方萬國咸所瞻睹 皇帝私尊何累於朱子 而中州之士如此其恥之者 蓋有所激於陽尊而爲禦世之資耳) 燕巖集 熱河日記, 審世編, 景仁文化社, 1978, p.254.

그들 중에서 터놓고 朱子를 반박하는 이를 만나거든 그가 반드시
비상한 선비인 줄 알고, 부질없이 이단이라 해서 배척하지 말며,
말을 잘하여 점차로 그 속까지 스며든다면, 아마 이로 인하여 천하
의 대세를 엿볼 수 있을 것이다. (但天下之士大夫 顧無可安之術 則
姑尊朱之學 大慰遊士之心 其豪傑敢怒 而不敢言曰其鄙侫 因時義而
爲身利 … 然而吾東之人 不識此意 乍接中州之士 其草草立談 微涉
朱子 則瞠然駭聽 輒斥以象山之徒 歸語國人曰 中原陸學大盛 邪說
不熄 聽之者又不究本末 若見此等談論 先怒於心 噫斯文亂賊之討
雖莫遠施於中土 容默異端之過 固難見恕於士林 … 使後之遊中國者
如逢肆然駁朱者 知其爲非常之士 而毋徒斥以異端 善其辭令 微質有
漸 庶幾因此而得覘夫天下之大勢也哉.)[18]

연암은 여기에서 중국의 정세를 잘 살피지 못하고 표면적인 것만
을 보고 중국을 비판해서는 안 된다고 역설하고 있다. 오히려 주자
(朱子)를 비판하는 선비가 범상치 않은 선비임을 간파하고, 그의 말
을 잘 살피라고 충고한다. 이것은 세속의 이론에 부화뇌동(附和雷
同)하는 선비들에 대한 경계이자, 세상 돌아가는 실정을 모르고 고
식적(姑息的)인 자기 주장만을 일삼는 부류에 대한 통렬한 비판이
다. 세상의 정세를 바르게 살피지 못하고 명분론적 틀에 갇혀 있는
당대 집권 세력에 대한 강한 비판의식이 상반된 기술을 가능하게 했
던 것이다. 즉, 자신도 주자(朱子)를 우러르고 숭상하지만, 그러나 그
것이 사고의 폐쇄성이나 세상의 정세를 몰각(沒覺)한 채 전개되는
것을 비판하고 있는 것이다. 이는 명분적 측면에 치우친 집권 세력
의 북벌론(北伐論)과 존화(尊華)주의를 비판하다보니 탈(脫)중화주

---

18) 燕巖集 熱河日記, 審世編, 景仁文化社, 1978, p.254.

의적 사유체계를 확립하고 있는 것처럼 보이게 된 것이다. 그가 보인 주자(朱子)주의에 대한 부정적 인식 태도 또한 실상을 정확하게 파악하지 못하는 당대의 허망한 유자(儒者)들에 대한 반성의 측면에서 서술한 것임을 알 수 있다. 그는 분명하게 자신이 주자(朱子)주의 자임을 말하고 있다. 다만 그가 애써 말하고자 하는 것이 주자주의 자체에 있는 것이 아니라, 실상을 제대로 파악하지 못하는 명분론적 유자(儒者) 집단, 즉 집권 세력의 안일하고 어두운 세상물정에 있는 것이다. 이것은 결국 연암의 상대적 세계인식 태도는 그가 지닌 현실 비판적 의식이나 실용주의적 태도와 관련시켜야만 올바로 이해할 수 있는 것임을 의미한다.

이렇게 볼 때, 연암은 주자(朱子)를 전적으로 배격한다기보다는 당대 현실에 대한 적확(的確)한 인식이 없이 무분별하게 주자를 숭배하는 속유(俗儒)들을 비판하고 있음을 알 수 있다. 이와 관련한 이가원(李家源)의 다음과 같은 주장은 매우 시사적이고 적절하다고 할 수 있다.

그렇다면 연암 또한 宋學의 大範疇 속에서 벗어나지 못했던 것이라 이를 수 있겠습니다. 다만 연암과 性理學의 主流的 學者와의 差異點을 굳이 찾는다면 그들이 正德·利·厚의 순위를 固守하였음에 비하여 연암은 利厚와 正德의 순위를 바꾸어 管仲의 衣食足而後知禮節과 孟軻의 無恒産無恒心과 一脈 相通하였을 뿐입니다.19)

---

19) 李家源,「燕巖學研究의 昔·今과 未來」,『韓國漢文學研究』11輯, 韓國漢文學研究會, 1988, pp.8-9.

이가원이 주장한 바처럼, 연암은 정덕(正德)을 우선적인 과제로 삼았다기보다는 이후(利厚)를 우선의 문제로 파악했던 것이다. 이는 정덕(正德)이 불필요하다거나 쓸모 없다는 것이 아니라, 현실적인 측면에서 이용후생(利用厚生)이 우선한다는 것일 뿐이다. 근본적인 측면에서 본다면, 그는 주자(朱子)주의나 송학(宋學)의 범주에서 이용후생의 측면을 강조한 인물이라고 정의해야 할 것이다. 이는 '허생'이란 인물이 이용후생을 적극적으로 실천하면서도 유가적(儒家的) 전범으로서 사(士)의 정체성을 완벽하게 구유한 데서도 분명하게 알 수 있다.

연암은 철저한 현실 개혁을 통해서 올바른 선비의 상을 구축하고자 했던 것처럼, 타락하고 부패한 현실을 개혁하는 것이 명분론의 틀에서 자신들의 독점적 기득권만을 주장하거나, 존주대의(尊朱大義)를 정치적 절대 이념으로 확립시킴으로써 자신들의 정치적 위상만을 강화하고자 하는 집권 세력에 대한 통렬한 비판을 가했다. 이로써, '북벌론'의 허위의식에서 벗어나 현실을 명확하게 인식함으로써 소중화적(小中華的) 민족 전통을 유지·보존할 수 있다고 보았던 것이며, 이런 차원에서 그는 과감하게 청(淸)의 문물을 배워야 한다고 주장했던 것이다. 이것이 바로 연암의 실용주의적 태도이다. 그러나, 이를 확대·해석하여 연암이 확고한 탈(脫)주자주의적 신념과 탈(脫)중화주의적 사유체계를 확립했던 인물이라고 하는 것은 지나친 추단(抽單)이라 하지 않을 수 없다. 마찬가지로, 이로써 연암을 완벽한 근대정신의 체현자(體現者)로 인식하는 것도 잘못되었다고 할 수 있다.

5. 결 어

노론(老論) 교목세가(喬木世家)인 반남 박(朴)씨의 집안에서 태어
난 연암 박지원은 전형적인 선비 집안의 인물이었으며, 그는 근엄방
정(謹嚴方正)한 성격과 호탕방일(浩蕩放逸)한 성격을 동시에 지녔던
것으로 보인다. 이러한 그의 성격이 현실 비판적이고 비타협적이며
독존적 결백성과 선명하고 직선적인 성격을 지닌, 고독하고 청렴 결
백한 선구자적 사(士)의 자세를 고고(孤高)하게 견지한 지식인으로
자리하게20) 했다고 할 수 있다. 그러나, 그의 선구자적인 측면이 과
대 포장되어서는 결코 안 될 것이다. 연암에 대한 정당한 평가만이
근대로 접어드는 민족적 전환기에 대한 올바른 이해를 담보하기 때
문이다.

이에, 본고(本稿)는 연암의 사유방식에 대해 과대 평가되었던 측
면을 반성적인 시각에서 살피고자 했으며, 특히 중세적 신분제에 대
한 연암의 인식 태도, 탈(脫)중화주의와 민족주의적 인식 태도, 탈
(脫)주자주의와 상대적 세계인식 태도를 살폈다. 이를 간략하게 요
약·정리함으로써 맺는 말을 대신하고자 한다.

연암이 보인 신분제적 인식 태도는 굳건한 중세적 신분 질서의 옹
호로 요약할 수 있다. 그는 중세 신분사회의 근간인 사(士)의 역할과
책무를 강조함으로써 사회를 유지·발전시킬 수 있다고 믿었다. 그
러나, 현실의 선비들은 그렇지 못하여 사(士)의 본분을 져버리고 세
리(勢利)와 명달(明達)에 급급해 있었고, 연암은 이를 통렬하게 비판
하고 있다. 즉, 그가 보인 양반에 대한 냉혹한 비판은 당시에 실재하

---

20) 정옥자, 『朝鮮後期 知性史』, 일지사, 1991, p.218.

던 부유(腐儒), 자기 정체성을 확립하지 못한 사(士)에 대한 냉철한 비판이었던 것이다. 부패한 현실과 양반(士)을 질책함으로써 새로운 사회로 나가고자 했던 것으로, 중세사회의 질서 체제인 신분제를 부정하는 데까지 나간 것은 아니다.

따라서, 그를 중세 사회체제의 근간인 신분제를 부정한 인물이라거나 온통 근대적 정신으로 무장한 인물로 평가해서는 안될 것이다. 다만, 연암의 '전(傳)'에는 당시 한양의 시정(市井)을 중심으로 새롭게 부각되고 있는 인간상에 대한 주목을 보이고 있는 바, 이것은 양반 이외의 계층에 대한 적극적 긍정으로 나아가고자 하는 하나의 시도라 할 수 있다. 이런 점에서, 그는 근대적 인간애의 각성을 지녔다고 볼 수 있다.

연암의 민족주의적 의식과 탈(脫)중화주의적 사유방식 역시 정당한 평가를 기대하는 측면이라 할 수 있다. 분명, 그는 민족적 자부심과 민족주의적 인식 태도를 가진 인물이다. 이덕무에게 시 창작의 방법으로 민족적 정서와 문체의 활용을 주장한 것이나, 우리의 강역(彊域)에 대한 관심, 기자조선(箕子朝鮮)의 전통에 대한 자부심 등이 모두 그의 민족주의적 색채를 찾아낼 수 있는 요소임에 분명하다. 하지만, 이와 동시에 그는 명(明)나라에 대한 존중의 태도를 여러 곳에서 보이고 있다. 명나라 멸망의 역사를 다룬 「樵史」를 구해서 읽고 눈물을 흘렸으며, 청(淸)이 중국을 정복한 후로 복색(服色)이 변하고 음악이 소실됨을 지적하는 중화주의적 세계인식 태도를 여전히 보이고 있는 것이다. 이를 통해 본다면, 연암의 민족주의적 성향은 일정 정도 중화주의적 세계관에 견인되어 있으며, 허구적 이데올로기인 소중화(小中華) 의식과 관련된 민족주의적 인식 태도를 보인다고 할 것이다. 그러므로, 그의 민족주의적 색채만을 일방적으로 강조하는 것은 그의 인식태도가 지닌 또 다른 측면을 간과한 것으로, 그의 인식태도에 대한 실체적 접근을 결여한 것으로 볼 수 있다.

탈(脫)주자주의적 인식 태도 역시 탈(脫)중화주의적 인식 태도와 관련 하에서만 정당하게 설명될 수 있다. 그는 기존의 주자(朱子)주의자들이 입을 뗄 때마다 이기(理氣)니 하늘(天)이니 외쳐 대던 것들을 부정하고, 이용후생(利用厚生)을 먼저 해야 한다고 주장하고 있다. 때문에 오랑캐의 나라라고 할 수 있는 청(淸)의 문물을 과감하게 수용해야 한다고 주장했던 것이다. 그러나, 이런 주장이 결코 주자(朱子)를 부정하는 행위라고 할 수는 없다. 연암은 자신을 주자의 무리라고 했고, 「열하일기(熱河日記)」의 곳곳에서 주자(朱子)를 존숭(尊崇)하는 발언을 하고 있다. 이처럼 모순되게 보이는 연암의 태도는 부패한 당시 현실과 관련된다. 연암은 명분론의 틀에서 자신들의 독점적 기득권만을 주장하거나, 존주대의(尊朱大義)를 정치적 절대 이념으로 확립시킴으로써 자신들의 정치적 위상만을 강화하고자 하는 집권 세력에 대한 통렬한 비판을 가하고자 했으며, 때문에 제대로 현실을 직시하고 이용후생의 법을 일으켜 현실을 개혁하고자 했던 것이다. 이것이 곧 연암의 실용주의적 태도이다. 요컨대, 연암이 확고한 탈(脫)주자주의적 신념과 탈(脫)중화주의적 사유체계를 확립했던 인물이라고 하는 것은 지나친 추단(推斷)이며, 연암을 완벽한 근대정신의 체현자로 인식하는 것 또한 잘못이라고 할 수 있다. 그는 엄정한 현실주의자이며, 관념적 '이기론(理氣論)'의 강조를 통하여 기득권을 지키고자 했던 무리들에게 이후(利厚)의 중요성을 강조한 선구자적 사상가라고 할 수 있다.

연암은 당대 현실에 비춰 볼 때 분명 선구자적 인물이며, 우리 사상사에서 결코 간과할 수 없는 무게를 지닌 인물이다. 그러나, 그러

하기 때문에 더욱 그에 대한 정당한 평가가 요구되고 있다. 그에 대
한 과대한 해석이 개화기 지식인들이 사상적 역량을 폄하(貶下)하거
나, 그들에 대한 이해를 저해(沮害)할 수도 있기 때문에 더욱 그러하
다. 실학자로서의 연암의 무게가 그의 후대 지식인들과 사상가들의
무게를 압도함으로써, 개화기 지식인들과 사상가들을 과소 평가하
게 할 수도 있는 것이다. 아무리 강조해도 지나침이 없는 것이 연암
의 사상사적 무게와 중요성일 터이지만, 이로 인하여 정당한 역사인
식이 결여된다면 이는 분명 잘못된 것이다.

향긱담화(鄕客談話)

우시싱(憂時生)

제1회

모쳐롤 지나다가 슈슴 향긱이 모혀 담화ᄒᄂᆫ 말를 들은즉 한 사람이 가로디 지금 세계ᄂᆫ 춤 휘황챤란흔 세계라

우리들의 고루흔 소견으로ᄂᆫ 엇더타 형언홀슈 업거니와 만국통상 조약하야 티셔 각국 사룸들은 쳔만리롤 지쳑으로 만리타국 나와셔도 거쳐 범빅 의복제도 무명국인 긔상이오 언어힝동 쳐신범졀 즈유권리 비양ᄒᆞ야 약흔티도 아죠업시 텬지간에 오유ᄒᆞ야 학문으로 업을습고 신의로 근본습아 이국지심 사람마다 잇겻마ᄂᆫ 우리 대한졍부 관리 학문이 무엇인지 신의가 무엇인지 이국이 무엇인지 도모지 불계ᄒᆞ고 복즁에 가득흔 경륜리욕 일관쑨이로다

박탈민지 독흔 졍스 싱령이 어육이오 긔군망상 승흔 죄명 죽은들 써글손가 디신협판 디감령감 귀밋히 옥관즈 금관즈와 각식으로 지은 젼복 식슐되롤 미고보니 물식은 조커니와 창우하쳔 복식이오 ᄉ

린교 인력거에 구종별비 옹위호야 전후로 벽졔호니 긔구는 장커니와 외국인의 슈치로다 관찰군슈 셔임홀졔 정치학문 뭇지안코 문벌이니 셰교이니 돌녀가며 차츌호고 불하무식 하등인물 돈을 밧고 미미호야 부임혼후 힝졍호면 무죄평민 착슈호고 횡셜슈셜 가진 죄명 빅가지로 얼거니여 스갈의 독호 희와시랑의 모진소리 호령이 츄상갓고 악형이 무쌍혼즉 어리셕은 어둔 빅셩 일루 잔명 보존초로 상평뎐 하평뎐과 가장 즙물 방미하야 긔천량 긔만량에 간신히 탈신호니

—『대한미일신보』1905년 10월29일

제2회

부모쳐즈 류리기걸 일죠에 되고보니 원입글슈 깁흔 한은 욕식기육 싱각호나 압졔로 민든 정치 어디가 호소호며 호소혼들 슬더잇나 그런고로 적당에도 투입호고 의병이라 즈칭호야 셩군작당 횡힝호니 셩쥬쎄셔 근심호스 조칙을 나려시고 효유안무호하신들 간신히 만죠호니 셩쥬의 깁흔근심 더러닐자 누가잇나 한시코 이달을스 기름지고 조흔강토 숨쳔리와 순호고 어진 빅셩이 천만어 당당 대한즈쥬호야 독립국이 못될손가 간활한 모모디관 져혼몸의 영욕으로 외국인을 부동호야 토지롤 허급호며 인민을 구축호니 강토논 줄어가고 인민은 도탄이라 인민을 모라다가 화격당에 너허쥬고 국권을 쎄아셔다 외국인을 맛겨가며 부귀롤 도모호니 인민이 업게되면 나라이 엇지되며 나라이 업게되면 부귀를 엇지홀가 그런 싱각 못호는지 망국디죄 즈취호니 가셕코 가통이라 일셩 장탄에 한숨쉬니 쏘 한스롬 가로디 나라의 흥망성쇠는 쳔시와 국운이라 인력으로 홀바리오.

우리나라 지금 형편 사롬으로 비유ᄒ면 방병 디종병이 들어 편자
이 란의로다 그 죄를 의론ᄒ면 관민이 일반이라.

정부롤 조직ᄒ야 시졍기션 못ᄒ기는 쥬부디신 칙임이오 샤회롤
창립ᄒ야 일심단쳬 못ᄒ기는 인민의 칙임인즉 왈시왈비 말을말고
곤히 든 줌 ᄭ여가며 시졍신을 가다듬어 시왈부왈 강산풍월 그만져
져 발여뇨코 기명국 신학문을 렬심으로 연구ᄒ여 니경을 발쎄ᄒ면
외모롤 면ᄒ리니

—『대한미일신보』 1905년 10월31일

제3회

정부대관 밋지말고 사롬마다 힘을써서 디한뎨국 쳔만년에 반셕갓
치 굿게홈은 인민의 칙임이라 아모타슬 말지어다.

ᄯᅩ 한사롬 강기ᄒ말 변명ᄒ여 가로디 나라흥망은 쳔시와 국운에
잇다ᄒ니 지공무ᄉ 한아님이 쳔ᄒ만국 감찰ᄒᄉ 이즘이 업스니 어
이 우리 디한만국 운이 쇠ᄒᆺ슬가 쳔시국운 허언이오 국가롤 망ᄒ죄
ᄂᆫ 관민이 일반이라 ᄒ니 구미 각국덜은 세계립헌졍치 공화졍치 숭
상ᄒᄂᆫ 문명국은 빅셩이 크다ᄒ되 우리나라 압졔졍치 디소ᄉ를 물
론ᄒ고 소위 졍부디관ᄭ리 잘되던지 못되던지 마음디로 시힝ᄒ야
빅셩은커니와 한조졍에 별살ᄒ고 한마을에 녹을 먹ᄂᆫ 관리라도 작
위가 낫게되며 흉즁에 비록 장ᄌᆞ방 졔갈량의 도략이 잇서도 쓸디업
셔 한마디 뭇지안코 한마디 ᄒ지안아 무엇이 무엇인지 젼연이 모로
거든 함을며 졍권이 업ᄂᆫ 빅셩이야 일너 무엇ᄒ리.

—『대한미일신보』 1905년 11월1일

제4회

우리나라 미약홈은 디신이라 협판이라 하는 사롬 슈단으로만든 것시 지그지츠 국장이니 과쟝이니 하는 스롬 디신협판 입만짜라 ᄒ 논디 홀쑨인즉 즈유언권 죠금업고 스환나라 다름업셔 가련하기 측 양업네 남의나라 사롬들른 즈긔돈을 들여가며 문명졍치 발달코즈 각국을 유람ᄒ야 지식을 기도하고 우리나라 관인들른 려비를 쥬어 가며 외국졔도 시츌하라 파송하면 아모싱각 도시업고 갓다왓다 하 눈것이 직책으로 아눈모양 가소하고 통탄토다.

그런것들른 일즉 죽지도 아니하데 쏘 한사람 가로디 여보시오 글 씨 지각업눈 말마시오 그 사람들이 죽게되면 어디로 갈듯하오 필언 쌍소으로 갈터이지 쌍속은 디부라 하고 다부는 렴나국이라 하니 그 런 간셰비롤 달려가면 디한국은 힝복이른 허려니아 렴나국은 우리 모양 될터인즉 달여갈리 만무허지 렴른국 졍부 사람들리 우리나른 뎡부사람의 식견으로 아지마오.

그러면 그 사람들은 장싱불스허게 춤 긔막히고 통곡홀 일이로다 허며 일장담화가 모다 시극이 잘못되여가믈 한탄허눈 말이더라.(完)
　　　　　　　　　　　　　　　　　　ㅡ『대한미일신보』 1905년 11월7일

一 捻 紅 (일념홍)

一鶴散人 (일학산인)

▌緖言▌

第四回
賞春景撞玉顔 (상춘경당옥안)
對月影聽琴絃 (대월영청금현)

第五回
鶯語亭誓花燭 (앵어정서화촉)
鳳巢樓設菊樽 (봉소루설국준)

第六回
一炷香祝古佛 (일주향축고불)
一粗拳殺豪奴 (일조권살호노)

第七回
秘計出黃麟鍾 (비계출황린종)
好事做白鹿潭 (호사주백록담)

第八回
逢獵客共結義 (봉렵객공결의)
通妖婢密行計 (통요비밀행계)

第九回
警使勒招逆情 (경사륵초역정)
術客哀乞眷護 (술객애걸권호)

第十回

救紅娘送萬里 (구홍랑송만리)
索黃金下百鞭 (색황금하백편)

第十一回
獄中放出死囚 (옥중방출사수)
海上欣迎阿郞 (해상흔영아랑)

第十二回
男兒成功敍勳 (남아성공서훈)
婦人登學卒業 (부인등학졸업)

第十三回
得意還大韓國 (득의환대한국)
惡魂歸封神臺 (약혼귀봉신대)

第十四回
訪公使好交際 (방공사호교제)
發義心大事業 (발의심대사업)

第十五回
訪術客報高義 (방술객보고의)
遊國內盡壯觀(1) (유국내진장관) (1)

第十六回
訪術客報高義 (방술객보고의)

遊國內盡壯觀(2) (유국내진장관) (2)

▌緒 言▐

天之生一奇人一尤物이 未嘗不有所自來라. 故來有所自而爲奇人爲
尤物則中散爲萬事者 必有爲奇爲尤之別種特色ᄒ야 令一世之耳目으
로 有可歎而可驚者라. 旣非偶然而來則豈偶然而去哉리요? 近有一種
奇人之奇事라. 故로 玆述顚末而爲好事者傳之ᄒ며 且爲愛讀家一粲ᄒ
노라.

第一回
愛春園賞牧丹
揚家庄産玉娘

洛陽城東에 有愛春園ᄒ고 園裏有一叢紫牧丹ᄒ니 花大如椀ᄒ고
香聞十里라. 人以謂洛陽一捻紅이라ᄒ야 自京師로 盛傳于郡國ᄒ니
每歲花時에 不遠千里而來賞者如雲如月ᄒ야 一見其花에 無不有欽歎
艶奇者로되 種花之人이 未知何姓人民이요 種花之時가 又未知何世
日月이라.
一日에 牧丹이 當花方盛開ᄒ야 色忽憔悴어늘 見者愕然吃驚ᄒ야
爲之愛惜者甚衆이러라. 愛春園之北一方之地에 有一座楊姓家ᄒ고 家
有一老ᄒ니 是年六十餘라 靑年早孀ᄒ고 膝下無一塊肉ᄒ야 賣茱資
生이러니 聞牧丹花忽悴心甚愛憐ᄒ야 携杖而往觀之라가 時政仲夏天
氣라. 好生困人ᄒ야 住憩于花陰이라가 不覺憑樹而眠이러니 忽有一
靑娥自牧丹叢中而出ᄒ야 焉然一笑ᄒ고 瑯瑯而言吾將托身于老母라

ㅎ고 遽投于懷中이어늘 乃驚覺之ㅎ니 驀然一夢이라.

自是以後로 心神이 異常ㅎ야 若有懷姙焉이러니 荏苒光陰이 然十
個月圓에 分娩得一嬌孃ㅎ니 是日에 異香이 滿室ㅎ고 蝶蜂이 群集이
라.

―『대한매일신보』 1906년 1월 23일

第二回
算命尼評花妖
焚骨僧賣靑樓

却說 那嬌孃이 生得皎潔丰茸ㅎ야 炯然如一 顆明珠라. 隣里人이
莫不驚怪曰楊媼之六旬弄瓦가 大是創睹之希事라ㅎ야 喧傳于洛陽이
러니 伊後牧丹이 枯槁不華어늘 楊媼이 心甚異之ㅎ야 說其前春之夢
事ㅎ디 人皆以爲那嬌孃은 分明是牧丹之後身이라 ㅎ니 楊媼이 因其
牧丹之名而命其嬌孃曰一捻紅이라.

紅이 年至二歲에 玉貌特絶ㅎ며 天性持慧ㅎ야 楊媼이 甚鐘愛之러
니 一日에 有一尼姑過見之ㅎ고 呀然而驚曰此兒是花妖니 後必有奇
事라 ㅎ디 楊媼이 心甚不平ㅎ야 呻吟一夕而溘然ㅎ니 隣里가 爲之愛
憐ㅎ야 醵金而葬之ㅎ고 有一韓媼者發慈善之心ㅎ야 率其紅兒而養息
之러니 物換星移ㅎ야 遽然爲十六春光이라 顔色이 殆若相露半開的
愛春園牧丹ㅎ니 媒妁이 盈門ㅎ야 誘其懷春之期러니 不幸有准匪之
亂ㅎ야 閭里掃蕩ㅎ고 人烟頓絶ㅎ니 韓媼이 携紅而隱遁於山寺ㅎ야
備嘗艱苦라가 韓媼이 又不幸而溘然ㅎ니 山僧頑雲이 賣其紅於郡中
敎坊ㅎ야 受三百金而焚其韓媼之骨ㅎ니 由是紅之名載於妓籍이라.

紅이 自念身世之零丁ㅎ고 不禁凄絶ㅎ야 啼啼哭哭而無可奈何라.

出於不得已學歌如花中鳳ᄒ며 習舞如掌上燕ᄒ니 風流荡蕩者往往有
偸玉窃香之意로디 峻然拒之ᄒ야 只爲賣唱不賣身而已러니 忽聞一琴
師自海上來ᄒ고

—『대한매일신보』1906년 1월 24일

第三回
訪師隱月汀寺
學琴作雲虛曲

紅이 聞琴師來自海上來ᄒ고 卽欲往拜而學其妙調ᄒ야 齎金治行ᄒ
야 行五臺山일시 關東匪蔣雄夫率徒三千ᄒ고 大掠郡邑ᄒ니 閭里掃
蕩行路阻絶이라 紅이 懼其劫迫ᄒ야 竄匿于月汀寺ᄒ야 聽經聞偈ᄒ
고 消磨歲月ᄒ야 稍待氣祲淸淨이러니 未幾에 聞得官兵이 討滅之ᄒ
야 道梗이 遂通이라. 方欲下山이러니 忽聞左方丈에 琴聲이 丁東然
어늘 心甚驚喜ᄒ야 倒履往叩之ᄒ니 有一位白髮老人이 葛巾野服으
로 膝上에 橫一張綺琴ᄒ고 信手而彈ᄒ야 淸神丰儀가 若神仙中人이
어늘 紅이 心知那者師是自海上來者歙肅侍立ᄒ야 待其曲終이러니
老師枕拔于琴絃上ᄒ고 擧目而視之어늘 紅이 納頭拜禮ᄒ고 願學其
琴調ᄒᄃ 老師欣然許之ᄒ고 心傳口授ᄒ야 學之一月餘 紅이 悟得其
灵妙ᄒ야 手弄一解에 高山峨峨流水洋洋之音이 宛轉于指頭矣라. 老
師大贊曰 老夫學琴五十年에 未見有一人傳妙者矣러니 紅君은 可謂
伯牙之後身이로다. 老夫ᄂ 自號雲虛老人이니 後必有再期라 ᄒ고 卽
起身飄然而去어늘 紅이 歸于京師家ᄒ야 三淸洞山明水麗處ᄒ야 淨
搆一笏茅麗ᄒ고 左書右畵巷松庭蘭에 儼成一座神仙洞府라.

紅이 感其雲虛之傳鉢ᄒ고 作新飜一曲ᄒ야 名曰 雲虛曲이라. 便似

玉寶高之所不傳라. 紅이 一自學琴以來로 意匠淸絶ᄒ고 志氣高尙ᄒ
야 每有物外之遐想ᄒ야 蒐聚古代琴調ᄒ야 成一琴譜ᄒ니 上自虞帝
南風曲. 孔子奇蘭操箕山操 師曠舞鶴調涓涓水中曲. 成連海山操. 佰牙
峨洋曲松風曲廣陵散等數百篇이라. 紅以雲虛一曲으로 合彈古調無不
克諧具音ᄒ니 是以로 紅之名이 鳴于一世로디 但無意求配ᄒ고 凡然
獨居ᄒ니 世之風韻才子多景仰之러라.

―『대한매일신보』1906년 1월 30일

第四回
賞春景撞玉顔
對月影聽琴絃

一日에 紅이 間散心一遭라가 適有一少年이 撞眼見一見이라. 那少
年은 洛陽第六橋有名的豪富家라 姓은 李오 名은 廷이요 年今二十五
歲니 素以豪富家子弟로 才氣英俊ᄒ고 風采美ᄒ야 有風流豪俠之氣
에 山花如錦ᄒ며 谷鳥如笙的二月好天氣라 賞春遊冶ᄒ야 行行至三
淸洞ᄒ야 飮水于星祭泉ᄒ며 看花于蕩春坮라가 過于一座林床ᄒ니
辛夷花塢中에 黃陰은 如水ᄒ고 楊柳門巷에 春晝가 寂寂ᄒ데 猛然見
一位佳人이 徘徊於荷塘太湖石畔이어늘 心魂兒飛去半天ᄒ야 脉脉相
岸ᄒ야 擅名以第一才子라. 是日也看이라가 那佳人이 亭亭嫂嫂ᄒ야
入于羅幕中이라. 少年沒奈何歸去일시 纔行一步에 滿腔子無限思量이
라.

是夜에 綠天이 淡蕩ᄒ고 明月이 怡悅이라. 乃爲心猿所惹ᄒ야 不
覺行至三淸山庄外ᄒ니 是夜三鼓에 人籟不動ᄒ고 泉聲淙淙이라. 轉
步至櫻桃花樹下ᄒ니 那佳人 抱霹梧短琴ᄒ고 端坐於綠句欄月影下ᄒ

야 弄絃排撥에 彈得一曲兒海山操ㅎ니 那絃聲이 淸越ㅎ야 驚人耳根
ㅎ야 聲聲無盡觸이라. 少年이 無明業火從胸中起三千丈ㅎ야 想得那
佳人인은 非良家處子오 聞是教坊中一個有名的妓流也니 雖排闥直入
이라도 必無踰墻之請라ㅎ고 猛進一進ㅎ니 角門兒堅鎖라 悄然凝入
ㅎ야 傾耳便聽ㅎ니 再挑玉撥ㅎ고 變得一徵聲ㅎ야 彈出嘲鳳求凰新
飜一曲ㅎ야 聲音이 忽亢이어늘 少年이 心思了彼佳人이 必認得了拂
檻之花影이라 我不能知其音이면 何以知佳人之心思리요. 忽想得我以
一篇詩로 紹介之ㅎ리라 ㅎ고 乃坐於垂楊下赤欄橋上ㅎ야 朗吟一首
詩ㅎ니 一線春風이 吹着那劉亮的詩音ㅎ야 到于佳人耳朵邊이라.

—『대한매일신보』 1906년 2월 2일

第五回
鶯語亭誓花燭
鳳巢樓設菊樽

紅이 聽得那詩聲이 淸絶ㅎ고 四顧尋聲ㅎ니 聲在櫻桃花樹間이라.
心知其撞眼一見之少年ㅎ고 揣想那少年이 風丰俊美ㅎ고 詩韻이 淸
浣ㅎ니 可知其英豪男子라. 吾人이 半生僚倒에 尙無三生之緣ㅎ야 零
丁孤凉ㅎ니 不若早結佳約이라 ㅎ고 乃撥琴絃ㅎ야 和詩一疊ㅎ니 韻
甚和浣이라.

少年이 聽得歡喜ㅎ야 千般彷徨ㅎ며 萬般徘徊ㅎ야 苦待靑鳥之消
息矣 러니 轉轉至十二點鍾에 忽聞有曳履聲ㅎ야 放下角門兒釦子라.
那少年이 雖曉得이나 佯若不知ㅎ고 背立於粉檻下러니 紅이 咳的一
聲에 微嘎做咏詩郞아 少年이 假警一驚ㅎ고 欠身答曰 妄吟殘篇ㅎ야
驚動尊聆ㅎ야 天上仙娘이 不秘玉音ㅎ니 死罪死罪로다.

紅이 悄然答曰 我有一言ᄒ니 暫移玉趾면 何幸如之리요? 少年曰不
敢請固所願이라ᄒ고 轉入角門ᄒ야 共至欄干下ᄒ니 樓額에 扁其書
曰鶯語亭이라. ᄒ야난더 月色이 盈樓ᄒ고 花香이 襲人이라 登樓據
椅ᄒ야 點茶訖에 叩基姓名ᄒ고 敍其志意ᄒ니 可謂一雙荊山白璧이
宛轉于波斯市上이라. 兩人心事가 慇慇懃懃ᄒ야 深托百年之佳期ᄒ야
共爲心誓曰 明月이 在彼라ᄒ고 遂成陽臺之夢이러라. 自是로 情誼頗
密ᄒ야 戀洑如鳳凰之栖라.

於是에 大築一樓ᄒ야 名曰鳳巢樓라ᄒ니 百尺屹然ᄒ고 珠欄玉窓
이 玲瓏璀璨ᄒ니 一座神仙好樓居러라. 一日에 李郞이 與紅娘으로
設菊花宴於樓上ᄒ고 觥爵交錯ᄒ며 絲竹迭唱일시 好事多魔라. 適有
一大官이 高軒唱道ᄒ고 過于樓下라가 瞥然見樓上에 有一個美人ᄒ
야 雲鬟花顔이 眩耀人目이라. 不覺心神狂迷ᄒ야 歸家而耿耿難忘焉
이라. 那大官은 貪饕好色ᄒ야 剝副人民ᄒ고 傾敗國家之某大臣이라.
頑固勒壓之心과 淫邪陰匿之情이 不居盜跖之後者라. 於是에 一見其
美人ᄒ고 縱人物色ᄒ야 知其爲豪富家愛姬ᄒ고 無計可釣ᄒ야 尋思
數日忽相得一計ᄒ고 乃嗄心腹的豪奴ᄒ야 授以秘計ᄒ고 賜酒齎金ᄒ
야 使行其計ᄒ니 豪奴가 欣然領諾ᄒ고 囑其同流之悍悖者ᄒ자 密勿
約束ᄒ고

—『대한매일신보』 1906년 2월 3일

第六回
一炷香祝古佛
一粗拳殺豪奴

那豪奴가 締結同伴ᄒ야 往探鳳巢樓消息ᄒ야 百般覓釁ᄒ야 伺候

動靜이러니 時値十月之月初生에 紅娘이 將棼香于白蓮寺라ᄒᆞ야늘
豪奴가 聞得十分歡喜ᄒᆞ고 與同伴密約曰 吾事成矣라.

吾們이 揀其腕力家十數人ᄒᆞ야 埋伏於山寺洞口라가 焚香回路에
槍奪較子면 豈非妙計리요? 同伴曰 若爲勒奪이면 其於生梗에 何오?
豪奴笑曰 法律不明ᄒᆞ고 壓制甚酷ᄒᆞ니 如我上典大監은 卽一世之勢
力家라. 笑彼一豪富가 果如螳螂拒轍에 何哉오? 同伴曰 然矣라. 其日
十數가 飮酒食肉ᄒᆞ고 狙伏于山寺深林處러라.

是日紅娘이 沐首薰衣ᄒᆞ고 嚴粧盛飾ᄒᆞ여 乘金飾紅羽緞流蘇四人轎
ᄒᆞ고 靑衣叉환이 執香前導ᄒᆞ며 建僕十餘人이 啊護隨從ᄒᆞ야 至于白
蓮寺方丈ᄒᆞ니 緇徒歡迎이라. 紅娘入于佛殿ᄒᆞ야 燃金蓮蠟炬ᄒᆞ고 薦
五色雲錦繡蓮花ᄒᆞ며 執西域震檀香二炷ᄒᆞ고 深深禮拜ᄒᆞ고 低聲祝曰
妾니 一心如鐵ᄒᆞ고 願與李廷郞으로 百年同居ᄒᆞ야 死生不變계ᄒᆞ쇼
셔. 祝訖에 點香積粲ᄒᆞ고 乘轎將歸ᄒᆞᆯᄉᆡ 時約午后七點鐘이라.

一行이 方出金剛洞口ᄒᆞᆯᄉᆡ 叢林暝踏ᄒᆞ고 山路曲折이라. 忽有呼角
的一聲ᄉᆡ 一大漢니 突出松樹下ᄒᆞ야 蹴倒煎導紅紗燈ᄒᆞ니 咫尺이 不
變이라. 一夥人衆이 打倒轎丁ᄒᆞ고 方欲舁去어늘 莫知其由ᄒᆞ야 吃一
大警ᄒᆞ니 紅家之健僕이 憤得一氣ᄎᆞᆼ上來ᄒᆞ야 奮身撞前ᄒᆞ니 兩夥人
衆이 互相酣戰일ᄉᆡ 豪奴的ᄂᆞᆫ 各持長刀ᄒᆞ고 健僕的ᄂᆞᆫ 手無寸棒이라.
勢相夫敵이로되 健僕中名做虎狼者난 有萬夫不當之力이라. 渾在黑洞
洞漆夜中ᄒᆞ야 不分彼此어늘 虎狼者大呼曰 我姐姐家伴은 避在高崗
ᄒᆞ라 ᄒᆞ고 跳入豪奴圈子中ᄒᆞ야 拳一碎足一蹴에 紛紛仆地ᄒᆞ야 莫敢
當者로되 豪奴ᄂᆞᆫ 역대성한자라. 與惡鬪라가 卽虎狼一粗拳이 猛得着
面門上ᄒᆞ니 축如霹靂也似一般矣라.

眼的珠突出ᄒᆞ며 鼻的梁崩堆ᄒᆞ며 齒的牙的ᄂᆞᆫ 恰似骨牌囊散潰ᄒᆞ야
一道惡魂니 往封神臺去了라. 從此로 風波가 遂息ᄒᆞ니 那虎狼이 大

呼聚豪伴ᄒ고 擔着轎子ᄒ야 無뇨還鳳巢樓러라.

—『대한매일신보』 1906년 2월 (536호)

第七回
秘計出黃麟鍾
好事做白鹿潭

那大官이 送豪奴的ᄒ고 趁其期日ᄒ야 苦待回音일ᄉㅣ 那佳人花
容이 黯黯於心目ᄒ야 業火沖上에 安住不得矣러니 適有政治上重大
事件ᄒ야 方開閣議어늘 那大官이 稱病不參ᄒ고 專心等候ᄒ야 時夜
將半에 杳無消息이라. 怪得一怪ᄒ며 慌得一慌ᄒ야 坐至大明에 忽有
跟跟蹌蹌的數漢子裂衣破面에 流血淋漓ᄒ야 跪訴哀告的說話하되 一
夥人衆이 都被猛打狺蹴ᄒ야 命在出沒鬼關이오 豪奴的ᄂᆞᆫ 已被結果
了性命이라ᄒ야늘 大官이 急聲問曰佳人은 安在오 答曰乘轎歸去라
ᄒᆞ디 大官이 肝浮膽황에 眸子中一道金光烈火가 如電閃出來ᄒ야 大
喝一聲에 聚集家童數三十人ᄒ고 喘喘咽咽的命令曰爾們이 齊奮死力
ᄒ야 直擣鳳巢樓ᄒ야 打殺那業畜李廷的ᄒ고 拘引那佳人ᄒ고 并其
佳産을 沒數搶取來ᄒ라ᄒ야 號令이 如霜이어늘 家童輩은 莫知所措
ᄒ고 躊躇而不行ᄒ니 那大官이 慣氣庶膈ᄒ야 手拔保護巡檢的軍刀
ᄒ야 直작家童來ᄒ니 渾家가 如沸ᄒ야 股栗心전이라.

伊時大官家心腹的狎客嗄做黃麟鐘的ᄂᆞᆫ 號稱智狼者라 從容獻計于
大官曰事機가 甚歹라 不可造次니 當尋捕其罪名ᄒ야 使彼不得脫然
後에 可以行事니 願相公은 息怒ᄒ쇼셔. 大官이 色稍霽ᄒ고 氣初息
ᄒ야 喝退衆家童ᄒ고 卽與黃客으로 入于密室ᄒ야 問其計策ᄒᆞ디
黃客曰如此如此ᄒ라 大官이 回嗔做喜曰此計甚妙라ᄒ고 卽密囑黃客

ᄒᆞ야 斯速設計ᄒᆞ라 黃客이 唯唯而退러라.

且說紅랑而歸家不憤ᄒᆞ야 訴其事于李郞ᄒᆞ디 李郞이 曰大事가 將至라 爲之奈何오 紅이 曰隨機應變而已라 何憂之有리요 願郞君은 安心ᄒᆞ라. 時有一相術者適到어ᄂᆞᆯ 李郞이 叩其事ᄒᆞ디 相術者料得奇貨可居라ᄒᆞ고 乃言曰相君之面ᄒᆞ니 貴不可言이로디 但殺星이 臨於流年部位ᄒᆞ니 君可禳之ᄒᆞ라. 李郞이 問其禳法ᄒᆞ디 答曰南禱于漢羅山白鹿潭上이면 禍厄을 可免이오 福慶을 可得이라ᄒᆞ야ᄂᆞᆯ 李郞이 大喜ᄒᆞ야 齎出金貨一萬圜 ᄒᆞ야 使之祈禳ᄒᆞ라ᄒᆞ고 那術客니 喜其中計ᄒᆞ고 揣想吾聞平壤은 古之臨功이라 多紅妓風流之樂云ᄒᆞ니 吾當一壯遊ᄒᆞ리라ᄒᆞ고 直向平壤而去러라.

―『대한매일신보』 1906년 2월 26일

第八回
逢獵客共結義
通妖婢密行計

那術客携帶一萬圜金錢ᄒᆞ고 直向平壤ᄒᆞ야 想受平生未受之一場快樂ᄒᆞ고 行至半道ᄒᆞ야 宿於龍光寺라가 夜夢一金佛而數基罪曰汝受人巨大之金ᄒᆞ고 不做好事而欲行不義之事ᄒᆞ니 爾可省悟어다. 術客이 覺來大異ᄒᆞ야 回想得那李郞이 面部上에 現有殺氣ᄒᆞ니 禍將不測이오 且夢亦異常ᄒᆞ니 吾當盡心僇力 ᄒᆞ야 作李郞一救星ᄒᆞ리라ᄒᆞ고 遂回程入京師ᄒᆞ야 隱身於鳳巢樓近側ᄒᆞ고 探得李家事ᄒᆞ야 度了時一矣러니 一日은 㤜㤜不平ᄒᆞ야 暫出運動于郊原上ᄒᆞ니 楓林이 萬山如錦이라 正徘徊間에 有日本獵客一人이 擔銃而行ᄒᆞ야 曳鼇與上이라가 而已오 夕陽에 獵客이 坐于盤石上ᄒᆞ야 一嘯而歸去어ᄂᆞᆫ 術客而玩其

遊獵ᄒ고 徘徊顧眄이라가 步進于那獵客盤桓之盤石上ᄒ 有一個奇珍物이이라. 想是獵客之所有ᄒ고 拾進獵客而行ᄒ야 至東大門而逢焉이라. 呼獵客曰君有遺失物乎아? 獵客니 尋了一尋ᄒ고 乃警曰失我寶石盤指也로다. 問其形色ᄒᄃ 獵客이 設畫其樣子에 一一不差어늘 術客니 乃出付之 ᄒ니 獵客이 拜謝曰此物은 我先君이 往在駐英公使時英女皇所賜物이니 價値五萬元이라.

爲我家世寶러니 先生이 再惠此物ᄒ니 恩不可忘이로다 誼結兄弟ᄒ고 願爲刎頸之交ᄒ노라. 共叩姓名與年甲ᄒ고 留約而歸러러라.

且說黃客이 做出陰中李郎的一譎計ᄒ니 那計名은 嗄倣玉蓮環計라. 乃使人을 遺金結交于李郎家一婢ᄒ니 其名曰金鼠라. 性甚妖惡이어늘 黃客이 乃通之ᄒ고 密使一封書類로 暗寘于李郎家硯匣中ᄒ라ᄒ야 十分叩囑ᄒ고 黃客이 密行于警務使家ᄒ야 有機密事ᄒ니 請并座而告之曰三淸洞居李廷은 素是弟一有名的豪富貴家로 蓄不計之陰謨ᄒ야 情跡이 頗甚罔測이라.

故로 某大官이 送人偵探于山寺密謨處러니 李知其幾微ᄒ고 豫伏甲士于門外라가 撲殺一人ᄒ고 打倒數人ᄒ니 跡已現露라 那李富난 家蓄力士ᄒ야 非大發捕捉이면 必生大事니 願周密詗捕ᄒ야 以除國家憂ᄒ쇼셔 警使聞之ᄒ고 其曰弟一的豪富가 入于耳朵邊이라. 乃留黃客于密室ᄒ고 乃發巡檢百餘員ᄒ야 圍住鳳巢樓ᄒ고 尋搜李郎이러라.

—『대한매일신보』1906년 2월 (538호)

第九回
警使勒招逆情
術客哀乞眷護

警務廳摠巡이 奉捕捉令하고 率百餘巡檢ᄒ야 圍住鳳巢樓ᄒ고 捉得李郎ᄒ며 搜索一切書類ᄒ야 如鳳製電邁ᄒ야 驅入于警務廳ᄒ니 警務使가 親爲訊問일시 盛色而問曰爾有不軌地陰謨라ᄒ니 罪合萬死로다. 李郎이 供以初無所犯인이 若有證據어든 願爲對質ᄒ야 分得昭皙ᄒ노라.

使曰爾若無犯이면 埋命은 伏力士於山寺隱密處ᄒ야 撲殺人命也오? 李供曰某大官이 欲强掠奪奪我愛姬ᄒ야 送豪奴數十名ᄒ야 轎奪리라가 我家奴僕이이 共爲相持而誤致人命ᄒ니 其先失이 在大官이라. 致命一事은 想有法律之歸正이어니와 至於謨犯은 非吾所知라 한디 使大怒ᄒ야 命猛加革鞭曰爾家書類之明證이 在此ᄒ니 爾胡亂言고 乃出一書ᄒ니 其書난 卽謀通在逃外國人書札而其語意가 頗甚兇毒ᄒ야 募集力士ᄒ야 約期擧士之陰謀라라. 是書札은 卽出於黃客之秘計而金鼠之周旋者라. 李郎이 吃一口기ᄒ고 方欲設明其不知로디 革鞭雨下ᄒ야 昏昏憫絶이라. 乃加大木鐵匣ᄒ야 鎖項鎖足ᄒ야 奏稟天陛曰謀犯不軌的李廷은 確證自在ᄒ니 罪當斬刑이로소이다ᄒ고 歸家甚思曰此人은 聞是弟一有名的豪富라ᄒ니 此是奇貨라 安得以取之오ᄒ고 政在思廬間이러라.

且說紅娘이 見狽去李郎ᄒ고 方在暈絶中矣러니 豈料禍是雙行이리오? 黃客이 募集大官家狴僕等數十名ᄒ야 方拘引那佳人ᄒ라ᄒ야 計甚密勿이라. 伊時術客이 請見紅娘하야 備述前事ᄒ고 結兄弟之義ᄒ고 深囑曰事在急迫ᄒ니 我當周旋ᄒ리라고 飛步來訪于前日相逢之日本獵客ᄒ니 那獵客은 卽非別人이오 乃是駐韓日公使라. 通刺入室ᄒ니 公使乃欣然款接이라. 術客曰我有大急的歹事ᄒ야 特冒尊威ᄒ야 叩頭再三ᄒ더 公使問其事어늘 術客이 乃詳述顚末ᄒ고 乞賜眷護ᄒ야 叩頭再三ᄒ더 公使가 乃寄菡于警部ᄒ야 先爲保護紅娘家ᄒ야 使

不得紊亂風化之意十分囑托ᄒ야 辭意鄭重이거늘 警部乃發巡査ᄒ야
送于紅娘家러라.

―『대한매일신보』1906년 2월 8일

第十回
救紅娘送萬里
索黃金下百鞭

黃客囑送的悍僕數十輩가 各執短棒ᄒ고 突入鳳巢樓ᄒ야 家產汙物
을 粉섭也似碎裂破損하야 敗鱗殘甲이 便成一場戰地光景이오 拿做
紅娘ᄒ야 方毆迫出門ᄒ야 足不履地일시 行出一弓地ᄒ니 紅娘이 喘
息在肩ᄒ고 急用冷水灌口ᄒ고 移時躊躇ᄒ야 待其回甦ᄒ고 政遑汲
中日本巡査數三人이 頭戴白紙帽子ᄒ고 腰帶三尺軍刀ᄒ고 軒軒昂昂
的來到這場上ᄒ야 觀得這光景ᄒ고 執着那悍輩ᄒ니 悍輩烏散魚駭어
늘 縛得三五輩ᄒ야 跪坐場上ᄒ야 盤詰得情ᄒ니 果是謨大家黃客的
囑送者라ᄒ야늘 乃喝退餘輩ᄒ고 拿着悍輩三漢ᄒ야 押送警察署ᄒ고
乃把守門廷ᄒ야 令家人으로 急救紅娘之性命ᄒ니 知某大官陰凶之計
ᄒ고 函報于日公使ᄒ되 公使大憤怒ᄒ야 罵其大官의 蠻行ᄒ며 哀憐
其紅娘之情景ᄒ야 請遙術客曰貴國之風化頹喪이 縱由於政治腐敗나
今某大官陰之陰慝悖戾가 實係國家之興亡이오 至於個人的性命財產
도 詔此魚肉犧牲之境ᄒ니 貴國時事를 推一知百이라.

不必長皇이 어이와 紅娘女子ᄂᆫ 遭此危運ᄒ야 實爲憫慘이라. 若爲
越視면 必傷其命이니 君當偕來면 更究方便ᄒ리니 君其速行ᄒ라. 術
客曰今日之巡査方爲把슈ᄒ니 勢不得容易偕來로다. 公使乃使侍者로
偕往ᄒ라ᄒ니 術客이 卽行鳳巢樓ᄒ야 率紅娘而來ᄒ니 公使命住客

室ᄒ고 乃使術客으로 帶紅娘ᄒ야 同航入日本ᄒ라ᄒ고 損助資斧ᄒ
고 日寄函紹介于日本女學校ᄒ야 使之登學이러라.

且說警使嚴囚李郎ᄒ고 千思萬計ᄒ야 暗使心腹人으로 慫恿于李囚
曰爾犯極罪ᄒ야 奏決斬刑ᄒ니 爾若暗賂金貨十萬圓이면 必生出한
扉矣리라. 李囚曰我無罪犯ᄒ니 安用行賂ᄒ야 雖被萬戮이라도 當死
爲每鬼ᄒ야 待朝開坐ᄒ고 猛拷李囚ᄒ야 鞭至一百에 骨爛肉靡ᄒ야
約成一血塊로되 竟不誣服이라.

―『대한매일신보』1906년 2월 9일

第十一回
獄中放出死囚
海上欣迎阿郎

李郎이 乘死不服이어늘 警使愈益猛怒ᄒ야 便欲結果了性命ᄒ야
又施周牢ᄒ고 加之訊杖ᄒ니 李郎이 昏絶一絶이어늘 牢囚于獄ᄒ고
期日欲殺이러니 那術客이 自日本還ᄒ야 懇陳于日公使曰紅娘은 旣
蒙盛惠ᄒ야 偏被再造어이와 李郎은 構罪陷刑에 必死乃已安得救出
性命고 公使沈吟良久에 寄函于某大官ᄒ야 請其一面ᄒ야 據理責之
ᄒ고 以義愈之ᄒ야 使之放出李郎ᄒᄃᆡ 大官이 固執不聽이어늘 公使
卽請陞見하고 奏陳大官之不法ᄒ고 伏乞特下勅令ᄒ사 放釋李廷ᄒ쇼
셔. 皇上陛下卽以電話로 特放ᄒ시니 李囚生出獄門이나 人鬼相半이
라.

公使大憐之ᄒ사 昇送于漢城病院ᄒ야 救療五十餘日에 始得快癒ᄒ
야 請見日公使ᄒ고 鳴謝再生之恩ᄒ며 乞入日本留學ᄒᄃᆡ 公使欣然
許之ᄒ니 李郎이 還鳳巢樓ᄒ야 徘徊周覽ᄒ니 紅娘은 不在ᄒ고 黃塵

一丈에 滿目荒凉이라. 悲感不已ᄒ고 乃齎金五萬圓ᄒ야 收拾行李하고 與公使別ᄒᄃᆡ 公使送之于停車場이러라. 李郎搭乘信濃川丸ᄒ고 卽向日本일시 先爲寄書于東京女學校러라.

且說紅娘이 與術客으로 共入東京ᄒ야 訪問女學校ᄒ야 傳駐韓公使書ᄒᄃᆡ 敎師大喜曰韓國女子가 留學日本은 創有之盛擧也라ᄒ야 特爲優待ᄒ고 卽日上學이라. 翌日에 紅娘이 謂術客曰兄長은 特垂高義ᄒ야 救活一縷ᄒ니 固是天幸이어니와 但李郎이 生死未判ᄒ니 是所飮恨이라 兄長은 飛也歸國ᄒ야 往見公使ᄒ고 乞其垂惠ᄒ라ᄒ고 齎金爲旅費ᄒ야 卽渡于韓國ᄒ야 見公使懇告ᄂᆞᆫ 事在前頭어니와

且說紅娘이 聞得李郎入日本하고 趁期歡迎于埠頭일시 拂着洋服하고 俏立岩石上하야 凝眺海天ᄒ니 時政春三月이라 櫻花滿山ᄒ고 柳葉拂橋라. 而已從漠漠海雲中ᄒ야 響亮得一聲汽笛이 出於霄霄間이라. 及泊海岸에 紅娘이 迎着李郎ᄒ야 見其再生ᄒ고 欣天歡地요 兼之萬里殊域에 握手敍情ᄒ니 情山恩海가 若有不可量者라. 是夕에 共宿于春航樓ᄒ고 乘汽車至東京ᄒ야 紅은 在女學校ᄒ고 李郎은 在士官學校ᄒ야 講習學問이러라. 紅이 與李郎으로 夙夜電勉ᄒ야 謹學精工ᄒ야 不數年而卒業ᄒ고 又自中學校로 轉至于海軍大學校ᄒ야 乃得海軍卒業狀이라.

　　　　　　　　－『대한매일신보』 1906년 2월 13일 (543호)

第十二回
男兒成功敍勳
婦人登學卒業

李郎이 旣得海軍大學校卒業狀ᄒ고 方要回國ᄒ야 以擴張海軍之目

的으로 深作胸算이러니 際值日아開杖之日ᄒᆞ야 李郎이 請願于海軍
本部ᄒᆞ야 情願從軍ᄒᆞ고 又司令長官에 請願ᄒᆞ야 特命付之于旅順閉
塞隊어늘 李郎이 大喜ᄒᆞ야 及其出軍에 隷屬于東鄕大將麾下ᄒᆞ야 每
出戰에 奮力當先ᄒᆞ야 第一成功于閉塞ᄒᆞ며 又第二成功于松樹山陸戰
ᄒᆞ며 第三成功于二百三高地占領時ᄒᆞ니 李郎之勇略이 鳴于三軍이러
라. 日本軍이 大捷班師일ᄉᆡ 大加賞讚ᄒᆞ시고 特敍勳旭日章ᄒᆞ신니 李
郎이 乞還故國ᄒᆞ더 光榮與聲譽가 聳動兩國이러라.

且說紅娘이 卒業於女學校ᄒᆞ고 送李郎赴戰於旅順일ᄉᆡ 殷勤惜別ᄒᆞ
야 囑其成功ᄒᆞ고 及整理裝束ᄒᆞ야 搭乘汽船ᄒᆞ고 船入于大英國ᄒᆞ야
登學于大學校ᄒᆞ야 裳過二期에 得速成科卒業狀ᄒᆞ고 乃遊覽于伯林首
府及巴里京城ᄒᆞ며 將向華盛敦일ᄉᆡ 到處紳士及婦人이 乃催歡迎會ᄒᆞ
고 祝賀韓國婦人之吸取文明空氣ᄒᆞ야 握手接吻이 不知其幾千回러라.

一日에 接得一郵函ᄒᆞ니 乃李郎在日本東京ᄒᆞ야 將向故國일ᄉᆡ 約
期共還ᄒᆞ니 乃明治三十八年秋九月望間이라. 紅娘이 接書歡喜ᄒᆞ야
速裝還國일ᄉᆡ 船泊于馬關ᄒᆞ야 探問李郎的消息ᄒᆞ니 此時에 日本高
等文武官과 多數學友로 馬關春航樓上에 開設餞送宴ᄒᆞ야 李郎이 見
招在于同樓ᄒᆞ야 擧盃歡唔홀ᄉᆡ 紅娘이 乃往見李郎ᄒᆞ고 海門月高에
金波銀波가 自與如大洋이러라.

—『대한매일신보』1906년 2월 14일

第十三回
得意還大韓國
惡魂歸封神臺

李郎이 歡迎紅娘ᄒᆞ야 大宴於春航樓ᄒᆞ고 搭乘大連丸ᄒᆞ야 到泊于

釜山港ᄒ니 故國山川이 羅列眉上ᄒ야 千蒼萬綠이 悠然興感이라. 紅娘이 顧謂李郎曰 悲歡逢別이며 各有理數ᄒ이 鳳巢樓明月之夕安知有興天寺之厄이며 中道相別之日에 復安知有今日地愉快也리요. 言訖에 汪然淚下어늘 李郎笑曰 不遇盤根錯節이면 無以成異器라ᄒ니 興天之厄運아 기不爲今日之福音이리요 紅娘이 回嗔作喜ᄒ고 瑯然이 笑러라.

於是에 搭乘京釜鐵道ᄒ고 汽笛一聲에 直到于南大門停車場ᄒ야 入于鳳巢樓ᄒ니 婢僕이 雀躍歡迎ᄒ고 親知는 雲集祝賀라. 徘徊一覽ᄒ니 萬樹軟綠ᄒ며 百花嬌紅ᄒ야 不減于昔時春光이러라.

且說那大官이 耿耿不忘紅娘之顔色ᄒ고 恨不殺李郎而取之ᄒ야 如痴如狂이러니 日俄開仗以後에 大爲含憾於日本ᄒ고 暗抱排日之思想ᄒ야 傾盡家貲ᄒ고 密差心腹ᄒ야 秘密聯絡於俄公使之寓在上海者ᄒ며 且探日軍之情形ᄒ야 報于俄軍ᄒ야 熱心周旋ᄒ야 無所不至로니 其心腹니 竟以俄探으로 發于口招ᄒ야 逮捕于官憲ᄒ야 監禁一個月餘에 재得放免ᄒ니 逐於田里러니 不悛舊習ᄒ고 侵酷人民ᄒ야 剝奪財産이라가 屢逢一進會之忠告라. 然이나 意甚驕吾而常有不平之心이러니 率基家丁ᄒ고 打破會所ᄒ야 打殺一會員이라. 於是에 爲會員告發ᄒ야 押囚于平理院ᄒ고 猛施革鞭ᄒ야 盡得基情ᄒ야 將宣告以終身役일시 政所謂仇家相逢獨木橋라. 術客이 徘徊彷徨ᄒ야 日夜腐心이러니 聞得那大官이 羅罪論律ᄒ고 乃以李郎誣獄之宿按으로 自爲代言人ᄒ야 呼訴牛漢城府ᄒ야 乃淸公開裁判ᄒ고 與之對質ᄒ니 大官之前後罪惡이 現露無隱이라. 乃以二罪俱發로 乃發處絞宣告ᄒ야 一世之人이 大爲爽快라. 此所謂天網恢恢에 疎而不漏歟아.

—『대한매일신보』1906년 2월 15일

第十四回
訪公使好交際
發議心大事業

李郎與紅娘으로 訪問于日公館ᄒ야 拜謝其前日之恩ᄒᆫ디ㅣ 日使大
喜ᄒ야 偓手殷勤曰 往事은 不必長提어니와 公能奮力ᄒ야 從車北征
에 大有偉績ᄒ니 爲日韓之萬幸이라. 誠極感賀토다. 紅娘이 曰辛蓬普
濟之活佛ᄒ야 救我夫妻的性名ᄒ야 再見天日之明ᄒ니 固非私恩이라.
閣下公明正大ᄒ 有如紅日리니 萬萬祝賀ᄒ노라. 日使射之ᄒ고 乃設
園遊會ᄒ고 函請各公使ᄒ야 約期赴宴일ᄉㅣ 觥籌交錯ᄒ고 迭唱萬
歲ᄒ야 呈基盛況이러라. 李娘이 歸與紅娘言曰 耆蒙日使之盛宴ᄒ니
不可不表回謝之禮라 ᄒ고 乃大設午餐會于鳳巢樓ᄒ고 請邀日公使及
各公使與政府大官紳士ᄒ니 車馬塡街(거마전가)ᄒ야 來會者如雲이
라.

是日也에 綠陰如水ᄒ고 黃鳥如笙이라. 東西環球之高等紳士가 提
椅列坐ᄒ니 眉動風雲ᄒ고 胸羅星斗之好人交러라. 乃擧三鞭酒ᄒ고
禮數敬意가 罄盡肺腑러라. 日萬에 乘月各歸ᄒ니 自是로 源源相從ᄒ
야 情若兄弟러라. 李娘이 無意仕官ᄒ고 從事實業ᄒ야 大宴家紫ᄒ야
設私立銀行ᄒ야 以通金融ᄒ며 設私立學校ᄒ야 以施敎育ᄒ며 設東
洋圖書館ᄒ야 收取萬國文明之書的ᄒ야 以廣學問ᄒ며 設私立病院ᄒ
야 以救疾炳夭札ᄒ며 設活版所ᄒ야 刊行雜誌ᄒ야 以警開明之目的
ᄒ며 設東並俱樂部ᄒ야 以廣交濟ᄒ며 選青年子弟三百人ᄒ야 派送
日英美三國ᄒ야 使之由學各種學問而擔當基學費ᄒ니 凡諸般事業之
實行이 日進步武ᄒ야 大有實效ᄒ니 皆是紅娘之贊助也러라. 一日에
紅娘이 笑謂李郎曰 男女가 旣有同等之權理ᄒ니 豈可無同等之事業

이리오 ᄒᆞ고 乃設婦人會ᄒᆞ야 募集內外國高等敎育的婦人數百員ᄒᆞ니 衆婦人이 推紅娘爲會長이어ᄂᆞᆯ 又設女學校ᄒᆞ고 募集靑年婦人千餘人 ᄒᆞ야 熱心敎育ᄒᆞ며 設蠶業會社ᄒᆞ며 設紡績所ᄒᆞ야 種桑養蠶ᄒᆞ며 植棉紡絲ᄒᆞ야 世收十萬元利益金ᄒᆞ야 以備女學校之經費ᄒᆞ니 不出數年之間에 女子學問이 冠于東洋이라.

由此로 大韓之人士婦女가 景仰其盛擧ᄒᆞ야 一變其氣質而楕者立ᄒᆞ며 鄙子廉ᄒᆞ야 大發義心而實行敎育與事業者日以百計ᄒᆞ니 全國之實業이 雲興霧起ᄒᆞ야 活動大韓之好氣像ᄒᆞ니 此豈非李郞與紅娘兩人之大範圍哉리오.

—『대한매일신보』1906년 2월 16일

第十五回
訪術客報高義
遊國內盡壯觀 (1)

李郞與紅娘之聲譽가 喧傳世界ᄒᆞ이 政府當局者奏稟其狀ᄒᆞ야 勅賜勳二等太極章ᄒᆞ시고 特賜紅娘紀念章ᄒᆞ시니 賀客이 如雲이러라. 李正領이 謂紅娘曰 那術客은 義氣如산ᄒᆞ야 吾們幷受其恩ᄒᆞ니 有恩而不報者ᄂᆞᆫ 與禽獸無異라 ᄒᆞ고 乃尋訪其踪跡ᄒᆞ이 原來術客이 懺悔虛無之名ᄒᆞ고 齎其李郞所與一萬元金ᄒᆞ야 船入美國ᄒᆞ야 受高等敎育ᄒᆞ니 政治法律을 無不硏鑽이라. 卒業以回國ᄒᆞ야 乃歷訪鳳巢樓ᄒᆞ니 正領與紅娘이 歡大喜地ᄒᆞ야 設宴款待ᄒᆞ고 乃捐金貨ᄒᆞ야 築家舍于鳳巢樓之傍ᄒᆞ야 與之同周旋이러라.

一日紅娘이 謂正領曰 吾們이 旣爲遊覽海外ᄒᆞ야 聘目盪胸이로되 內地風土를 一未壯觀ᄒᆞ니 是所欠點이라. 願一攜手ᄒᆞ야 覽盡全國之

山川人物ᄒ노라. 正領이 快然許之ᄒ고 乃同婦人ᄒ야 西遊于平壤ᄒ
니 紅娘曰 曾聞關西之壯이러니 鍊光亭浮碧樓之光景이 聳人心目이
라 ᄒ고 轉到于藥山東臺ᄒ야 高斟大白ᄒ고 入于妙香山ᄒ야 門經聽
偈ᄒ며 自龍灣르로 至龍岩浦ᄒ야 浩嘆俄兵之往蹟ᄒ며 自江界로 至
于關北ᄒ니 兵燹饑饉之餘에 滿目悲凉이라. 至于咸興ᄒ야 登樂民樓
ᄒ야 望萬歲橋ᄒ니 一帶春水에 宛如蒼龍偃臥러라. 自安邊鶴浦러 入
于高城ᄒ야 觀三日浦四山亭之勝槪ᄒ고 乃入金崗山ᄒ이 萬二千峰이
況若仙佛ᄒ야 羅列於眼前이라.

—『대한매일신보』 1906년 2월 17일(547호)

第十六回
訪術客報高義
遊國內盡壯觀 (2)

李正領이 與紅娘으로 登金崗毘盧峯最高亭ᄒ니 有一小菴ᄒ야 名
曰天門菴이라. 人跡罕到ᄒ고 彩雲常護ᄒ이 元來度僧圓目이 入定于
此가 已三十八年이라. 正領이 徘徊周覽이라가 見得一石幢이 在菴後
ᄒ야 刻得八字ᄒ야 塡朱隱隱이어늘 乃掃苔而讀之ᄒ니 曰圓目前生
李廷後身이라 ᄒ야늘 正領甚怪之ᄒ야 開視其菴ᄒ이 有一僧이 跏趺
이 坐ᄒ야 塵埃滿頭ᄒ고 不生不滅ᄒ야 若枯木然 이러늘 正領이 年
今三十八이라. 知己前生이 自願木花現ᄒ고 乃謂紅稂曰 次元木花上
이 猜惡前身이니 吾黨字號曰圓翁이 未知輕輕至高明何如오.

紅浪曰 整合五儀언이와 儂是牧丹花後身이니 當者号曰 單船이 曆
尾地下女오. 精靈曰 群言이 役夫加衣라ᄒ고 炳各明宇費魯奉李煥ᄒ
야 覽進內外今姜女關洞八經ᄒ고 有力令狐ᄒ야 周覽已亥ᄒ야 得得

李貴ᄒ니 改進天下支待關이러라. 子時田衣漁經濟敎育等實業上ᄒ야
益武發全ᄒ이 福利大地ᄒ야 工宅이 關宇日國이러라.

一日內楔隊延虞蜂巢累ᄒ고 招搖創立地堤盤根無根業者ᄒ야 集合
憂息長ᄒ고 大學勸業式日塞 錄問如月ᄒ고 軍樂振天며 花火肥壤ᄒ
고 餘興疾走ᄒ니 科一代地聲硏이라. 原擁이 內等團硏設ᄒ야 奬勸業
務ᄒ며 乳液問名ᄒ야 踐言滿語가 故人腔血ᄒ야 勘發性情ᄒ니 水天
輯原朴水化應ᄒ고 來去三鞭酒ᄒ야 築脹滿世李產이러이 翌日에 單
線이 牛舌大宴牛目單冠ᄒ니 綗冠은 單線地別官이라. 會集婦人會女
學校蠶業戶房賊巢諸元 ᄒ야 油長麗硏設ᄒ고 去週塵竇 ᄒ며 質昌萬
世 ᄒ니 李時各國工社女政部大關이 劣才貧石이라가 拍手喝采 ᄒ고
祝賀分韻 ᄒ야 咸稱洞梁地昌出文明家어라. 蛇心奇異 ᄒ야 自述一便
李部地敗困社氏 ᄒ니 好事者全紙位日世地基人基社러라.

—『대한매일신보』1906년 2월 18일(548호)

찾아보기

ㄱ

ㅍ

ㅎ

애국계몽기의 신문 연재소설

....

지은이 / 김형중
펴낸이 / 김진수

●

펴낸곳 / **한국문화사**
주 소 / ㉾ 133-112
         서울시 성동구 성수1가2동
         13-156번지
전 화 / 464-7708, 3409-4488
팩 스 / 499-0846
등 록 / 제2-1276호
이메일 / hkm77@korea.com
홈페이지 / www.hankookmunhwasa.co.kr

●

2001년 9월 3일 초판 인쇄
2001년 9월 15일 초판 발행

●

정가 10,000원

ISBN 89-7735-858-2 93700

....

ⓒ HANKOOK-MUNHWASA